U0142831

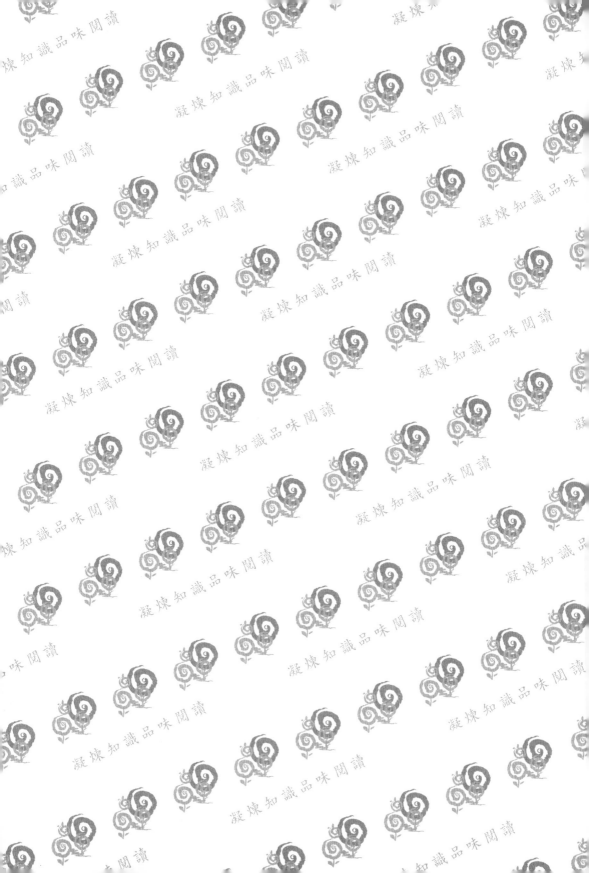

城市行銷與品牌管理

鄭博文————著

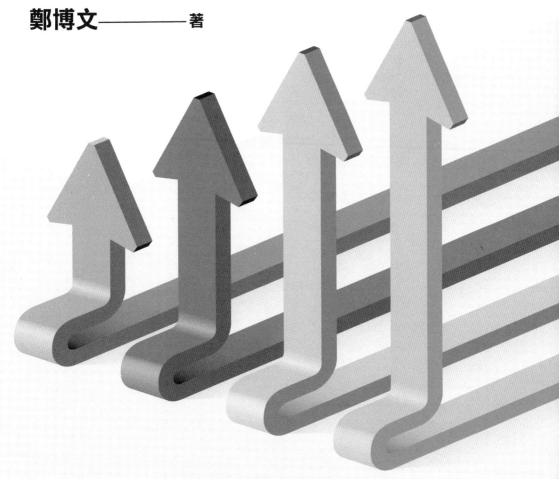

五南圖書出版公司 印行

古校長序

　　本校鄭博文老師繼2018年出版《兩岸公共事務管理》一書後，時隔一年多再度推出《城市行銷與品牌管理》，對鄭老師辛勤筆耕由衷佩服與讚許，並肯定其能善盡知識分子責任，致力將教學研究心得透過專書出版已廣為流傳；付梓之際特央囑本人為文推薦，至感榮幸。

　　《城市行銷與品牌管理》一書共分八章，分別為城市品牌產生緣由、城市品牌意義、城市品牌開發、城市品牌方案制定流程、城市品牌資產測量與管理、建構城市品牌管理體系、國際大城市場地品牌案例、首爾城市品牌應用實例等，內容是鄭老師參考各國地方政府智庫的研究成果，經過篩選整理編輯而成。個人有幸先睹為快，可以明瞭國外地方政府如紐約、阿姆斯特丹、首爾為何可以將其城市行銷出去，不但建立城市知名度，也帶動城市國際競爭力，這是每個城市主政者應抱有的初衷。個人曾在國內報章閱讀過鄭老師呼籲臺灣政治人物要重視城市願景規劃，閱讀完本書後，瞭解鄭老師的用心，亦略知若城市沒有願景規劃，則城市品牌建立與行銷將流於空談。

　　《論語・子路篇》：「近者說，遠者來。」應該是城市品牌行銷的最高境界，但其前提是要有宏觀可行、且符合城市品牌行銷的實質計畫內容，並要有中長期的分年實踐規劃；「安居樂業」應該是城市居民的基本需求，也是城市治理的最高境界。城市品牌建立與行銷要能讓城市居民有高度認同感與光榮感，同時更要能促進外地人士前來移居、觀光、投資、就業與就學，這就是所謂的近悅遠來。本人曾借調屏東縣政府擔任副縣長一職，襄贊縣長推動縣務，對於城市品牌建立與行銷的宏旨稍有所悉；近日閱讀此書深深感受城市行銷與品

牌建立的重要性，對實現「安居樂業」的理想與縣政工作的規劃推動甚有助益，因此肯定本書不但可增進在校學子拓展有關城市發展規劃與行銷的視野能力，對公務與公職人員更是一本值得參考閱讀的好書，爰為之序。

國立屏東大學

校長　古源光

2020年8月

吳校長序

　　《城市行銷與品牌管理》是鄭博文老師繼《兩岸公共事務筆記》第二本著作，兩本著作出版，時隔一年多，非常佩服鄭老師的筆耕精神，時值出版之際，為文推薦，以資祝賀。

　　《城市行銷與品牌管理》全書分八章，分別為城市品牌產生緣由、城市品牌意義、城市品牌開發、城市品牌方案制定流程、城市品牌資產測量與管理、建構城市品牌管理體系、國際大城市場地品牌案例、首爾城市品牌應用實例，就個人接觸資料是臺灣少數觸及此一議題的出版品，值得國人推薦閱讀。

　　個人有幸先接觸到博文兄的初稿，閱讀完感慨，如果此書是在韓國瑜市長就任之際出版，韓國瑜市長就可能不會讓其「人進來、貨出去，高雄發大財」這句有力的口號（slogan）成為行銷笑談，韓市長的這句口號，若能細緻規劃與城市願景搭配，是可能實現。

　　科特勒（Kotler）行銷大師的地方行銷（place marketing）本人也曾閱讀過，清楚瞭解城市行銷與品牌建立的目的在於讓城市居民有認同感和光榮感，同時能促進外地人士前來移居、觀光、投資、就業與就學，絕非韓市長認為每月找一名人來代言高雄，就是城市行銷，韓市長確實把城市行銷議題炒熱，但對無法掌握城市行銷真正意義，平白喪失自己可以扭轉高雄的機會。

　　本書是博文兄執行高雄市政府研考會「城市品牌研究」時，梳理大量韓國地方政府智庫的研究資料，整理編寫，因此此書是依博文兄過去在政府部門經歷，擷取能及時操作為內容，理論實務都兼

顧，值得有心城市行銷或城市品牌的市民、學子、公務人員及公職人員閱讀。

高雄師範大學

校長 吳連賞

2020年8月11日

自 序

　　我的行銷學觀念啓蒙於臺灣行銷學先驅黃俊英教授，個人研究領域是地政與城市計畫，但一直希望能將房地產與城市導入行銷概念，民國78年個人得有機會進入中山大學博士班就讀，正逢科特勒（Kotler）行銷大師的《地方行銷（*Place Marketing*）》出版，便隨之展開城市行銷的學習。科特勒先生當年另外兩本著作*Marketing Places Europe*、*Marketing Asian Places*（中文譯為《科特勒深探大亞洲》），都是我當時受教於黃老師的讀本。

　　如何操作城市行銷？在科特勒大師的著作中找不到答案，所幸科特勒的地方行銷也深深影響韓國與日本，本人在接受高雄市政府研考會委託研究「高雄市城市品牌研究」，在廣泛收集、閱讀韓國與日本智庫對地方行銷與品牌建立的研究資料，發現韓、日，尤其是韓國首爾研究院、釜山研究院、京畿研究院與韓國地方行政學會2006至2009年的研究報告內容，很清楚交代首爾、釜山與京畿道等如何進行地方行銷與品牌建立研究。那時適值本人與中國大陸重點大學學術交流，遂委請韓語學系研究生協助翻譯，除順利完成「高雄市城市品牌研究」案外，個人也起了將這些稿件重新整理，編寫成一本讓國人清楚明瞭如何進行地方行銷與品牌建立的書籍。

　　本書共八章，分別為城市品牌產生緣由、城市品牌意義、城市品牌開發、城市品牌方案制定流程、城市品牌資產測量與管理、建構城市品牌管理體系、國際大城市場地品牌案例、首爾城市品牌應用實例。要特別說明的是目前韓國的地方行銷多數以城市品牌出現，日本市町村原先以城市行銷（City Sales或City Promotion）擬訂計畫或

方案，近年也調整為城市品牌（City Branding），顯示城市品牌是離不開城市行銷的。

民國107年（2018）臺灣地方選舉，競選高雄市長的韓國瑜提出「人進來、貨出去，高雄發大財」的口號（slogan），從城市行銷觀點來看，這一句口號簡潔有力、目標清楚，形成韓流風潮，也讓他贏得高雄市長寶座；很可惜的是，韓先生既不懂城市行銷，也不懂將「人進來、貨出去，高雄發大財」變成城市願景藍圖，成天想藉由名人代言來帶動高雄觀光及實現其「人進來、貨出去，高雄發大財」，殊不知名人代言只是城市行銷第一個環節或行動方案，不等同城市行銷，也更讓個人認為有必要出版本書，讓國人正確認識城市行銷與品牌。

城市行銷與品牌建立的目的，在於讓城市居民有認同感與光榮感，同時吸引外地人士前來移居、觀光、投資、就業與就學，因此，科特勒認為城市的願景規劃是城市行銷與品牌建立不可或缺的要素，許多臺灣政治人物，包括韓國瑜都犯下這項錯誤，臺灣城市行銷多年提倡之所以未能成功，多半與城市沒有願景規劃有關，反觀日、韓城市行銷與品牌建立過程中，不但有城市願景規劃在支持，更有產業發展規劃（經濟發展戰略）與觀光規劃與之搭配，因此就能產生城市居民的認同感與光榮感，同時也能促進外地人士前來移居、觀光、投資、就業與就學效果，因此個人配合此書另外編寫《都市願景規劃理論與實務》一書，讓讀者能有整體及完整概念，亦由五南圖書出版股份有限公司出版。

高雄是黃俊英老師的出生地，黃老師兩次參加高雄市長選舉，其初心無非是不忍看到其出生的城市競爭力日漸消退，想藉由其行銷專長來扭轉高雄困境，找回高雄的光榮與繁榮，可惜功敗垂成，無法

服務鄉梓與市民。謹以本書向天上的黃老師致敬，感謝他多年對我的教誨與提攜。

鄭博文

2020年秋於屏東大學

目 錄

Chapter 1
城市品牌產生緣由

　　城市的形象與體制性對城市發展逐漸發揮了更加重要的作用（Kampshulte A., 1999），這是因為作用於城市發展動力的要素受到城市獨特體制性與形象的影響越來越大。為了形成和創建創造性城市、文化藝術城市、產業城市、度假旅遊城市、生態城市等現代城市新模式形態的空間，不僅是有功能性，還要導入形象與體制性經營概念。1980年以後，用於西歐地區開發計畫的場地行銷戰略性地解決了城市形象問題的手段證明了其效果（Scott, 2004）。

　　儘管如此，場地行銷仍面臨了至今無法解決的問題。場地行銷儘管將「強化場地體制性，創造魅力形象」作為積極的目標（Kavaratzis and Ashworth, 2005；李喜燕，2005），實際上具有模糊（obscuring）獨特體制性的傾向（Griffiths, 1998）。

　　至今為止的研究過程中，慶典是對場地行銷的重要手段（申慧蘭，1998；白善惠，2004），文化慶典（李素英，1998；崔莫中、金美玉、李武勇，2003）的過程展開了活躍的研究，卻沒有對該活動場地的形象，乃至形成城市整體形象與體制性的積極目標產生的作用進行研究。換言之，對形成城市整體體制性與形象的宣傳傳媒、慶典、城市空間開發等多種場地行銷手段沒有進行如何設立與管理。

　　這種事實在1990年為止形成的西歐場地行銷研究中也同樣如此。即使在城市開發或地區規劃領域的現代化場地行銷論教科書，如Ashoworth和Voogd（1990）、Kearns和Philo（1993）等的著作中，也未見解決此一問題。雖然從地區經營的觀點上Kotler et al.（1993）提及了場地印象，卻也沒有向引導實踐的理論方向推進。

　　這一問題進入1990年後期，透過將場地視為一個品牌的思考，開始找到了解決的頭緒。旅遊學、經營學領域的專家開始在旅遊行銷導入了品牌的概念（Gnoth, 1998；Morgan、Pritchard and Pride, 2002、2004；Cai, 2002），最近宣傳傳媒領域（Anholt, 2002）

和城市規劃及地理學領域（Kavaratzis, 2004；Kavaratzis and Ashworth, 2005）也對此展開了活躍的討論。

在場地品牌的概念中，需要將場地認定爲品牌，並查明品牌化需要解決的多用理論性和方法論問題。其中的核心正是確認和運用場地體制性與品牌體制性的問題。因爲，場地行銷的目標是提高場地形象的差別性和魅力性，而這只能在具備差別化和魅力性「品牌體制性」的情況下才有可能實現。即，場地行銷的多種文化、空間計畫與促銷事業應與改善形象的效果保持一貫性和適當性，並從差別化「以場地資產爲基礎的品牌體制性」的角度出發。

場地品牌的執行通常表現（representation）在自治體的標誌（CI）或標語上。但是，標誌或標語基本上是根據蘊含城市品牌價值和定位的「城市品牌本質」來決定。在一些城市品牌實踐中，城市的品牌價值與定位，並未開發有效運用於包含開發品牌及製作標誌或標語的多種行銷傳媒、活動等場地行銷方式。

因此很多城市與地區帶著對形象和體制性問題的關注，投入了不少預算和努力開發CI與標語，並以此爲基礎促進了城市與旅遊地的宣傳，然而並未產生太大的效果。即，開發的CI或標語不具備區別性，或者未能在地區發展過程中發揮適當的作用，因此僅在開發當時得以暫時運用之後，多數都被囤積爲一個個裝飾物。反過來說，幾乎很難找到根據地區狀況與發展階段進行戰略性計畫的品牌要素（標誌、標語等），而運用這種品牌要素的品牌努力，自然也無法收穫特別的效果。另一個問題源自於沒有具備正確的品牌戰略性路線圖。

各地方很早就意識到在追求各種經濟的、政治的或社會心理的目標過程中，有必要與其他地方做區別，來維護自身的個性。無論外部或內部是否幾乎和地方政府本身一樣的古老，地方政府總是有意識地嘗試去塑造一個特別設計的地方身分，並將之推銷給認定的市場。因此任何基於基本的區域概念的考慮，必須包含場地行銷而做出深思熟

慮的創新。

　　早在十九世紀，在*Gold and Ward*（1994）和*Ward*（1998）兩本書中作為歷史實例所描述的城市，「振興主義」並不是一個新的概念，但它卻是對市場的國有化和全球化所引發的不同地方間日益激烈的競爭的一種反應。然而，直到大約20年前，行銷（以前往往被視為廣告的同義詞）才得到普遍接受：對公共部門管理機構來說，它是一種有效的活動（Burgess, 1982）。市場行銷的系統應用與集體的目標和實踐是相關的，因此也就成為地方和地方管理研究的重要組成部分。從一些大多時候粗略的且脫離現實的隨機推銷，到擁有大量可用的計畫手段，再到將地區視為一個整體來看待的市場行銷的深層次應用的轉變，並不是一帆風順的。到20世紀90年代初，開始出現一種認真的嘗試，亦即力圖創造一種與眾不同的地方市場行銷方法（例如：Ashworth and Voogd, 1990；Berg et al., 1990；Kotler ll et al., 1993）。

　　從那時起，很多似是而非的說法隨處可見。一方面，行銷專家們不斷地完善他們的概念和觀點，與此同時，地方市場行銷已經成為城市、地區和國家的普遍活動。另一方面，幾乎沒有行銷專家將行銷應用於地方上，並視地方為產品。即使他們那麼做了，他們也很輕易地假設地方只是產品在空間上的擴展，不需要特別關注它們在空間上的重要性。同樣的，公共部門的規劃者長久以來傾向於過度使用時尚的口號。響亮口號的產生也許是要說服政治決策者的一種需要，因為他們往往對新穎、簡潔和簡單感興趣且樂於撥款。

　　行銷學內的理論發展促進了地方市場行銷，地方市場行銷為我們理解城市規劃和管理的行銷概念開闢了道路（Ashworth and Voogd, 1990）。無論是產品品牌化的廣泛應用和成功，還是最近公司品牌化概念的產生和迅速發展，都促進了從城市市場行銷到城市品牌化的發展（例如：Balmer, 2001；Balmer and Greyser, 2003）。因此產

生地區將品牌化作爲城市規劃與管理的工具，整體地方市場行銷主要
依賴城市形象的建設、交流和管理。因爲用戶對城市的評價最容易透
過感知和印象產生，因而市場行銷也只不過是「意義和代表的有意識
和有計畫的實踐」（Firat and Venkatesh, 1993:246），而這反過來
又是檢驗地區品牌化的起點。

　　市場行銷的基本思想之一無疑是消費者定位，要思考產品、公司
和我們從消費者角度來考慮做生意的方式。在城市市場行銷中，特別
是在城市現有居民中，消費者的定位必須要知道那裡的居民是如何評
價自己生活的城市，以及是如何有這樣的感覺的。他們透過哪些實體
空間、符號和其他元素，來達到對這個城市的評估。文化地理學領域
已經處理了這類問題，並發展爲一種理解。這在消費者定位上是很有
用的。通常，人們透過三個過程形成對一個地區的感覺或在頭腦中形
成對這個地區的建構（例如：Crang, 1998；Hollyway and Hubbard,
2001）。一是透過有計畫的干預，如規劃、城市設計等；二是透過
他們或其他人使用特定地區的方式；三是透過具有地區代表性的各種
表現形式，如電影、小說、油畫、新聞報導等。一般而言，人們透過
感知和印象來評價地區。就像Hollyway和Hubbard（2001:48）描述
的：與地區的交互作用可能是「透過直接經驗、地區環境或間接地透
過媒體代表」。然而，關鍵的是資訊如何透過精神的認知被處理，從
而形成穩定的和值得學習的地區印象，這個印象是我們每天與環境交
互影響的基礎。這是個人所創造的精神地圖，允許他們駕馭複雜的現
實，因爲「我們的環境通常比我們感知的要複雜得多。」品牌化就是
專門處理這種認知和圖像的，並把它們安排成活動的核心，設計並塑
造某個地區以及它的未來。管理地方品牌變成了一種試圖用某種方式
影響和對待此一精神地圖的嘗試，這種方式被認爲是對地區現在的環
境和未來的地區需求都是有利的。

第一節　場地行銷的進化

　　在討論場地品牌體制性之前，首先要釐清場地行銷與場地品牌的關係。由於行銷是包括廣泛「實現商品的市場化」相關行為的概念，可以視為品牌行銷活動的一部分。然而這種定義並不簡單，因為品牌特有的獨立手段和道具往往在行銷活動中不易發現。

　　因此，首先要瞭解場地行銷的發展過程中，場地品牌會在何種階段呈現其重要性，其次需要瞭解場地行銷與場地品牌的方式與手段間有何不同之處。

　　根據Kavaratzis（2007）的研究，場地行銷發展的時代性背景與城市的條件可以出現相互不同的形態，場地行銷歷史可分為3個階段，如表1-1。

　　第一階段，根據多個關注城市促銷的個人形成的零碎的促銷活動。這種活動有的是在已開發的郊外地區召集移居居民時，有的在新建鐵路路線吸引乘客時，有的在招商吸引工廠時進行城市銷售（selling cities）。這個階段的場地行銷並未完全消失，仍活躍在歐洲中東部城市。

　　第二階段，作為城市行銷的混合階段不僅是促銷手段，還包含了金融獎勵或商品開發手段。該階段為了吸引遊客與投資，採用調查活動、實體開發及目標市場等多種行銷混合手段。這是1980年發達工業城市的產業結構調整過程中常見的方法，屬於現代場地行銷意義。

　　第三階段，強調的是認識城市形象重要性的階段。該階段進一步強調了對在城市消費的人來說，形象是非常決定性的要素。透過對城市形象與對城市形象產生影響的嘗試，有效安排和調整行銷手段。這就是城市品牌在近期裡受到重視的主因，城市品牌將在未來城市行銷

表1-1　場地行銷的發展階段

發展	階段	目標	特點	論者／備註
第一階段單發性促銷活動	工廠招商	創造製造業崗位	目標單純／提出企業招商補貼／促銷運營經費的低廉	Bailey（1989）
	向農村延伸開發	延伸開發爲城市周邊的可開發用地	短期內廣泛可用土地開發、落戶	Ward（1998）
	城市功能的多樣性	類型商品銷售（Land，House）	進行特定城市功能的分類如旅遊度假村、宜居城市等	Ward（1998）
	產業城市銷售	產業招商投資	招商產業資本的促銷，獎勵重點／局限於城市地區系統限制地區	Ward（1998）
	城市銷售	促銷現行城市的特點	單純促銷城市與魅力物	Barke（1999）
第二階段城市行銷混合	目標市場行銷	特定有望產業的製造業、服務業招商	多種目的，行銷專業化，實體基礎設施／官民合作／生活品質	Bailey（1989）
	城市廣告	消極形象變化好意形象強化	單純廣告、形象本身、名人代言	Barke（1999）
	城市行銷	吸引投資與遊客反映地區居民意見	超越廣告水平／開發特定參加活動，高水平的建造環境，反映居民意見	Barke（1999）
	商品開發	目標市場開發未來職業招商	集群建構／強化工程合作／強調生活品質	Bailey（1989）
	脫產業城市銷售	城市再生代替失去的致富源	對應競爭深化的核心內容	Ward（1998）

續表1-1

發展	階段	目標	特點	論者／備註
第三階段（現在）	現階段	主力於滿足現行地區事業體與居民的需求及強化對外形象	形象的內容重要誰如何消費了形象？	Barke（1999）
	城市品牌	城市的情感性，心理性聯想創造及管理	介入廣泛行銷（景觀、基礎設施、組織、行動、銷售）／所有行銷手段集中溝通	Kavaratzis（2004）

出處：Kavaratzis（2007：6-7）修改補充。

實踐歷史中變得非常重要（Kavaratzis, 2007:5）。

上述三個階段，雖然通過從古到今的時間流逝而產生進化，但並未按照階段性發展順序，有時會相互替代，因此有必要理解其互補或共存。

對應客戶需求的場地行銷本質雖然不變，其發現形態卻會根據地區的條件與時代狀況產生任何變化，因此場地行銷會類似於一般行銷。

第二節　場地行銷與場地品牌

如第一節說明，場地品牌與場地行銷現階段備受關注，重點在強化場地獨特的形象。儘管如此，從理論性和實踐性角度上要區隔場地行銷和場地品牌存在一定的難度。畢竟兩個概念之間的目的、對象、手段及方法等常相互混淆，有共同點，也有差異點，兩者同時兼備多層關係。因此，與其區隔瞭解兩個概念，不如瞭解各個概念的特點更為有效。

從這一觀點上瞭解場地行銷與場地品牌的兩項特點如下：

第一，要良好地說明兩個概念的特點與差異，可從最狹義的定義和實踐的形態來進行比較。從手段的層面上來說明這一點非常理想，場地行銷的手段包括慶典活動、實體開發、城市景觀設計、廣告宣傳、活動等模式。僅從字面來看，場地品牌是指開發場地的「品牌體制性」，並據此進行有效傳媒的活動。因此，場地品牌作爲場地行銷的多項活動之一，定義爲利用「品牌體制性（標誌或標語等）」的傳媒活動。品牌是指個人或團體將才華或服務進行特色化，根據競爭者才華和服務區別化制定的名稱，用於簽名、設計或它們之間的結合。（美國營銷協會；Kapferer, 1997；Keller, 2003）。

第二，品牌概念是由多項定義形成，因此「品牌」不容易進行簡單定義的活動。品牌研究人員強調：「品牌戰略不僅局限於標誌或標語。」換言之，標誌或標語僅是場地品牌戰略有用的實踐性道具，而不是戰略。（Kavaratzis and Ashworth, 2005:508）。

從這一特點來看，品牌是「客戶除了價格和功能，相信具有特色便利的商品或服務（Knox, 2000）。」進一步說明，品牌會根據與競爭者來比較定位，並依功能屬性和象徵性價值的固有組合，來呈現的商品或服務個性差別化。品牌化是意圖選定並聯想該屬性的工作，進而增進了商品或服務的價值。

在這種商品或服務中除了「增加的便利」功能外，品牌不單是呈現單純的象徵或語句和名稱，而是展現非常抽象的「價值與屬性」。因此，品牌化除了開發和宣傳「標誌或標語」，可定義爲在消費者心中形成包含商品便利與「價值與屬性」的多種努力。

第三節　場地品牌戰略的必要性

一、場地品牌戰略的導入

　　以1970年後期處於衰退的西歐原工業城市為對象，將地方政府刷新地區衰退形象的一連串行銷性努力稱為場地行銷戰略。根據法洛和卡恩斯（Philo, C&Kearns, G., 1993:2-3）所指，場地行銷（Selling Places）是「類似地方政府或地方企業家的公共及民間機關為了向企業家、遊客，甚至該地區居民展現場地的魅力，努力銷售一定地理範圍內特定場地的形象」，主要以「獎勵移動性高新技術產業的企業入駐該場地」為目標。

　　韓國自1995年選出民選自治團體首長以後，開始試圖導入地方自治團體的地區行銷戰略。由於正式實施地方自治制度，導致地方政府與過去不同，目前可以獨立掌控地方的經濟與政治，隨著地方政府承擔了地區經濟性「增長」的責任，著力為地區的經濟發展吸引投資者及遊客；與過去自治團體首長時期不同，是擁有且獲得地區民意的，因此首長任職期間努力舉辦各種地區慶典活動。

　　場地行銷戰略確實提供地區經濟發展模式中導入文化與形象的理論及實踐基礎意義，卻仍被指出作用相當有限（Cai, 2002；Kavaratizis, 2004；李正勳，2006c）。

　　場地行銷雖然強調了需要突出場地的魅力形象，關於選定和實踐手段與對象的具體理論卻很薄弱。成為場地行銷對象的場地資產，很容易聯想在慶典或宣傳活動以外，還包含了城市開發實體空間、多種行政服務的改善、招商引資基礎的整備、旅遊開發及振興活動等。由於地方自治團體戰略目標過於廣泛，不容易與場地資產的形象整合，來實現其價值的政策兼併與連結。

　　場地品牌戰略成為了克服這種場地行銷限度的替代方案，如類似

商品從採訪可代替或具競爭力商品的增加可看到，品牌成爲了最強大的行銷武器。所謂場地行銷的觀點和方法論設定城市發展的方向，透過場地品牌計畫找到更爲具體的地區核心價值，提升形象並連接多種政策手段，同時兼顧地區的體制。

二、地區發展戰略的場地品牌作用

進一步具體查看場地品牌在地區發展中起到了怎樣的作用，可以透過以下三個層面的效果來評估（參照李正勳，2006b：23-26；金亨國，2002：45-46）。

第一，透過提高旅遊目的地的地區品牌價值，可以在變化與競爭的旅遊市場占據有利地位。在現代遊客重視特有文化經驗的取向變化和旅遊地之間競爭日益激烈的環境中，「品牌」成爲了強大的行銷工具。旅遊目的地品牌的出發點是與其他風景區做出區別，從與顧客建立感性關係，發揮振興現代旅遊的核心要素的作用。

第二，地區的品牌價值一旦提高，不僅是地區的文化產品、農產品以及特產，工業產品的形象也會有所提高，這將帶動「原產地價值」。根據Kotler所稱，國家形象影響了人們的購買、投資、居住轉移、履行等決定。香水、電子產品、精密儀器、紅酒、汽車、軟體等，則與特定場地有著較強的關聯。消費者以原產地的形象爲基礎，判斷產品品質的依據是在很多研究中得以確認的。即使單純更換「Made in ○○」的商標，給人留下相同性能與形態、設計印象的產品，也會影響人們的態度（Kotler, 2004:43-45）。

據此，產品的品牌價值根據原產地的不同而受到很大的影響。例如，義大利的汽車款式、印象、創新設計，與義大利的特點相關。法國的香水基於法式的優雅、高尚、豐富進行銷售。日本的過去電視機重點則在於尖端技術、專業性、小型化的日式價值。正如製造業的品

牌，國家品牌致使消費者想像該國家的商品價值，激發消費者心中特定的價值和地位，以及感性契機。國家品牌類似製造業的品牌提供了信賴傘，保障了品質和生活方式（Anholt, 2002:45）。

　　第三，地區形象是另一項企業設廠因素。後工業社會或服務主導社會的交通成本等場地非萌生性之傳統區位因素的重要性大幅弱化，場地衍生性要素的重要性開始增加。場地並非經濟變化的客體，而是牽引經濟發展的主體。場地是指由社會觀念形成的多層及多意義的概念，不僅是實體性層面，還意味了包含企業友好氛圍，乃至文化和習慣等領域性。同時，透過建構場地的品質提升量，帶動創造僱用的企業，謀求地區或場地的發展是場地行銷的一種方式。事實上在西歐原工業城市透過這種場地形象的變化，成功吸引了第三次及第四次產業招商。

　　從這樣的觀點來看，場地行銷與場地品牌具有下列差異：

　　第一，場地行銷的重點在於基於主要行銷道具市場細分化與設定目標市場的「場地創造」。城市內部單元的場地行銷是整體操作城市形象，主要是透過城市特定地區的開發或景觀整頓等，嘗試去改善形象，場地品牌則相對具有整體論的性質。場地品牌與場地行銷不同，並沒有將重點放在城市的特定場地或商品、特定客戶上，而是包含全體利害當事人和客戶的核心體制性並進行管理。這就是包含城市多種地方商品與服務品牌的傘式品牌（umbrella brand）進行場地品牌（Kavaratzis and Ashworth, 2005）。萬一判斷城市過度異質，城市商品過多而導致不能定義和管理城市組織共同價值時，也可以只對幾種類型的商品進行品牌化，這就是利用市場細分化，目標市場設定等場地行銷方法。

　　場地品牌從整體（holistic）操作城市來看，與場地行銷不同。場地行銷作為個別的城市商品，雖然包含了對城市開發、城市活動等促銷，場地品牌化中的這些事業，是與整體城市形象和城市整體性密

切相關。同時場地行銷偏重成長與向外訴求，場地品牌具備了重視與城市內部利害當事人的合議及參與，可以解決或緩解社會狀況惡化的隱患（Kavaratzis, 2004）。

　　場地品牌具備了整合品牌領導力、品牌結構、品牌資產、品牌體制性等獨立方法論與手段。從這一點來看，場地品牌作爲從場地行銷進化的形態，可以定義爲長期場地功能增加便利的活動。

Chapter 2

城市品牌意義

第一節　品牌概念

　　Keller（2003）認爲顧客認識的品牌資產具有下列金字塔型的四個階段：

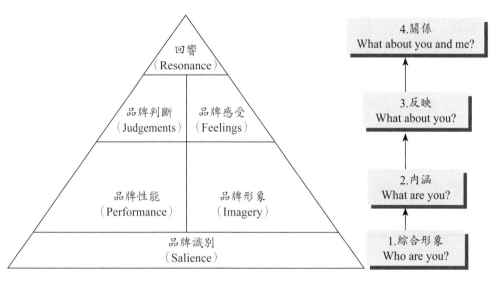

圖2-1　基於顧客的品牌資產傳媒

出處：Keller, 2003:76。

一、第1階段：品牌識別（Brand Salience）

　　品牌的識別與品牌認知有關，即在各種情況下如何容易接觸，且強烈地浮現品牌有關現象，同時將品牌知名度區分爲廣度與深度。

二、第2-1階段：品牌性能（Brand Performance）

　　品牌本身會對顧客的品牌認知產生第一次影響，是品牌資產的本質。通常顧客會從協力廠商聽到對品牌的評價，而企業則透過交

流對顧客說明品牌，目的是爲了得到顧客的品牌專利和回響，滿足顧客的要求。品牌的效能，與產品或服務是否滿足了顧客的功能要求有關。因此我們可從產品或服務的內在特點來理解品牌天生的屬性及效能。

品牌在客觀性評價中能夠得到幾分？品牌在適當範圍內的商品或服務中，滿足了多少顧客的實用性、審美性、經濟性等要求？因此商品性能的範疇至少要包含了下列內容：

1. 重要的要素與次要的特徵
2. 商品的信賴性、耐久性、服務品質
3. 款式與設計
4. 價格

三、第2-2階段：品牌形象（Brand Imagery）

品牌形象會與品牌是否滿足了顧客心理或社會需求有關，同時品牌形象也與人們對該品牌具備的抽象思維相關，換言之，形象是品牌的無形要素。品牌形象可以直接形成，也可以透過廣告或其他資訊等間接形成，因此品牌形象的範圍應包含下列內容：

1. 使用者的社會地位或身分
2. 購買及使用現況
3. 個性與價值
4. 歷史、遺產、經驗

四、第3-1階段：品牌判斷（Brand Judgment）

品牌判斷是個人對品牌的建議與評價，同時也是綜合消費者對多種品牌的性能及形象聯想出的結果。這與品牌的態度相關。強勢品牌的情況下，品牌判斷與下列四種屬性相關。

1. 品牌品質
2. 品牌信賴性
3. 品牌顧慮
4. 品牌優越性

五、第3-2階段：品牌感受（Brand Feelings）

品牌的感受是透過顧客對品牌的感性反映而形成。品牌感受具有下列六種重要屬性。

1. 溫暖
2. 有趣
3. 興趣
4. 安全
5. 社會認定
6. 自我尊重（自尊心）

品牌感受是否會與品牌的社會性想法有關？品牌影響計畫會產生怎樣的感受？品牌會對顧客的感受產生怎麼樣的影響？這些感受可能弱或強，也可能積極或消極。

六、第4階段：品牌回響（Brand Resonance）

品牌回響在顧客與品牌關係的角度上，是處於同質關係的階段，通常品牌回響分為四種範圍。

1. 行動的忠誠心
2. 親密的態度
3. 共同體意識
4. 主動參與

Keller（2003），整理了品牌資產金字塔的詳細內容，如圖2-2所示。

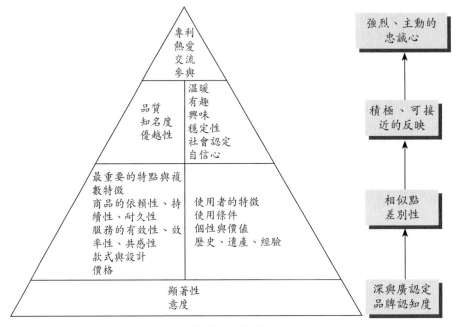

圖2-2　建構品牌的詳細內容

出處：Keller, 2003:77, 99。

　　從Keller顧客的品牌資產建構模式，說明如何建構品牌資產，並且為品牌資產的評價提供了重要依據。強勢的品牌應同時具備頭腦（理性）與心臟（感性）。

　　換言之，品牌力量並不是一次性形成的，而是經歷一定的品質階段發展。即認知→判斷→感性→態度，向更高水準的參與度方向發展。

　　階段1：形成品牌的知名度。

　　階段2：形成對品牌功能的判斷。

　　階段3：形成對商品的社會意義和視覺。

　　階段4：形成對品牌的信賴度與感性的聯絡。

　　階段5：形成對品牌的熱愛和使用者之間的共同體意識。

第二節　品牌經營模式

Keller（1998、2003）的戰略性品牌經營過程是目前發展較好的模式。建構場地品牌經營模式之前，應先看一下Keller的企業、商品品牌經營模式的基本結構。

Keller（2003）的戰略性品牌經營，由下列四個階段構成，如圖2-3所示：

第一，品牌定位與品牌價值的確認與確立。

第二，品牌行銷的計畫與實踐。

第三，品牌成果的測定與評價。

第四，品牌資產的發展與維持。

這四個階段可從下列六項內容來補充。

一、品牌行銷計畫由品牌要素的混合、品牌行銷活動的統合與誘導、兩次聯想等三項要素構成，如圖2-4。

二、建構品牌資產的行銷戰略，說明如下

1. 商品戰略（Product）。

2. 價格戰略（Price）。

3. 流通戰略（Place; Marketing channel）。

4. 促銷及傳媒戰略（Promotion and Communication）

(1) 行銷傳媒。

(2) 誘導二次品牌聯想（資本負債率）。

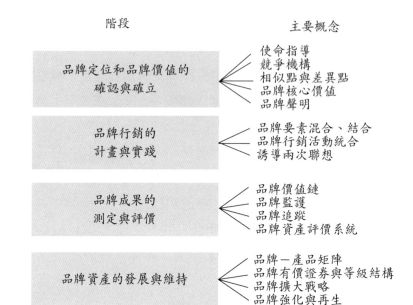

圖2-3　戰略性品牌經營步驟

出處：Keller, 2003:44。

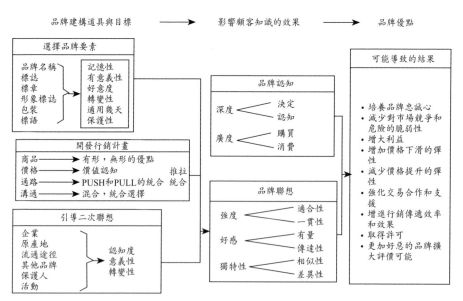

圖2-4　建構基於顧客的品牌資產

出處：Keller, 2003:46。

三、行銷傳媒具有下列目的和內容

1. 廣告或其他傳媒雖然在行銷計畫中發揮了不同的作用，但對於建構品牌資產是同等重要。
2. 行銷傳媒透過創造品牌的知名度，對建構品牌資產做出了貢獻。
3. 在顧客的記憶中連接對品牌強大、好意、固有的聯想，會創造顧客對品牌積極判斷的感受，以及強大消費者－品牌聯繫的回響。

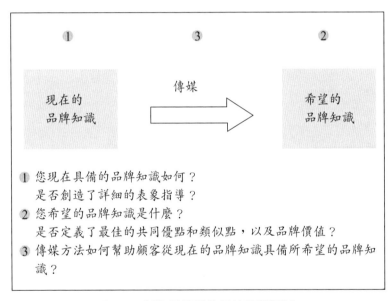

圖2-5　對行銷傳媒效果的簡單測試

出處：Keller, 2003:284。

四、處理行銷傳媒資訊的模式會經過以下六個階段

階段1：現出 —— 人們要看到或聽到傳媒。

階段2：注意 —— 人們要注意到傳媒。

階段3：理解——人們要理解傳媒用意的資訊或爭論焦點。

階段4：受用——人們要對傳媒意圖的資訊或討論焦點反映出好
意。

階段5：意圖——人們應按照傳媒所希望的方向樹立行動計畫。

階段6：行動——人們應按照傳媒所希望的方向實際行動。

五、行銷傳媒的方法

1. 媒體廣告

(1) TV、廣播、報紙、雜誌。

2. 直接反映廣告

(1) 郵政、電話、廣播媒體、印刷媒體、電腦。

3. 線上廣告

(1) 網站、相互作用的廣告。

4. 空間廣告

(1) 廣告牌和海報。

(2) 電影、飛機、服務臺。

(3) 產品展示、採購場所。

5. 採購點廣告

(1) 陳列臺、通道、採購單廣告、店鋪內的廣播或TV。

6. 交易促銷

(1) 交易洽談及折扣、採購點陳列折扣、促銷價、競爭及經銷
商獎勵、教育計畫、貿易博覽會、合作廣告。

7. 消費者促銷

(1) 樣品、代金券、股票溢價、退款、補償金、集點及獎券、
紅利、降價。

8. 活動行銷及援助

(1) 體育、藝術、娛樂、博覽會及慶典。

9. 宣傳及公共關係（PR）

10.個人銷售

六、誘導（資本負債率）二次品牌聯想的方式

1. 原產地的價值。

2. 共同品牌。

3. 許可。

4. 體育、文化或其他活動。

第三節　場地品牌的概念及構成要素

一、品牌（brand）定義及要素

根據美國行銷協會（AMA, American Marketing Association）的定義，品牌是「銷售者個人或團體賦予財務或服務特徵，以區別競爭者為目的製作的名稱、語句、標識、象徵或設計，以及它們的組合」。創造品牌的核心是賦予產品一個特徵，為區別於其他產品選擇名稱、標誌、象徵、包裝設計或其他屬性，這些屬性可用於區別不同品牌特徵，稱之為「品牌要素」。

品牌要素是為了認知其品牌，並區別於其他品牌而適用的重要道具。重要的品牌要素有品牌名稱（brand name）、標誌（logo）和象徵（symbol）、標識（character）、標語（slogan）、廣告歌曲（jingles）及包裝（package）等。選擇品牌要素是為了更加容易提升品牌知名度，形成強大而容易聯想的獨特品牌。因此選擇設計品牌要素要容易記住、有特別意義、有保護性、轉換性、適用性等（Keller, 2007:256）。

品牌名稱是構成專屬品牌最重要的要素，而視覺性的品牌要素對

於建構品牌資產也非常重要。標誌和象徵等視覺性要素尤其在品牌認知的觀點上具有重要作用。標誌是歷史性起源、所有權或產生聯想的手段，具有長時間的歷史。例如，名門世家或國家為了將名稱產生視覺性效果使用了標誌，與獨特形態的公司名稱或商標（trade mark）到文字商標（word mark）或公司名稱以及法人活動等完全無關。

標語是傳達品牌相關說明和說服力訊息的短語。正如品牌名稱，是積累品牌資產最快、最有效的手段，一般經常用於廣告內容。標語在什麼是品牌，是什麼讓品牌變得特殊的觀點上，發揮了幫助消費者掌握品牌意義的作用。

廣告歌曲是用於品牌的音樂訊息。作曲家創作的廣告歌具有容易背誦的旋律及副歌，可以永遠留在常聽者的心中。20世紀初期的廣播廣告主要依靠收音機時，廣告歌曲成為了重要的品牌工具。

包裝帶動了裝入產品的容器或設計容器的活動，其源頭來自拿破崙在找尋保管音樂最佳方法的競賽上，授予了優勝者1萬3,000法郎的獎金，包裝也是具有長久歷史的品牌要素。為了達到品牌行銷的目標，滿足消費者需求，尤其要在包裝的審美角度和功能角度正確選擇各種構成要素。審美觀的考慮事項是關於包裝的尺寸、款式、材料、色彩、內容、圖形等，功能角度上則是強調結構性設計。例如：經過多年食品包裝的創新，出現了適用性好、防止毀損、使用更加方便的包裝，這便是考慮了功能角度。

最近，新興的品牌要素有資源定位器（Uniform Resource Locators, URL）。URL用於指定網路上網址的位置，通常被稱為網域名稱（Domain Name），需要特定URL的人，通常會支付網域名稱費用。隨著近幾年企業對網路空間的強烈需求，登錄URL的數量大幅度增加，因大量登錄的URL，導致企業如需開設網址，需要使用新的品牌用語。因此，企業面臨使用不認可網域名稱和保護品牌的問題。為此，企業與URL的現任所有人著作權爭議經常耳聞，也產

生需購買網域名稱的情況，因此有些投機人會早一步登錄網域名稱爲品牌。

表2-1　對於各品牌要素的評價

區分	記憶容易性	特別美性	保護性	轉意性	適用性
品牌名稱	爲提升品牌記憶及認知度而選擇	由此，雖然是間接的，幾乎所有類型的聯想可以得到強化	一般來說限制較好	多數有限制性	困難
標誌和象徵	一般而言在品牌認知中更有用	由此，雖然是間接的，幾乎所有類型的聯想可以得到強化	非常好	非常好	一般而言可以設計
特色	一般而言在品牌認知中更有用	由此，雖然是間接的，幾乎所有類型的聯想可以得到強化	非常好	多數有限制性	一般而言可以設計
標語	爲提升品牌記憶和認知進行選擇	幾乎所有類型的聯想可以得到強化	非常好	非常好	可以修正
一攬子交易	一般而言在品牌認知中更有用	幾乎全部有形的聯想可以明白地傳達	易於模仿	好	一般而言可以設計

出處：Philip Kotler, 2007:255。

二、場地品牌的定義

　　要將企業和一般產品已經應用的品牌戰略適用於城市和地區等場地，場地是可從作爲差別性品牌來發揮功能。從原有的品牌概念定義爲「場地品牌」的概念，意味了場地品牌是「一個場地爲了區別於另外一個場地使用的名稱、符號、象徵物或它們的組合」。

Keller（2007）認為，選擇突顯正面效果的品牌要素較為重要，正面效果的凝聚力根據品牌要素具有的一致性程度會有所不同。即，統一的品牌要素對形成和建立形象的全過程進行兼併和強化。一個場地以自己的地區為對象使用統一的品牌要素時，可以對地方形成和建立形象。

另外，為了明確定義地區品牌，需要瞭解地區品牌的階層（林京秀、韓宗吉，2003）。

表2-2　地區品牌層次

範圍	地區
廣泛　 狹小	國家
	地區（產地）
	城市
	企業
	事業
	商品群
	開發商品

出處：林京秀、韓宗吉，2003：97。

狹義地解釋地區品牌是「利用供應給消費者的地區商品或服務名稱區別於其他競爭者使用的獨特名稱或象徵物」（韓國專利廳，2006）。這與日本各地實施的地區品牌概念相同，日本稱地區品牌是「地名與商品、服務名稱的組合品牌，是可以使用的商品券，也就是說，帶動了地區團體商標」。

以個別地區商品為對象的狹義地區品牌概念，也並不單純指稱地區的人氣商品，限於寄予地區形象提高和活性化的情況（專利廳，2006），地區品牌一向與「地區形象」相關。

　　本章所指的場地品牌，並不代表地區商品的品牌，廣義的品牌是以一城市及地區為對象。目前研究大多以狹義解釋場地品牌，強調以非「地區商品」的「場地」為對象，也可以稱之為非「地區品牌」的「場地品牌」。這種情況以國家為對象時，稱為「國家品牌」，以城市為對象時，稱為「城市品牌」。

　　雖然韓國也認識到國家品牌和城市品牌顯然是以空間為對象的戰略，卻對地區品牌概念的理解混亂。因此，本書使用的「地方品牌」是指「地方政府以自身的空間領域為對象，為區別於其他地方使用的名稱、記號、象徵物或它們的組合」。

　　透過選擇統一的品牌要素建立正面形象，以與其他地區的活動做出區別，我們將之稱為「場地品牌」（place branding）。

　　總而言之，「有田橘」、「長崎卡斯泰拉」、「下呂溫泉」等地方品牌是代表性事例。日本的「夕張哈密瓜」、「東海天然乳酪」等，歷來都被認定為全國聞名的地方商標。然而，日本2006年4月實施的商標修正法新設了「地方團體商標（場地品牌）」，需要滿足①申請團體已經在使用；②是鄰近都道府縣眾所周知的名字；③需要與地方名稱密切相關等三條件，才能夠進行申請。伴隨這樣的商標修正，日本地方品牌事業將利用地方商品或服務的商品化，進而帶動地方經濟振興，啟動地區經濟作為目的。

第四節　場地品牌資產及場地品牌形象

一、地區品牌資產的構成要素

　　品牌資產（Brand Equity）一般指根據品牌形成的附加價值概念。換言之，可定義為投入相同的行銷努力時，具有品牌力和不具有品牌力之間產生的利益差距。

品牌資產的定義目前還不一致，本書先提出Aker（1991）與Keller（1993）的定義。

Aaker（1991）稱品牌資產是一個品牌和其品牌名稱及象徵相關的資產與負債的總體，發揮了增加或減少產品或服務供應給企業或企業客戶價值的作用。他認為品牌的資產係由①品牌忠誠度（Brand Loyalty）；②品牌名稱的知名度；③消費者所知的產品品質；④品牌的聯想形象；⑤註冊商標或流通關係等其他壟斷性品牌的資產構成。

Keller（1993）認為，品牌資產因某種產品或服務已經具備品牌，因此產生的期望行銷效果。顧客的品牌資產（CBBE, Customer Based Brand Equity）概念更為重要，是指利用品牌行銷活動形成的品牌知識來創造顧客反映的差別效果，可確定有品牌比沒有品牌易贏得消費者對產品及行銷方式的好感，反之，消費者如果對品牌行銷活動沒有好感，會導致被認為是無名品牌或虛擬品牌的反面品牌效果。

Keller（2007）對品牌資產的定義，主要有三種因素：第一，差別效果；第二，品牌知識；第三，消費者對行銷的反映。第一，品牌資產可以透過消費者反映的差別要素實現，如果不存在差別，名牌產品只能成為一般的商品，大部分競爭則守望在價格。第二，消費者反映的差距在於對品牌的知識，透過消費者的經驗瞭解、感受，直觀品牌隨著時間的流逝，因此品牌資產將透過正面知識留存在消費者心中。第三，構成品牌資產的消費者差別性，反映透過其品牌實行的所有行銷活動產生認識、喜好、行動等（Keller, 2007:95-96）。

品牌資產的根源最終是消費者對品牌的知識（Brand Knowledge），Keller（1993）認為，這是由品牌認知（Brand Awareness）和品牌形象（Brand Image）構成的。

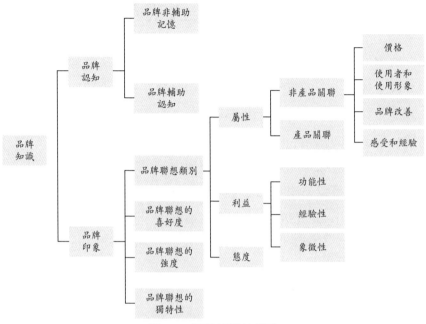

圖2-6　品牌知識的構造

出處：Keller, 1998:93。

　　如果說品牌認知是根據消費者在多種情況下識別品牌的能力決定，品牌形象就是「消費者記憶中對聯想品牌的認識」。Keller認為，基於消費者的品牌資產，是在消費者對該品牌高水準的知名度和熟悉度，存在某種程度上的強烈好感，品牌獨特聯想形象時才會形成。

　　從Keller提出的品牌資產概念和地區品牌資產來看，地區品牌知識是人們對特定地方資訊的瞭解，就會浮現地方品牌知名度感受，感受到的地區品牌形象。換言之，正確認識到地區的狀態下，地方品牌形象將成為決定場地品牌資產價值的主要因素。

第五節　場地品牌形象的概念及構成要素

我們可以將場地品牌形象定義爲「多種場地的屬性和包括消費者對其的主觀聯想，或感情的整體意義和認識」。即消費者對場地品牌的認識和偏好度。爲了查看場地品牌形象的構成要素，研究場地品牌之前，需要先回顧關於場地形象的研究。

從現有研究來看，場地形象由多種要素構成（表2-3）。對於場地形象的研究可以追溯到1970年，發展到了場地形象測定（Driscoll, Lawson and Niven, 1994）、遊客決議過程中形象的作用、形象的構成要素和形成、促銷形成的「誘導形象」（induced image）和「有機形象」（organic image）等研究。

然而，Selby（2004:65-75）指出，至今爲止場地形象的研究還停留在限定的領域內，無法向場地品牌的領域邁進。很多研究雖然主張了「brand」和「branding」單詞及概念，但還是存在場地形象的形成和場地品牌之間仍不明確。

這一區分在1999年美國行銷協會主辦的場地品牌主題會議上，也沒有得以明確化（Cai, 2002:721），這裡的場地品牌描寫了形象建立、形象強化、品牌開發、持續且集中的傳播戰略等，僅停留在一般行銷角度的定義上。

重要的是，場地形象的形成僅在場地品牌中發揮部分作用，而場地品牌還兼併了多種行銷活動。雖然形象建立是品牌的核心構成要素，還是需要品牌體制性（BI, brand identity）概念這一鏈鈕。這裡需要對場地形象和品牌形象的差異，進行更爲明確的整理。

表2-3　多樣的場所形象構成要素

學者		形象要素	構成要素
城市空間方面	Lynch (1970)	形象要素	路徑、邊緣、區域、節點、地標
		聯想學的認知	政策性（identity）、構造、意義、形象、理解
	San Francisco (1970)	城市內部格局	焦點、視點、地標等
		城市外部形態	地平線、城市形象、政策性等
		城市循環體系	道路用地的管理、植樹、空間感、途徑
		環境的品質	自然要素、開放空間感的距離、視覺性趣味、視覺的品質、消音、氣候
	Shiravani (1985)	測定要素	土地利用、建築物形態、迴圈及主體體系、開放空間、步行路、嚮導體系等
		非測定要素	接近性、調和、視覺構造、感覺、活力、政策性等
		一般要素	社會定義、品等、平衡性
	Jon Lang (1994)	和行為相關的環境內要素	城市中發生的活動和頻率、公共間的美感表現、利用者管理
		環境相關要素	人工材料（建築物、廣場、道路、裝置物體、照明等）
			自然材料（食物、土壤、風、太陽等）
	崔成談、樸京烈（2005）	城市構造物要素	道路、警戒線、城市公園等城市基礎設施
		象徵性要素	紀念品、建築物、地標、性格等可以記住城市並聯想的要素
		文化性要素	歷史、傳統、生活風俗、節日等非物理性要素
		空間環境要素	開放空間、地平線等景觀性要素
		城市功能要素	人口、產業構造、經濟發展程度的社會要素

續表2-3

學者		形象要素	構成要素
城市觀光方面	Ritchie & Zins (1978)	一般性要素	自然景觀、文化、社會性特性、節慶、物價水準等
		社會文化要素	傳統、飲食、歷史、建築物樣式、藝術、音樂、語言等
	Coltman (1981)	文化性設備要素	下部構造（道路、港口、機場等）上部構造（住宿設施、娛樂設施等）
		魅力物要素	自然環境性魅力物（氣候、自然景觀等）人爲性魅力物（購物中心、公園等）
	Jansen-Verbeke	主要構成要素	活動性場所（文化設施、運動設施、娛樂設施等）
		補助性構成要素	酒店、宴會場、市場、購物設施等
		附加性構成要素	接近性、停車設施、觀光設施等
	Inskeep	自然性要素	氣候、景觀的美麗、海濱和大海等
		文化性要素	建築學、歷史學、文化學場所、獨特的傳統、習慣、人們的活動等
		特別要素	購物、會議、節日等
	Law (1993)	特別、趣味要素	區境距離、場所等
		娛樂要素	夜間生活、購物等
		文化性吸引要素	建築樣式、歷史場所、博物館、畫廊等

出處：尹長宇，2001，p.42；崔承談、朴京烈，2005，p.97；崔基鍾，2001，p.38-43；金南正，2005，p.41；參照後後制定，李素英（2008）整理。

　　儘管場地形象的研究在發展，形象研究仍存在無法包含利益或價值的限度。相反地，關於品牌的研究，在現有的場地形象研究中沒有明確整理的概念，如對屬性、利益、價值選擇的具體說明，可以在場

地品牌概念中發現（Chalip and Costa, 2005: 220-222）。

　　而且，關於形象形成的研究僅停留在闡述形成過程，品牌研究將在具備創造正面形象的具體方法論，用於戰略性工具的方面有所差異。場地品牌透過在市場上形成地區品牌的形象，發揮了提高價值的強大實踐性工具的作用。

　　鑑於上述場地形象的構成要素等，導出的場地品牌形象構成要素如下圖。

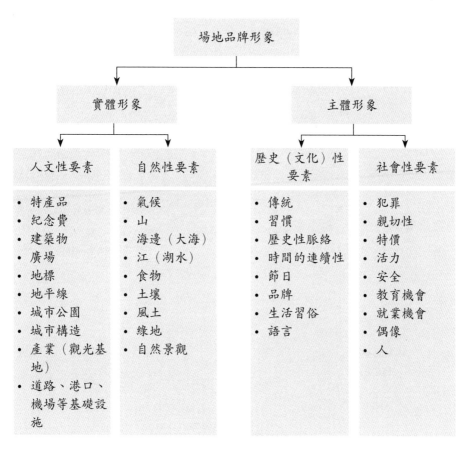

圖2-7　場地品牌形象構成要素

出處：李素英，2008。

　　首先，可以大致分類爲實體的要素和非實體的要素，實體要素還可以分爲人文因素和自然因素；非物理性要素包含文化性因素和社會性因素。國家品牌形象作爲非物理性要素比政治性因素和經濟性因素更爲重要，因此在地區可以將此兼併到社會性因素。

　　不單純從地區的實體角度考慮地區品牌的形象，也從非實體性角度考慮的傾向，事實上在評價地區品牌資產的指標結構中可以查閱。

　　每年以18至20個國家約20,000名消費者爲對象，進行了城市品牌認識調查，發表世界城市品牌順序的安霍爾特，分析城市品牌的構成要素爲：①存在感（Presence）；②場地（Place）；③潛力（Potential）；④生動感（Pulse）；⑤人們（People）；⑥基礎條件（Prerequisites）（Anholt, 2007）。

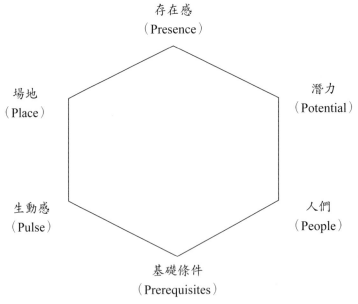

圖2-8　城市品牌指數Hexagon形態

出處：Simon Anholt, 2007:60。

第一，存在感（Presence）代表城市的國際性地位和位置，對於人們多麼親近這一城市、人們實際上是否訪問那一地方、城市因什麼而有名，各城市寄予了多少世界文化、科學等問題，利用過去30年城市統治的方式等變數測定。

第二，場地（Place）是人們認識各城市的物理性角度，代表了城市的美觀、氣候等物理屬性，利用人們到戶外或城市旅行時是否愉快、城市是否美麗、氣候如何等變數測定。

第三，潛力（Potential）代表城市向訪客、企業人、移民提供的經濟、教育機會，由城市是否容易就業、是否適合企業經營的地方、是否接受高品質教育的地方等問題構成。

第四，生動感（Pulse）是城市的魅力和生活方式，出於具有生動感的生活方式，也是形成城市形象的重要因素而包含的。測定變數由人們認為城市多麼令人歡快（exciting），無論是短期遊客還是長期住民都容易發現這樣的歡快等構成。

第五，人們（People）代表城市中人們的親切與是否讓外部人感到熱情、親切，或冷漠、偏見，是否能夠發現與外部人的共用語言和文化的交流，並在交流中感受便於生活，最重要的是在城市生活是否能感受到安全感等變數測定。

第六，基礎條件（Prerequisites）代表旅店、學校、大眾交通及體育設施等城市的基礎設施，使用感覺如何，是否能夠輕易找到滿意的住宿設施，認為學校、醫院、大眾交通、體育設施等公共設施的一般基準該如何等變數測定。

第六節　場地品牌形象管理的基本框架

管理場地品牌資產核心要素的場地品牌形象之基本框架，如下圖所示。

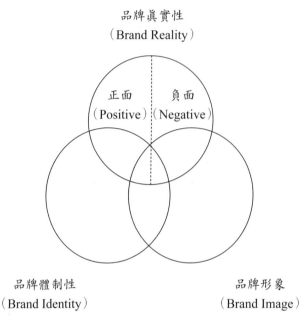

品牌真實性
（Brand Reality）

正面　　負面
（Positive）（Negative）

品牌體制性　　　　　　　品牌形象
（Brand Identity）　　　　（Brand Image）

圖2-9　場地品牌管理的基本點

出處：文化觀光部，2003：56。

　　首先，品牌真實性（Brand Reality）的客觀性實體，本質上是不可能變化的。即所有的品牌作為客觀性實體都存在不變化的現實，這樣的品牌現實可區分為正面（Positive）和負面（Negative）的。品牌形象（Brand Image）是在人們心中形成的模樣，根據品牌現實和品牌體制性（Brand Identity）決定。因品牌現實是不變化的客觀性實體，所以品牌形象將直接受到品牌體制性的影響。

　　品牌體制性是「計畫扎根在人們心中的形象」，是品牌管理者實質性管理對象的範圍。品牌管理者摸索一個品牌的正面品牌現實，形成與此相關的品牌體制性或摸索負面的品牌現實，形成與正面品牌現實相關聯的品牌體制性，進行形成正面品牌形象的管理。

　　品牌形象基於品牌的所有事實成立的品牌體制性，品牌體制性

終究是爲了留給人們的品牌形象，應用爲所有傳播的核心資訊。即提升地區品牌資產價值的戰略終究歸結於管理品牌體制性的問題。統一品牌體制性和品牌形象領域的多種活動，稱之爲品牌管理（Brand Management）。

一、場地品牌戰略相關的討論

(一) 戰略性品牌管理體系結構

選擇統一的品牌要素，透過建立正面的形象區別於其他地區的地區品牌戰略的一般體系結構，也將經歷與一般商品品牌管理體系結構相類似的過程。

Keller（2007）稱戰略性品牌管理是行銷計畫的實行，還建立了品牌資產，包含實行及管理的活動，各自經歷品牌定位和價值定位的建立、品牌行銷計畫的計畫及實行、品牌成果的測定及解析、品牌資產的增長及維護階段。

1.品牌定位和價值的定義及建構

戰略性品牌管理體系結構出於明確理解品牌代表了什麼，如何對比競爭者進行定位。Kolter將品牌定位定義爲：「企業在目標客戶的認知上進行區別，爲了占據有價值的位置而設計產品供應物和形象的行爲。」（Kolter, 1992）

品牌定位的目標是爲了企業利潤的極大化，而定位消費者認知的品牌。競爭性品牌定位指創造一切消費者認知的品牌優勢。基本上，定位致使消費者確信了競爭公司品牌的優勢，與此同時還包含了可能緩解的缺點。

一般定位包含了適當的核心品牌價值和具體的品牌聲明。核心品牌價值是顯現品牌特性之抽象聯想（屬性與效益）的集合。更加明確品牌所要突出的部分是對品牌本質或核心品牌的約定，有助於定義品

表2-4　戰略性品牌管理體系

階段	核心概念
品牌定位和 價值的定義及建構	• 心理地圖 • 具有競爭力的存續體系（Frame of Reference） • 類似點 • 核心品牌價值 • 品牌聲明
品牌市場項目的 計畫和實施	• 品牌要素的混合和調和 • 品牌市場活動的合併 • 2次聯想的槓桿作用
品牌成果的測定和解析	• 品牌價值鏈（Brand Value Chain） • 品牌檢查（Brand Audit） • 品牌考察 • 品牌資產管理系統
品牌資產的成長和維持	• 品牌—產品的鋪墊 • 品牌組合 • 品牌擴張戰略 • 品牌強化和再活性化

出處：卡羅，2007：83。

牌聲明。品牌聲明是指利用3至5個詞語，簡短地表現品牌最重要的方面和核心品牌價值。

　　一旦決定品牌定位戰略，實際將會樹立創造、強化、維持品牌聯想的（Brand Association）的行銷計畫。

2.品牌行銷計畫的計畫及實行

　　品牌資產的建構需要致使消費者充分認知，創造消費者喜好具有獨特品牌聯想的品牌。圖2-11是將品牌資產建構的核心概念之圖解內容，在這裡重要的考慮事項是：第一，關於構成品牌要素或身分的初期選擇。第二，行銷活動與行銷支援計畫以及品牌兼併於此的方式。第三，將品牌連接給幾個個體（公司、原產國家、流通網或其他

品牌等），從而轉移至品牌的其他聯想。

　　首先，在名稱、標誌、符號、標語等多種品牌要素中選擇適當的品牌要素，是建構品牌資產最重要的層面。在初期選擇消費者喜好且可創造獨特品牌聯想的品牌要素，要能提升對品牌的認知。從消費者僅僅知道品牌名稱和聯想的標誌時，就能掌握他們是否果真對產品或服務有什麼想法，乃是建構品牌、挑選品牌要素的最好方法。各種要素都有所不同，因此將使用部分或全部品牌要素。

　　慎重選擇品牌要素雖然有助於建立品牌資產，最重要的成果將出現在品牌結合相關的行銷活動。對於消費者具備好感的、獨特的品牌聯想，將根據行銷計畫中產品戰略、價格戰略、內容戰略、傳播戰略等做多個整合，也將成為設計品牌行銷計畫的動力。

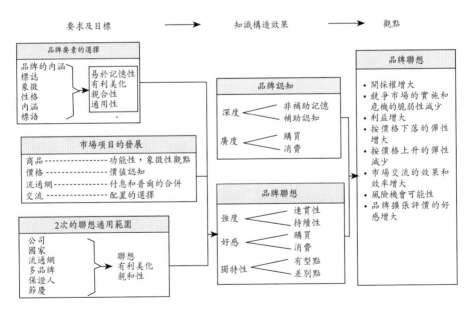

圖2-10　以顧客為基礎的品牌資產建構

出處：卡羅，2007：86。

　　最後一個建構品牌資產的方案是兩次聯想的有效槓桿作用

（leverage）。品牌聯想是指與具有其他聯想的個體，連接創造兩次聯想。換個說法，品牌聯想可以將品牌連接至傳達消費者記憶中的另一個節點（Node）或資訊，可以與透過品牌戰略實現品牌聯想的公司、標識產品源產地國家或其他地區；透過內容戰略不僅是流通網或其他品牌、榮獲許可的標識、名人的保證；透過贊助的體育或文化活動；以及透過獲獎或評論等資訊來進行連結。或許這些聯想與執行產品、服務沒有直接關係，但品牌與其他個體是同等的，因此可推測消費者會共用品牌和這樣的個體聯想。是故，在創造品牌中需要制定品牌的間接性或2次聯想，也會透過聯想的銷售和基準管理幫助建構品牌資產。

3.品牌成果的測定及解析

為了瞭解品牌行銷計畫的效果，測定和解析品牌成果很重要。與此相關的有用工具就是品牌價值鏈。品牌價值鏈是為了更加瞭解品牌行銷費用和投資的財務效果，而追蹤品牌價值創造過程的手段。

為了品牌管理能夠連接利益，需要成功地設計並實行品牌資產測定系統。品牌資產測定系統有助於行銷負責人短時間內做出最佳的戰術決定，為了有助於長時間內做出戰略性決定，提供及時正確的可實行的設計。

4.品牌資產的增長及維持

透過利用品牌定位行銷計畫的熟練設計與實行，獲得較強的品牌領導定位後，維持及擴張品牌資產是一件難事。品牌資產管理是出於對品牌資產的廣泛多樣化觀點的行為，如何致使品牌戰略隨著時間的流逝或地區擴張，或因細分市場企業會關心反映，並瞭解如何調整。品牌資產管理不僅透過多種分類、時間流逝、多種細分市場來管理品牌，還包含在其他品牌的情況中管理品牌。

為了適應公司銷售的產品，選擇怎樣的品牌要素非常重要，其主

要使用的工具是品牌的分層結構（brand architecture）。品牌的分層結構是透過網羅公司的產品，展現一般的或差別性品牌要素的數量及特質，明確顯示品牌的順序。品牌的分層結構，抓住了公司銷售產品之間的潛在品牌關係，從而按照圖解方式記述了公司的品牌戰略。

　　從長期性觀點出發來進行品牌有效管理，需要觀察消費者的反映。同時也觀察到支援品牌的行銷計畫變化了消費者的視覺，並影響了即將開展的行銷計畫的成功。長期觀點面臨了公司行銷目標及計畫的內部變化和行銷環境的外部變化，需要創造按照時間流程進行形象管理，並提升客戶的品牌資產來設計的創新戰略。

　　最後，考慮認知品牌及行銷計畫開發的多種消費者類型，對管理品牌資產尤為重要。根據細分市場的特定知識與行動，慎重地定位行銷計畫，設計和實行也是管理品牌資產的重要層面。

　　以上是以一般產品為對象的戰略性品牌管理體系結構的過程，有助於建立地區品牌管理體系結構。因此，一般產品和性質完全不同的場地品牌，仍有可以共用的體系結構，具體的實行戰略也會有所不同。產品品牌行銷計畫作為事例之一的二次聯想戰略，透過標識產品原產地，運用了國家或其他地區的聯想作用。場地品牌的情況下，應用為產品品牌二次聯想戰略的場地形象本身是品牌對象產品，因此場地品牌行銷計畫應不同於產品品牌進行重組。

　　Keller（2007）指出，品牌資產成功建構之後，作為如何維持並管理資產的戰略，雖然重點考慮了品牌資產的管理戰略，韓國多數需要場地品牌戰略的地方政府，其工作重點在維繫成功建構的地區品牌資產條件。成功建構地區品牌資產問題，也就是牽引潛在消費者正面的場地形象，是比引導在實際場所消費的態度更加重要的目標。Keller（2007）模式中的重要步驟品牌資產的增長及維持，係品牌資產價值評價之後，可以縮小到如何反饋的領域進行。

(二) 地區品牌戰略模式

1. Morgan、Pritchard和Pride的場地品牌模式

Morgan、Pritchard和Pride（2002）對場地品牌的建構過程提出了如下五個階段，這與Keller（1998、2007）提出的戰略性品牌管理體系結構過程相類似。

建構品牌的第一階段是確立目的地和品牌的核心價值。為了確立核心價值應與地區的適合性、與競爭者的比較等，為此首先需要進行市場調查、分析和戰略研擬。第二階段是開發品牌體制性（BI：Brand Identity），這一階段最重要的是品牌體系結構的概念。

一旦決定品牌的核心價值，第三階段其價值將透過照片、色彩、字體、聲音、品牌標誌等多種品牌體制性要素進行持續傳播。所有利害關係人和潛在消費者能夠共用和購買的規劃，應在品牌的核心價值中明確表現。應利用所有媒體和短期性活動等。為了對目的地品牌的感性情感能夠成功，信賴性、可實行性、差別性、提供強大思想、感動利害關係人和合作夥伴、與消費者的共鳴等很重要。第四階段將實行（implementation），第五階段將經過監督與評價、反饋的過程。

表2-5　場所品牌建構的5階段

階段1	市場調查、分析、戰略性研擬
階段2	品牌正體性開發
階段3	品牌論述和導入藍圖的交流
階段4	品牌實施
階段5	監督與評價、反饋

出處：Morgan, 2002。

他們同時也介紹了建構場地品牌的過程中，可能利用的集中概念

工具。

(1) 品牌的個性與有效性金字塔

　　紐西蘭品牌成功的核心要素是地區的品牌個性與目標市場起到了相互作用。品牌力較強的耐吉（Nike）等是具有豐富個性的品牌。但是，大部分品牌的形成是獨斷性和表面性的，因此具有豐富個性的品牌非常少。友好（friendly）、自然（natural）、最新（contemporary）等特徵雖然是大眾所喜愛的表現，卻不利於建構魅力、熱情的品牌。

　　場地品牌的建構是為了發展豐富且適當的品牌個性，在維持品牌核心價值的基礎上繼續進化。透過有效性金字塔可以萃取目的地品牌提出的精髓（參照圖）。精髓（essence）是與消費者的期望與目的地之有效性、特性交叉的支點。透過廣告或PR的傳播中，可展現這種品牌精髓。

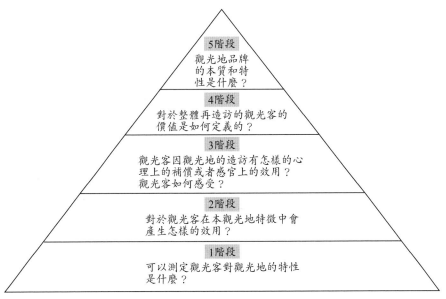

圖2-11　目的地品牌效用金字塔

出處：李素英，2008。

(2) 名聲的獲得（Achieving Celebrity）和品牌定位指導

品牌中形象很重要。根據場地如何出現，可以決定人們是否會造訪或再造訪。目的地品牌強調了正面角度，剔除了負面角度，在目的地的優勢和潛在觀光客的認識之間建立了橋梁。

場地行銷應定位與其他主要競爭地形象相比較的方法，通常透過您希望訪問這裡的問題來查看對目的地有怎樣的評價，因此訴求（appeal）和名氣（celebrity value）很重要，表示方法通常用目的地排名的。

在定位地圖中品牌成功的地區是感染性引誘力豐富的地區、故事價值高的地區，以及今後更多遊客期待的地區。感染性引誘力雖高，名氣城市價值較低的地區，卻具有成功率較高的潛力。印度、古巴、南非共和國等正是如此，他們的課題是傳達情感訴求，精巧地建構目的地的體制，轉換成名氣城市價值較高的場地。

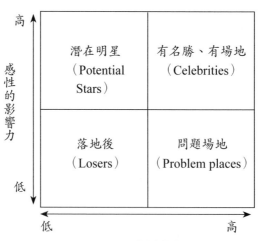

圖2-12　目的地排名

出處：Cai, 2002:725。

2.其他場地形象的場地品牌模式

(1) Cai（2002）的場地品牌模式

Cai（2002）以Keller的品牌聯想類型，以及Gartner（1993）的形象形成過程研究結果爲基礎，提出了如圖2-13所示的場地品牌模式。

Cai的場地品牌模式是將品牌要素混合→品牌體制性（BI）→品牌形象的確立作爲中心軸，造成客戶對場地形象的屬性要素→感性要素→態度要素的變化，開始形成強大且統一的品牌聯想，即場地品牌選擇可透過標語或標誌等品牌要素來區別於其他場地。

此模式著重場地形象差別化觀點。即，研究如何形成遊客對旅遊地的認識或何種要素影響了目的地形象（Gartner, 1993），此模式中目的地行銷組織將以形象的三種要素來理解形象生成。

Gartner認爲場地形象是根據相互不同卻又等級相連的構成要素：認知（cognitive）、情感（affective）、行動（active）要素形成的。他提出的三種分類與Keller提出的品牌聯想的三種分類，即屬性（attributes）、優惠（benefits）、態度（attitude），兩者比較如圖2-13。Gartner（1993）場地形象要素的第三項，即行動要素在其他現有行銷及品牌研究中並不存在，爲獨創模式做出了貢獻。

Gartner的形象構成要素	Keller的品牌聯繫概念
認知性（cognitive）要素 從到訪場地動機來接受場地	屬性（attributes） 商品和財務爲特徵
情感性（affective）要素 Motif－對象（場所）開始接受的	利益（benefits） 屬性中附加的個別性價值和意義
行動性（active）要素 行動是因認知發展與情感評估而產生	態度（attitude） 全盤性評價和行動、形態的基礎

圖2-13　Gartner和Keller的形象構成要素和品牌聯想概念間的對稱

出處：Cai, 2002:724。

這樣就可以測定認知形象和意圖形象之間的隔閡。測定結果將提供建立形象所需的基礎資料。希望建立的形象應與品牌保持一致性，並透過行銷計畫、行銷傳播、二次聯想管理來打造場地品牌。

場地品牌的遊客經驗強化，魅力開發、內容選擇、合作性廣告等行銷計畫，是為了強化品牌體制性而計畫的。行銷傳播適當地混合了媒體與其他手段（活動行銷、贊助商、交流增進等）實行，透過支援並擴散行銷計畫來強化品牌體制。

認為二次聯想在場地品牌中不明顯，是因為沒有用直接的行銷計畫或傳播，造成一些失控現象超出了直接管制的範圍。二次聯想與Gartner的基礎、自然形象的形成概念相類似，但在基準管理的角度上有所差異。即二次聯想雖然容易失控，卻有助於建立意圖的形象，大幅增加效果。

(2) 李正勳（2006b）旅遊目的地品牌模式

以Cai（2002）為基礎，李正勳（2006b）如下提出了場地品牌，尤其旅遊部門的目的地品牌的戰略模式。

場地生產者基本上包含了居住於地區的所有人。包含了所有動態性的地方政府與公共部門從業者、空間開發者、文化藝術創造者、文化活動者、接待產業及文化製品產業從事者。他們對產地品牌負有一線的責任，且對場地的態度及力量將直接影響場地品牌。

接待服務產業和文化製品產業是支撐場地品牌基礎結構的重要產業系統。接待服務產業是直接接待訪客提供服務的產業，文化製品產業是以獨特的方式處理，並表現地區商品的文化情感和資源，從而向遊客進行銷售。兩個部門之間需要透過緊密聯繫網進行相互發展。

場地消費者分為地區外居民和地區內居民。地區外居民的造訪和消費，將正面影響地區經濟。造訪客瞭解場地的基礎形象（organic），根據傳播計畫接觸品牌體制性，變化為誘導形象（induced image）（Selby, 2004）。在此過程中如果選定為造訪候

選地，將會掀起資訊探索和間接經驗的形象積累，非訪問候選地也會
因此產生大量資訊。在候選地中最終決定為訪問地時，透過直接造訪
的經驗，進一步加深印象，變化為場地品牌形象。

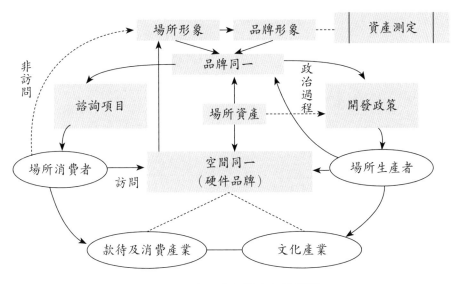

圖2-14　李正勳的觀光品牌形態

出處：李正勳，2006。

　　據上述場地品牌模式中，場地品牌形象的發展性循環體系將經過
以下過程（如圖2-14）。第一，場地資產的分析、品牌地位及價值導
出。第二，場地品牌體制性的開發。第三，建立傳播計畫。第四，
立案實行場地品牌定位的開發政策。第五，文化空間的建構及象徵
性。第六，接待產業與文化產業的融合。第七，場地品牌形象的變
化。第八，場地資產測定。第九，評價結果的反饋等。

Chapter 3

城市品牌開發

第一節　品牌體制性的概念與開發方法

　　在行銷相關研究中，要理解品牌體制性（Brand Identity）概念，最為普遍的方法是由品牌體制性定義與品牌形象（Brand Image）做對比來探討。將消費者認識的商品或企業形象稱之為「品牌形象」，而「消費者希望認識的品牌核心價值」就稱之為品牌體制性（Kavaratzis and Asoworth, 2005）。本章將從商品和企業角度上探討品牌體制性的發展過程與概念，察看如何將其適用於場地品牌開發。

一、商品品牌體制性的概念與方法

　　品牌體制性（Brand Identity）是一個較新的概念。並非由營銷和傳播理論家憑空想出的新潮詞語，而是對品牌有真正重要性的新概念。這一重要概念的含義，應至少有四種不同用法：

1. 「身分證」（Identity Card），可能是護照、支票簿、駕駛執照等，是一種表明我們是誰，不可轉讓的個人特徵等證明。
2. 第二種用法在傳播領域中指那些出自同一來源並被轉換成符號、資訊和產品本身的東西。
3. Identity的第三種含義是在於「偶像危機」（Identity Crisis）一詞中。這是心理學家描述某些青少年心理的持久戰。為找尋自我，年輕人追隨一個又一個的名人來塑造其形象。
4. 「文化識別」（Cultural Identity），這是人們以歷史背景、價值觀或對參與一個普通計畫的看法的異同來分群，因而可以說社會小團體有一個很明顯的識別特徵，可讓他們的後代尋找他們的識別。

　　李政勳與韓賢淑（2007）研究認為品牌體制性（Brand Identity）可先從確認品牌定位與品牌價值著手。

(一) 品牌定位與品牌價值的確立

Kotler（2004）將品牌定位定義為「企業設計出自己的產品和形象，從而在目標顧客中確立與眾不同的價值與地位」，而最早提出的里斯和勞特（2011）認為定位是指針對顧客心理採取行動，即是要在顧客心目中定下一個適當位置。品牌定位的目的是在消費者心中刻畫品牌，極大化企業潛在的利益。基本上定位是在消費者心中擴散其品牌相比競爭品牌具備的優勢，另一方面緩解了可能產生的不利隱患。定位通常與找到適當的核心品牌價值和品牌聲明（mantra）有直接關聯。核心品牌價值是規定品牌性質的一連串推理聯想（屬性及優點）。

1. 品牌定位的方法

品牌定位在行銷戰略中發揮了核心作用。根據CBBE（Customer Based Brand Equity）模式，為了進行定位應決定下列四個事項。

第一，目標客戶是誰？

第二，主要競爭者是誰？

第三，該品牌與競爭者在什麼部分相類似？

第四，該品牌與競爭者的不同之處在哪裡？

(1) 目標市場細分化

目標客戶可從目標市場細分化著手，找出目標市場非常重要。因為不同的客戶有著不同的品牌知識結構，並且具有不同的品牌認知與偏好。如果不能瞭解目標市場，就不可能創造出強力和好意乃至獨特品牌的聯想。將市場細分化做得越好，實行滿足市場需求的行銷計畫可能性越大。

目標市場細分化的基準如下：

第一，從形態角度上考慮使用者地位、使用頻率、使用情況、品牌忠誠度。

第二，從人口統計學特點基準上考慮收入、年齡、性別、人種、家族關係等。

第三，與心理特點相關，考慮價值、意見、態度，以及活動及生活方式。

第四，從地理特點的基準上考慮是國際市場還是國內市場。

(2) 掌握競爭的本質

目標市場的選定與對競爭者的判斷，兩者之間有著深度連貫。在這裡，重要的是行銷戰略家在定義競爭時不能過度局促。競爭相比屬性經常先從便利的角度上產生。例如：立體音響等奢侈品不僅體現在休閒方面，還要體現在家具等耐久材料功能的競爭中。

(3) 共同點與差異點聯想

目標市場與競爭本質的定義，屬於定位的基礎準備過程。其次，為了達到正確的定位，應確認聯想的差異與共同點。

差異點是對一個品牌強力、好意、固有品牌的聯想，即差異點是客戶與品牌強烈相關的屬性或便利。雖然有很多種類的差別化品牌聯想，通常會根據CBBE模式區分功能、性能相關資訊來認識與推想形象。

差異點的概念與眾所周知的多種行銷概念有著共同點。例如，與根據1950年Rosser Reeves等開發的傳統銷售提案（USP, Unique Selling Proposition）相類似。USP的根本思路是由於廣告無法效仿競爭商品，因此要提出客戶選擇該商品的理由時，除要從創意性層面出發，還要以差別化傳統商品優勢的傳媒為基礎來進行。

共同點沒有必要局限在該品牌上。共同的範疇是需要客戶能在一定的商品或服務範疇內視為正當、可信賴的聯想，意味著消費者選擇品牌所需的條件（並非需要一充分條件）。共同點隨著時間的流逝，可以根據技術發展、法律發展、消費者動向等產生變化。

(4) 定位指南

透過上述對目標市場細分化和競爭的掌握，差異點與共同點的掌握工作一結束，定位的準備工作也就相應結束了。另外，為了促進最佳的競爭性品牌定位，仍須注意下列兩項核心問題。

第一，定義競爭性基準的框架（competitive frame of reference）並傳達。定義競爭性基準框架的出發點是指定同類商品群的範疇。範疇不同，競爭性基準的框架、共同點、差異點也全部不同。若是在已扎根於市場的商品或服務的情況下，其所屬哪一種類型的商品群並不是重要的問題，但是新發售的商品應重視客戶認識品牌的範疇過程，PDA等尖端商品便是如此。

同時所屬不同機關的品牌也能在相同範圍內形成結合。FedEx的競爭集團可以成為傳真或電子郵件便是一項實例。這種接近方式是促使消費者認識該品牌的實際所屬集團之後，將重點放在競爭者與品牌差異。

第二，選擇共同點與差異點。在共同點與差異點的選擇中，差異點的選擇基準應考慮客戶的期望（desirability）與執行可能（deliverability）。期望的基準可列舉適當性（relevance）、差別性（distinctiveness）、信賴性（believability）。執行可能性的基準可列舉可能性（feasibility）、溝通可能性（communicability）、可持續性（sustainability）。

2.品牌價值的確立

品牌定位是品牌在特定市場中，對抗一系列競爭者如何有效競爭的說明。在多數情況下，品牌由多種商品的範疇構成，具有大眾化屬性的定位。然而，隨著品牌進化和發展為多種範疇，抓住品牌具有的重要意義和表象，定義核心品牌價值非常有用。確立綜合核心品牌價值，除了反映出品牌的理性和靈魂，對於核心品牌價值與品牌聲明（mantra）非常有用。

(1) 核心品牌價值

核心品牌價值是找出品牌具有的5至10個最重要因素，良好地展現其特性。核心品牌價值在品牌戰略中起到了重要的作用，尤其在共同點與差異點的連貫性觀點上，成為品牌定位的紐帶。

核心品牌價值可以依據結構化過程加以確認。

首先是制定品牌的測試圖。測試圖為特定目標客戶詳細地勾畫出顯著的品牌反映和聯想，從信賴、態度、意見、感受、形象、經驗的層面上，如實反映客戶對該品牌的認知，且可以透過CBBE品牌金字塔等方式制定。而且，最簡單的方式是透過「想到該品牌時，能夠聯想到什麼？」等問題，創造品牌聯想。

其次，品牌聯想可以根據它們之間的關係，分為2個或4個範疇。各種範疇的核心品牌價值可以黏貼標識來敘述性說明。可以發現最少3至5個，最多10至12個核心品牌價值。建構核心品牌價值的問題是，各個核心品牌價值盡量差別化，盡量最大限度地將所有相互連貫的聯想包含在測試圖中。

(2) 品牌聲明（Brand Mantra）

為了更加集中傳達品牌計畫，需要定義品牌的說明。品牌名稱與品牌本質、核心品牌承諾等品牌化概念密切相關。品牌名稱是品牌心臟與靈魂，運用三句或五句短語，蘊含品牌定位與品牌價值的核心或精髓。其目的是使組織內的所有從業人員和組織以外的行銷合作夥伴們，為了消費者能夠在根本上理解品牌傳達的涵義，進而跟從其活動。

品牌名稱是強力的道具，包括品牌商品應該如何、廣告活動應該如何、在哪裡如何銷售品牌等為基準。其影響超過了技術性層面，還會對企業的形象或電話接聽的態度等產生影響。實際上，品牌名稱是過濾品牌行銷中不適當的活動，也是客戶對品牌產生否定印象等所有行為的精神關鍵。

消費者或客戶一旦接觸過品牌，對品牌的知識就會有所改變，結果會導致品牌資產也受到影響。很多從業人員也會間接和直接接觸客戶，仍舊可以促使客戶對品牌的知識產生變化。因此，應該強化和支援從業人員的話語或行動，維持一貫的品牌形象。

品牌名稱的存在和傳媒說明在組織內很重要，有必要瞭解其意義。利用好記且簡短的語句，體現在人們心中刻畫的品牌要點為何。

好品牌名稱的範例，可以列舉耐吉與迪士尼，如表3-1。

表3-1　耐吉與迪士尼

	感性調整	敘述調整	品牌功能
耐吉	正宗（Authentic）	運動（Athletic）	性能（Performance）
迪士尼	樂趣（Fun）	家人（Family）	娛樂（Entertainment）

品牌名稱應經濟性地傳達品牌是什麼、不是什麼。迪士尼與耐吉的品牌名稱，利用前列的三個詞語執行了這一功能。

在這裡能夠知道的是，品牌名稱透過集合意義傳達了它們的力量與有用性。耐吉與迪士尼成功的理由之一，是多年來其他競爭者在自身品牌名稱中並未呈現提出的承諾。而且，品牌名稱基本上要體現該品牌的差別性。

品牌名稱應與品牌定位同時開發。品牌定位透過感謝品牌或其他方法導出深刻的研討結果。品牌名稱還進一步需要企業從業人員和行銷負責人的介入。透過這種內部操作，所有的從業人員對品牌資產產生了影響，還可能成為對品牌命運產生正面影響的手段。

品牌定位可利用幾段文章或短語，階段性展現理想的品牌核心價值。基於品牌價值，可以經過一連串的集體自由討論，選出候選的品牌名稱。很多特點可能會導致品牌名稱呈現不同的涵義，因此在決定

品牌名稱的最後一個階段應注意以下問題。

第一，傳媒：好的品牌名稱應定義品牌的範疇。要明確品牌的差別點。

第二，單純化：有效的品牌名稱應容易記住。因此，應該簡單明瞭。由於三個字的名稱最能夠經濟性地傳達品牌定位，因此最為理想。當然，可以根據情況添加單詞。

第三，刺激：理想的品牌名稱應盡量對從業人員具備適當深遠的意義。品牌名稱可以發揮訊息或嚮導的作用。品牌價值不僅可以刺激客戶，還可以刺激滲透從業人員。

品牌管理人運用品牌定位與品牌價值來形成品牌體制性。品牌管理人的任務就是詳細說明品牌的含義、目標和使命，而品牌形象則是對此詮釋的結果，是對品牌涵義的推斷、對符號的解釋。從品牌管理角度來看，識別必須先於形象形成。在向公眾描繪一個觀點之前，必須已明確出要描繪什麼。消費者會根據品牌體制性行程中各種資訊（品牌名稱、視覺信號、產品、廣告、贊助的活動、新聞發布等）形成形象，形象則是詮釋的結果。

(二)企業品牌體制性

從前一段商品品牌體制性方法的說明，雖然可理解品牌體制性如何形成，但結構上仍與城市品牌體制性有著根本的差異，因此從更多商品且複雜的企業品牌體制性來說明城市品牌體制性，相對更加接近。

1990年初，隨著行銷研究探明了企業品牌對新商品品牌或品牌擴大產生了積極的影響，開始對企業品牌提高了關注。企業品牌化雖然共享所謂的差別性和品牌創造的商品品牌化目的，因為並不是在個別商品或服務的層面，而是在組織的角度上形成的，所以對更加複雜、與大眾利害關係人相互作用的需求也不同。

鑑於這一點，場地品牌相比商品品牌，將與企業品牌共享更多的共同點。由於在沒有積累對城市品牌化、城市品牌體制性研究的情況下，企業品牌化和企業品牌體制性的相關研究，爲開展城市品牌化理論提供了重要線索。

企業品牌化將重點轉移到了品牌背後的組織與人員。企業品牌化的根本概念是企業體制性。企業體制性是「明確表現企業風氣、目標、價值，實現差別化競爭環境的組織個性」之概念。較強的體制性可以成爲貴重的資產，對於傳達利害當事人之間一貫的內在形象非常重要。（Kavaratzis, 2004:64）

根據被指定對組織體制性具有影響力的研究者Albert和D.Whetten（2003）所稱，企業或城市等組織體制性具有下列特徵。

第一，組織的精髓（the essence）是中心特徵（central character）。組織體制性是重要且必須的，因此要對組織進行差別化。但是，組織體制性並不存在區分什麼是重要和什麼是不重要的一般理論。因此，應透過現有的組織和目的，以及理論性觀點，來判斷是否重要。當然，另一方面企業品牌化與城市品牌化的差異也不小，因此更需要徹底瞭解城市和地區的發展。

第二，與其他組織的差別性（distinctiveness）。體制性與其他識別有著重要的意義。因此，體制性發揮了「確認」（identification）的功能，部分體制性還根據「確認」察覺。用於組織差別化體制性定義的概念，包含了意識形態的陳述、經營哲學、文化、意識等。而且，作爲戰略性概念，也包含了「甘受風險」的企業家主義冒險精神等。

第三，具有連續性，一定期限內不應有變化。

Balmer如下定義了構成企業體制性的要素（Kavaratzis, 2004）。

第一，戰略（經營前景、企業戰略、企業業績和商品／服務，企

業品牌契約、企業所有權）。

　　第二，結構（某企業與子公司之間的關係、同盟或公民權合作夥伴的關係）。

　　第三，通訊（全體企業通訊）。

　　第四，文化（組織內存在，或並非企業起因，由下部文化構成的軟性及主管要素）。

　　Balmer稱創造企業品牌是一件複雜的事情，爲了創造強而有力的企業品牌，而強調了企業前景、文化、形象的相互作用。

　　Balmer（2002）將企業組織的體制性分爲了實際體制性（actual Identity）、認知體制性（conceived identity）、宣傳體制性（communicated identity）、理想型體制性（ideal identity）、期望體制性（desired identity）等五種，並提出了分析其實體與問題點的AC³ID測試模式。而且，利用AC³ID測試模式體現了體制性與品牌的關係，將品牌定義爲約定的體制性（covenanted identty）。

　　Kavaratzis（2004）認爲，相較於商品品牌，企業品牌更具大衆體制性，以及複雜的方面更加接近於城市品牌。這種定義基本上雖然是對的，但也有兩點並不一定全對。

　　首先，企業品牌即使複雜，也比城市品牌單純。城市是由多種利害關係人（stakeholers）和多種服務構成的生活空間。爲此，要對什麼樣城市的特性進行品牌體制性進行整理。該過程會提出多種基準，有必要對該基準進行探明。

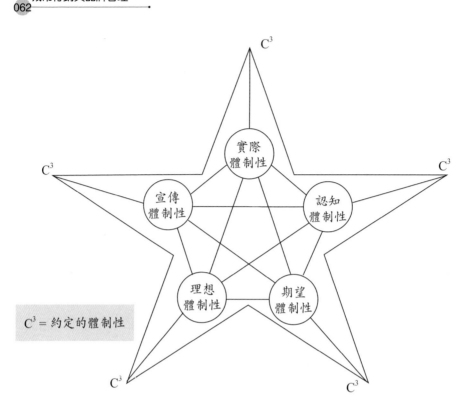

C^3 = 約定的體制性

圖3-1　AC^{3}ID測試模式

出處：Balmer（2001），Balmer and Greyser（2003：251）再引用。

(三) 場地品牌體制性

1. 場地體制性與場地品牌體制性

場地在社會科學中是非常強而有力的概念。場地獨有的性質中，蘊含了多種體制性。多種文化與體制性包含在一個場地內，形成了該場地體制性。（Neil, W., 2004）。

對於人類活動空間性最重要的論者Lefebvre，在其 *The Production of Space*（法語，1974；英文版，1991）著作中掌握到空間是展現社會性、文化性生產的物質，造就城市象徵。

法國社會科學家Pierre Bourdieu開發「habitus」一詞來定義場

地基本特徵的概念。這一概念說明了在人們生活環境中認知的具體化場地感（sense of place）與作用。更加有用的概念是「創造場地」。Chris Abel在〈體制性建築〉的論文中，解釋建築是「創造目的意識的場地」。他說，與科學、藝術，以及其他主要的文化形態一樣，建築是本身存在的樣式。

場地行銷的商品是場地。廣義上來說，商品（場地）是可以滿足人類需求或要求，為了人們傾注注意力或取得、使用、消費而向市場供應（Kotler, 1988:71），場地包含了滿足人類需要的所有場地要素。

Kotler（1993）將成為場地行銷對象的所有場地資產（物理性、制度性資產等）和場地性，全部視為場地構成要素。

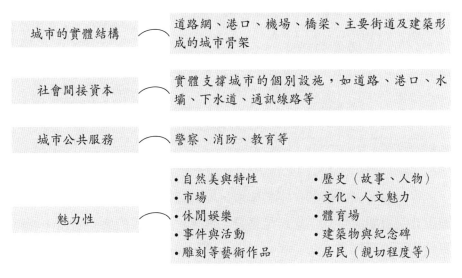

圖3-2　Kotler的場地結構要素

出處：Kotler, 1993。

金泰善（1998、1999）、李武勇（2003）也主張場地具備的要素（例如：自然要素、人文要素、生活品質要素、經營環境要素、文

化要素等）都具有商品潛力，與一般商品不同，非常具有概括性，具有多種商品類型。

表3-2　場地的結構要素

構成要素	內容	行銷要素
自然要素	土地　　　　　氣候 自然景觀　　　地理位置等	旅遊資源開發及維護
人文要素	人才資本水平　市民意識 企業家、技術人員、行政家等持有程度	招募優秀人才
生活品質要素	生活環境 教育、社會福利　　　　城市安全 文化度假、休息空間　交通混雜度等	魅力城市設計 提供基本生活服務
經營環境要素	商務基礎　市場（增長）潛力 交通、資訊化水平　經濟水平 雇傭條件等	社會間接資本開發
文化要素	國際性文化資源與文化設施 文化活動及市場（商圈） 娛樂設施 文化利用性　　學術研究機關等	地區形象改善管理 旅遊資源開發及維護

出處：李武勇，37頁。

　　從前面看到的體制性定義來看，場地體制性在這種場地的結構要素中非常重要，可以規定為是區分其他場地與自信的突出屬性。城市具備的場地體制性，可以按照Balmer和Greyser（2002）在AD^{2}ID測試模式中提出的實際、宣傳、認知、理想、期望體制性等，分成五種類型。而且，城市品牌體制性是Balmer和Greyser（2002）在AD^{2}ID測試模式中提案的「約定體制性」（covenanted identity）。即，提出可以在場地的多種體制性中推進，並且能夠推進的核心約定。

2. 場地品牌體制性的概念與意義

有必要查看這種場地體制性的概念發展爲場地品牌化模式中設定「場地品牌體制性」時，是如何規定的。因爲，該規定對於訂立至今仍未良好形成的場地品牌體制性開發方法論提供了重要的基準。研究中可以運用的場地品牌化模式是Hankinson（2004）、Anholt（2005）、李正勳（2006）的研究。

(1) Hankinson關係網場地品牌模式中的品牌體制性

Hankinson（2004）將品牌分成了傳媒品牌、概念實體或形象品牌、價值增值品牌、關係品牌等四種，並將各種概念適用於場地品牌進行了說明。他將四個概念中的關係品牌概念爲中心，導出了「場地品牌的一般模式」。

場地品牌表現爲核心品牌（core brand），以及品牌的實體（brand reality）或擴大品牌經驗的品牌關係等。

核心品牌可以體現出場地的體制性，是場地品牌開發與傳媒的藍圖。作爲所屬場地一個或多個組織的前景規劃，分爲品牌個性（brand personality）、定位（positionning）、實體（reality）等三種。

核心品牌的第一個要素品牌個性，係由功能屬性、象徵性屬性、服務產品脈絡中的經驗屬性構成。第二個要素品牌定位與其他競爭城市比較，定義了共同的屬性和差別化的屬性。第三個要素品牌實體，則是支撐品牌個性與品牌定位的現況。

正效應的場地品牌化戰略的成功，可以透過與利害當事人的有效關係來擴大核心品牌。因爲各種利害當事人會透過持續傳媒和服務供應，強化和擴大核心品牌。

該模式將核心品牌和利害當事人之間的關係，設定爲消費者、初級服務、媒體關係與品牌基礎設施等關係，如圖3-3。

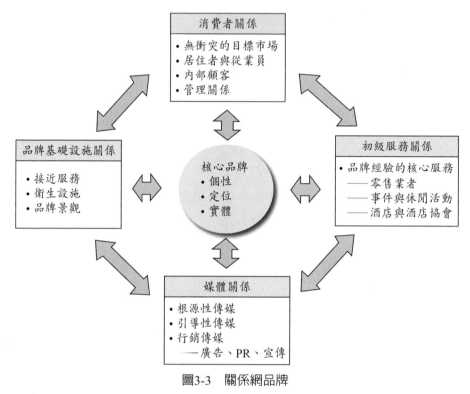

圖3-3　關係網品牌

出處：Hankinson, 2004:115。

表3-3　關係型品牌個性的結構要素

區分	內容
潛在功能屬性	• 博物館、畫廊、劇場、音樂廳 • 休閒、體育活動及設施 • 會議及展示設施 • 酒店、西餐廳、夜總會和娛樂 • 建構交通基礎設施及易達性
潛在象徵性手段	• 地方人們的特性 • 專屬遊客的特性（例如：年齡、收入、關心事及價值觀等） • 經驗者對服務品質的評價

續表3-3

區分	內容
潛在經驗屬性	• 目的地會給遊客怎樣的感受？（從緊張到放鬆、興奮、幻想） • 對目的地感受的描述（城市經驗有活力、平和等） • 建造環境的特點（歷史性、文明、綠地空間較多） • 有關安全與保安的描述

出處：Hankinson, 2004:16。

　　初級服務（primary service）是核心品牌中最重要的服務。如果不能與該服務的供應者結交正面關係，將很難穩定核心品牌。雖然初級服務根據品牌內容而有所不同，通常包含了零售業者與零售業聯合會、酒店及酒店聯合會、活動及休閒組織、博物館和歷史遺跡管理組織等。傳達品牌價值最重要的是，服務特點和接觸客戶者的態度。

　　品牌基礎設施由區內外交通基礎設施、洗手間等衛生設施，以及品牌景觀（brandscape）構成。品牌景觀是指服務形成的建成環境（built environment），服務經驗也被建成環境是否豐富而左右。歷史遺產（heritage）對於創造豐富的建造環境非常重要，沒有歷史遺產的城市，則應創造出豐富的建成環境。

　　第三個關係的範疇是媒體及傳媒。一貫的體制性如果不透過行銷傳媒通道及根源通道（organic chanel；教育、藝術）進行描述，品牌將會失敗。而且，有效的公共關係對創造積極的根源形象做出了貢獻。

　　關係的最後一個範疇是消費者集團。消費者不僅是遊客，還包含了居民、地區組織的從業人員。在這裡，掌握各個目標集團的需求很重要。尤為重要的是，居民與地區從業人員作為品牌實體的一部分，處於維護核心品牌價值的位置，也屬於是消費者。這種情況只有在目標訪客集團與大多數居民兩立的情況下才有可能。如果不注意設定目標集團，將可能破壞目的地的內生文化和核心品牌的特點。

　　總而言之，與核心社會利害當事人建立關係，對品牌化的成功起到了決定性的作用。相同組織內不同部門間的傳媒失敗，可能引發品牌的混亂。因此，場地品牌化的責任應該是組織經營的最高責任者。

(2) S.Anholt的城市品牌六角形模式

　　S.Anholt對於城市品牌資產的指數化，將下列6P評價為城市的重要屬性。（Anholt, S., 2005）

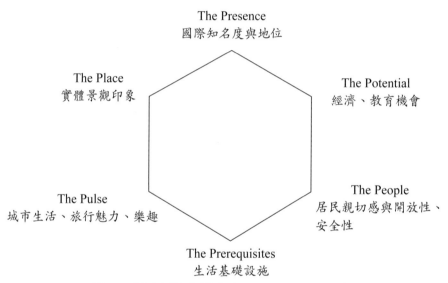

圖3-4　城市品牌六角形（City Brand Hexagon）

出處：Arholt, 2005。

①The Presence（國際知名度與地位）：是城市的國際性地位、與各城市的文化、科學，或者過去三十年的統治方式是否對世界做出了重要貢獻有關。

②The Place（實體景觀印象）：是指人們對各城市實體景觀的認識。走訪城市時是否開心？多麼美麗？氣候如何？等印象。

③The Potential（經濟、教育機會）：體現了各城市堅信爲遊客、商務客人及移居人員提供的教育和經濟機會。對於認爲在該城市多麼容易就業？如果有企業的情況下，認爲多麼好經營？各城市是否能提供高水準的教育等認識。

④The Pulse（生活、旅行魅力、樂趣）：體現了活力城市的生活誘惑；體現了長期居住人員或短期旅遊人員認爲城市是多麼有意思的地方；以及是否認爲能夠輕易找到有趣的地方。

⑤The People（居民的親切感和開放性、安全性）：認爲是否親切地迎接來自其他城市的旅遊者，還是冷冰冰地對待。而且，體現了是否輕鬆找到城市共享語言與文化共同體，並結合的想法，另還包含了是否認爲城市確保了安全性。

⑥The Prerequisites（生活基礎設施）：體現了對城市基本設施品質的想法。對於是否想在該城市生活？是否認爲很容易找到滿意的居所？是否滿意學校、醫院、大眾交通、體育設施等生活基礎設施的認識。

Anholt與GMI公司根據上述城市品牌六角形模式，選擇了全球22個國家的2萬多名對象進行了問卷調查，每年發表世界城市品牌指數。根據結果顯示，前五名依序爲倫敦、巴黎、雪梨、羅馬、巴塞隆納，亞洲排序爲東京19位、香港21位、新加坡22位、北京24位等。

該城市品牌六角形模式，表現了構成城市品牌資產的功能性要素，僅以模型本身很難測定品牌資產。可從針對作用於人們記憶的多種品牌資產的屬性，如偏愛、認知、態度、開採權來結合驗證模型。

1. 倫敦	11. 舊金山	21. 香港
2. 巴黎	12. 多倫多	22. 新加坡
3. 雪梨	13. 日內瓦	23. 里約熱內盧
4. 羅馬	14. 華盛頓	24. 北京
5. 巴塞隆納	15. 布魯塞爾	25. 墨西哥
6. 阿姆斯特丹	16. 米蘭	26. 莫斯科
7. 紐約	17. 斯德哥爾摩	27. 約翰尼斯堡
8. 洛杉磯	18. 愛丁堡	28. 開羅
9. 馬德里	19. 東京	29. 孟買
10. 柏林	20. 布拉格	30. 拉各斯

2005年4季度

圖3-5　城市品牌索引（City Brand Idex）整體城市排序

出處：Anholt, 2005。

(3) 地區開發的品牌領導力模式

場地品牌化實踐通常根據新標誌和標語的開發，運用該視覺性要素的廣告活動計畫形成。但是，品牌化除了這種活動以外，還包含了影響城市品牌形成的多種活動。這些活動基本上是根據城市基本計畫或本著地區開發計畫的多種政策的實踐構成。李正勳認為，城市品牌化的結構要素有以下八種。（李正勳，2006）

第一，城市品牌化的核心手段：是城市核心體制性的表象，也是對居民承諾的品牌體制性。（Hankinson, 2004；Morgan and Pritchard, 2002；Cai, 2002）

第二，主體（subjects）：城市的生產者、消費者與相關利害當事人對品牌化的作用與態度。（Hankinson, 2004；Kavaratzis and Ashworth, 2005；Rainnisto, 2003；Pedersen, 2004）

第三，目標集團（target group）：造訪城市並在城市消費和進行投資活動的消費者，包含居民。（Hankinson, 2004；Kavaratzis,

2004；Kavaratzis and Ashworth, 2005）

第四，實體品牌（hard branding）：象徵性的城市景觀與品牌景觀。（Hankinson, 2004；Evans, 2003）

第五，實體支持者（supporter）：功能性城市基礎設施。（Hankinson, 2004；Kotler et al., 1993）

第六，相關服務（services）：提供城市的款待、服務產業（Hankinson, 2004），雇傭和創新的城市尖端、知識、文化產業。（Kotler, 1993）

第七，傳媒（communication）：將城市體制性傳達給客戶的城市促銷。（Hankinson, 2004；Kavaratzis, 2004, 2005）

第八，形象與資產價值（image and value）：作為品牌，消費者對城市認知的發展階段及表現其交織的城市品牌資產。（Garther, 1993；Cai, 2002；李佑鐘、金南挺，2005；Anholt, 2005；姜升圭，2006；李正勳，2006）

二、城市品牌化過程

有必要查看以上結構要素透過什麼樣的過程作用來建立相互關係，並建構了品牌資產。正如眾所周知該過程並不局限於透過品牌標誌和標語的傳媒方式，而是公共與民間多種利害當事人創造了城市，並根據建立客戶關係的方式決定。

地區開發政策的樹立和城市計畫，須與城市品牌化建立密切的關係，正是因為城市品牌化是形成和變化與城市空間的戰略性過程相關。

這種城市品牌化過程的流程，可以階段性的顯示。

第一，品牌體制性的導出與合議：城市品牌化以城市的場地資產為紐帶，鑑於周邊的條件，以開發的品牌體制性為中心。品牌體制性透過與城市利害當事人的和議導出，應具備政治使命。

第二，品牌體制性的傳達：已開發的品牌體制性反映在城市促銷中（傳媒、活動等），因此應透過這種核心訊息向目標客戶一貫傳達。客戶透過傳媒接觸場地訊息，再計畫具體行為（投資居住）或決定（旅遊）的階段訪問場地。（Selby, 2004:168-170）

第三，品牌體制性的實現：為促使品牌體制性中得以實現和強化，應樹立地區開發政策和城市計畫並付諸實踐。這種政策的實行過程中，應啟動公共部門與民間領域多種利害當事人之間緊密的合作網。城市的利害當事人之中，接待產業的從事者和知識產業，教育部門的從事者對強化城市品牌的體制性產生重要的作用。

第四，品牌經驗：訪客與利害當事人會對城市景觀和基礎設施產生印象，其中接觸過的人會根據地區的系統、服務供應等體驗品牌，目前消費者需求特性上的城市文化戰略，已成為城市品牌化的中樞。據此實體品質（hard-branding）蘊含城市品牌體制性的核心空間（brandscape），場地消費者們將體驗這裡的品牌實體。

第五，認知者的態度變化：城市形象的變化影響了認知、感性、態度等三個層面。引發態度變化對城市品牌資產也具有非常強烈的影響力。

第六，最終城市品牌化的成敗歸結於多種城市成員如何同意城市的核心體制性，如何在城市驗證這種核心體制性。

城市品牌化過程模式，也就是品牌領導力經過什麼樣的過程得以實現。將以上的結構要素及結構要素之間的關係從地區開發和城市規劃性觀點，展現為場地品牌化模式的概念模式如圖3-6所示。

三、場地品牌體制性的定義及創造

所有場地品牌化都應處於適當的品牌體制性定義，品牌體制性本著核心品牌價值的導出和品牌定位。品牌定位是相對意義，是指與競爭城市之間的關係中，確保固有的價值和地位。品牌體制性只有密切

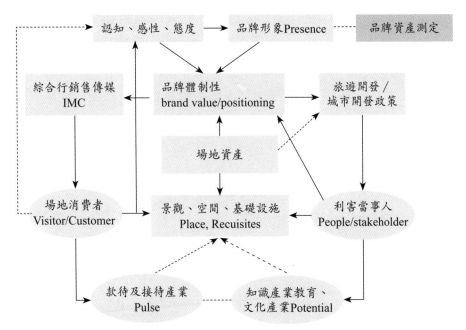

圖3-6　以城市品牌為中心的城市行銷過程之概念模式

出處：李正勳、韓淑賢，2007。

與現實融合才能夠發揮效果。在任何情況下，沒有在市場上具備競爭力品牌體制性的地區，創造有競爭力的體制性就變得很重要。設定要創造的體制性，可以從事實呼籲客戶的中間階段戰略，來樹立品牌戰略。

　　Balmer（2002）提出了AC^{3}ID測試模式，同時將體制性與品牌的關係以AC^{3}ID測試模式體現出來，將品牌定義為約定的體制性（covenanted identity）。

　　Trueman、Klemm和Giroud（2004）利用Balmer模式，以英國Bradford為例，確認了傳媒戰略如何以品牌體制性影響了利害當事人對城市的認知，從而對城市品牌化提出了城市體制性的開發與創造的重要性。

　　韓國至今爲止，在品牌化實踐中比較關注創造品牌體制性的結果形態「標誌」設計和「標語」創造，由於未能掌握城市的發展階段，未能導出競爭關係的適當定位，導致品牌化戰略並未能收穫太大效果的問題。主因在韓國170個市郡的標語和CI分析結果大部分相互重複，未能體現城市明顯的體制性，作爲向客戶約定的差別化體驗，也無法良好地發揮品牌化作用。

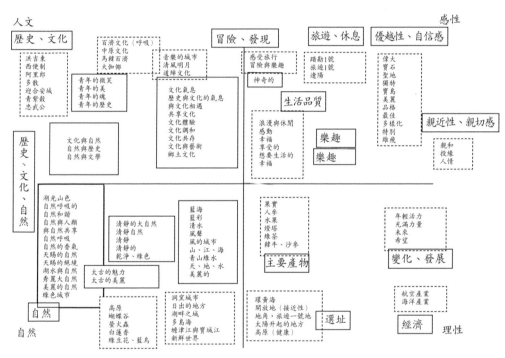

圖3-7　韓國地方政府場地標語的差別性／類似性分析圖（170個市郡旅遊標語）

*實線框是提出了沒有差別化的一個價值，虛線框是傳達差別化價值的集合。

出處：同圖3-6。

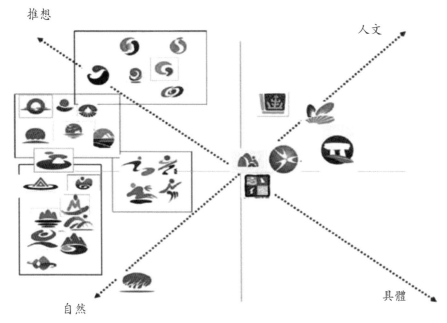

圖3-8　韓國地方政府標誌大主題別定位的類似性分類圖（32個對象）

出處：同圖3-6。

　　確立企業或城市品牌體制性是透過對組織的「定位」形成的。
但問題是至今開發的方法中，主要都是關於商品品牌定位，而企業
品牌定位方法論並未得到充分發展（Van Riel and J. M. T. Balmer,
1997:348），同時也沒有良好地建立適合城市品牌定位的方法論，
更加沒有建立模式或數據庫。

　　城市品牌體制性的定義或創造需要，超越城市時間與空間的概
括性視野和知識，同時需要引進戰略性觀點的願景規劃與戰術，需要
與城市品牌的普遍框架共同建立符合城市狀況的城市發展理論，建立
對城市屬性的資料和數據庫。這是一項龐大、同時也是科學性、藝術
性、創意性等要素結合的工作。

　　因此，品牌體制性的正確定義與創造不僅是設計師的創意工作

或企業宣傳行銷專家的事情，同時也將透過地區研究人員發展理論性、實踐性貢獻。

四、場地體制性的創造與品牌化戰略

城市具備突出的實際體制性時，可以建構強而有力的品牌，與已經形成或未形成強而有力品牌資產的世界城市品牌化戰略有所不同。至今仍未形成強而有力品牌資產的城市，作為「挑戰者品牌」（challenger brand）應構思與其相符的品牌化戰略。Adam Morgan作為挑戰巨大品牌的後發主義者，其「挑戰者品牌」戰略的核心如下：（A. Morgan, 1999）

第一，進行不同的思考與行動，習慣挑戰，具備領導力。

第二，創造強而有力的燈塔體系結構，建立消費者不容忽視的燈塔。

第三，對準焦點，敢於犧牲不明確的領域，積極培育可差別化的領域。

第四，不要以消費者為中心，而要以構想為中心。不斷找尋促使消費者關係變得嶄新且充滿活力的構想。

換言之，作為挑戰者品牌的城市應超越日常開發和宣傳城市品牌體制性層面的品牌化活動，謀求創造新燈塔作用的體制性構想並付諸行動。這種情況下，品牌化作為符合場地創造（place-making）和其戰略性階段的促銷象徵物，需要標誌和標語。

五、場地標語和標誌的導出方法

雖然品牌名稱是最重要的品牌要素，但視覺性品牌要素對於建構品牌資產產生重要作用的情況居多。特別是品牌認知的層面更加如此。標誌用於體現長久以來原產地與所屬品牌要素的聯想。

　　標誌可使用文字標誌，相反地，也有與文字標誌完全無關的抽象化標誌。我們通常將這種非文字的標誌稱之爲象徵。標誌從本質上可以非常具體化，也可以用圖來體現。企業或產品的特定要素可以成爲象徵。

　　實驗顯示，標誌對於替換企業的印象產生了相當的效果。分析顯示標誌分爲三種：認知度較高；錯誤認識或不自然、不和諧；給予較強的正面形象等。複雜精巧的標誌更加吸引客戶的興趣和偏愛，單純的標誌導致錯誤識別的可能性較高，親和的標誌相較於不親和的標誌，人們偏愛度較高。標誌或象徵可以根據視覺效果輕鬆識別，同時也是識別商品的好方法。因此，重要的是標誌是否能夠讓品牌名稱和商品相關聯，而在人們記憶中輕鬆記憶。

　　由於標誌不是語言，因此會隨著時間的流逝產生改變，也可以在不同文化的地區通用。標誌是種種推想，因此也可以適用於多種產品範疇。各種企業也開發標誌貼在廣泛產品上。這是因爲廣泛的產品需要企業體制性，發揮了保證多種下屬品牌的作用。與品牌名稱不同，標誌經過一段時間就可以更改。更改標誌時，應盡量不要流失其內在的優勢漸進執行。

六、標語的基準

　　標語是傳達品牌相關的技術性或說服力訊息的短語。標語是非常強而有力的品牌化道具。與品牌名稱相同，標語是有效形成品牌資產的簡訊手段。因爲，標語發揮了有助於消費者瞭解品牌性質和其品牌爲什麼特別的鏈接作用。是用幾個單詞或語句來概括行銷計畫的意圖。

　　標語利用多種方法幫助形成品牌資產。某些標語還包含品牌名稱，對於提高品牌知名度做出了貢獻。還有一些標語爲了強而有力和

明確地連接品牌與商品，計畫強化品牌知名度。最重要的是，標語有助於強化品牌定位和意圖的差別點。

標語與各種廣告活動密切相關，用於概括廣告傳達的訊息標籤。標語的用法很廣泛且長久持續。許多一時的廣告活動也有使用品牌標籤和其他標語的情況。最強而有力的標語是利用多種方式對強化品牌資產做出貢獻。

標語為了強化認知度和形象，也會借用品牌名稱。而且，標語可以分為與產品相關和與產品無關。

由於有些標語與品牌有著較強的關聯，很難重新引進。但是，從整體來看，隨著時間的流逝，可以對標語進行輕鬆的變化。然而從過去的事例來看，相較於完全導入新形象，變更現有的標語更加有用。

第二節　城市品牌體制性開發

一般而言，城市品牌體制性開發是援用現行企業品牌的概念和與之相關的方法，因此本節介紹城市品牌體制性開發源頭、城市品牌體制性開發模式、導出城市品牌體制性的過程模式、城市品牌體制性開發的促進體系、城市品牌資產評價模式等來說明城市品牌體制性開發內涵。

一、城市品牌體制性開發方法

正如前一節說明，至今仍未形成對場地品牌體制性的具體理論性開發論的積極討論，目前處於引進和援用現行企業品牌的概念和與之相關的方法論。由於該過程並未反映出城市具備的差別化及多種性質，因此導致地方政府的CI、城市品牌開發及運用過程中面臨了很

多困難。整體研究韓國城市品牌體制性開發方法論的事例，可以列舉李正勳、申浩昌（2004）的研究。該研究援用了一般商品品牌的開發過程「研究及分析→品牌戰略樹立→決定設計主題→導出品牌→開發品牌管理計畫」（圖3-9），更加具體地研討了城市與場地品牌體制性開發及管理方法。

圖3-9　品牌開發過程

出處：Wheeler A. 2003, 'Designing Brand Identity', p.102-103。

　　該研究以上述一般模式為紐帶，設定了以下開發過程，並以此鼓勵開發韓國新的京畿道品牌體制性。（圖3-10）

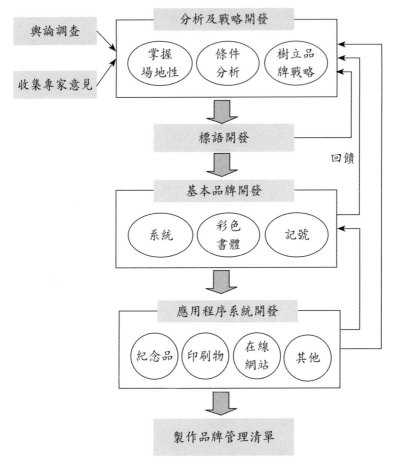

圖3-10 京畿道品牌開發階段圖

出處：同圖3-6。

　　上述過程中，無法運用企業與商品品牌體制性方法，這種過程付諸城市的過程中，產生非常具體化的問題，以致現行企業和商品品牌體制性開發及管理經驗無法解釋，即不能掌握各個過程的核心要素是什麼、開展各種要素時所需的判斷基準是什麼，就無法發揮精確模式的功能。因此，為了克服在城市與場地品牌體制性開發、管理過程中產生的錯誤，應掌握和確認上述普遍執行過程中所需的核心要素和判斷基準。

　　上述先行研究中為瞭解決這一問題，以京畿道為例，對實現場地品牌體制性開發應解決什麼樣的問題，分成下列集中範疇，提出了對策性方法論。該方法分成開發研究調查及操作過程、促進體系三部分。首先，研究調查及操作過程包含了下列內容和方法。

(一) 京畿道的前景規劃與現行課題。

(二) 京畿道的優劣勢。

(三) 京畿道的地區性與歷史性（地政學、歷史象徵性、地方固有的色彩）。

(四) 現行京畿道的形象。

(五) 主要競爭對象（國內、海外）。

(六) 主要行銷目標。

(七) 其他地區／海外的品牌化戰略事例基準管理。

(八) 透過地區行銷達成的積極目標。

(九) 計畫開發的品牌體系結構的作用。

(十) 現在使用的體系結構傳達的訊息。

　　據此，京畿道為了導出品牌戰略基本方向的品牌基本概念，分析和提出了基於多種方法論的地區性。

　　第一，透過研究文獻的分析。

　　第二，透過分析地區統計資料導出地區性。

　　第三，透過對地區性的理論性、定性分析導出。

　　第四，透過居民、專家問卷調查，導出地區形象及前景規劃。

　　第五，對言論映射之地區形象的分析。

　　雖然上述研究計畫透過這種框架導出京畿道的品牌體制性，卻並未達到解析多種要素之間的相互關係和各種要素的研究結果，在訂立鏈接導出體制性的一般理論上，露出了一定的限度。而且，各種分析也沒有對任何標準資料的範疇和調查內容形成精確的研討和訂立。

二、城市品牌體制性開發模式

(一) 導出城市品牌體制性的構成要素

正如上述所示，過去研究最大的限制是沒有明確形成構成城市體制性多種要素的定義，從而無法良好地掌握模式的構成要素。爲這種問題提供了最爲積極且重要的概念性紐帶的，正是Balmer的AC³ID測試模式。

如第一節的介紹，他在該模式中將組織的體制性定義爲實際體制性（Actual Identity）、認知體制性（Conceived Identity）、宣傳體制性（Communicated Identity）、理想體制性（Ideal Identity）、期望體制性（Desired Identity），支持所有體制性的是品牌體制性，規定爲約定體制性（Coveanated Identity）。他計畫以這種體制性構成要素之間的整合關係爲紐帶，確認是否正確形成了組織的品牌化戰略。即，他的這一模式並不是開發品牌體制性的模式，而是研討品牌化戰略是否正確的模式。但是，他所規定的體制性的多種構成要素，從成爲了城市品牌體制性開發應考慮的重要要素方面來看，成爲了本書的核心構成要素。

從Balmer的品牌化體制性概念來看，城市品牌體制性在多種城市體制性中是城市希望推行的體制性，也是城市的約定。這彙集了「商品城市」、「品牌城市」最能夠帶給消費者的核心、差別化的便利。根據城市所處的情況，可以戰略性地決定該便利或定位，並進行靈活的變化。

那麼，這種品牌的體制性應經過什麼樣的過程進行開發？按照階段別分述如下：

第一，找出城市突出的體制性，即導出城市的品牌價值。

第二，在城市品牌價值找出與競爭城市比較的優勢價值，即品牌定位。

第三，鑑於導出的品牌價值和品牌定位定義品牌本質。

基於這樣定義的品牌體制性，作為傳媒手段，將制定品牌標誌與標語。下面將以各階段需要考慮的理論觀點為基礎，確認品牌體制性開發的概念模式，並作為今後的實力分析和實際適用的核心帶。

(二) 城市突出的體制性 —— 找出核心品牌價值

Balmer（2002）定義的組織的五種體制性，成為了構成城市品牌體制性的核心要素。因此，為了找出城市的核心品牌價值，應查看這五種體制性各自具備了什麼樣的屬性，城市品牌體制性和各個屬性之間，又是具體基於什麼樣的基準建立關係的。

1. 掌握場地的多種實際體制性（Actual Identity）

這是指城市具備的實體（reality）中突出的要素，包括城市的自然環境、文化遺產、發展產業、人物、地理條件、獨特的文化或藝術作品、居民傾向等。此外，由於能夠包含多種體制性，導致實際上沒有範圍限制。但對於導出該體制性長期結構要素的範圍區分與具體性的水平該如何，是該工作需要解決的問題。

在這種地區的多種實體中最為突出的是，應該找出能夠推向客戶，促使居民自然樹立自信的事實。實際體制性可以透過對居民的採訪進行掌握，也可以透過對城市的聯想形象調查進行確認。透過採訪掌握的城市突出的體制性，屬於Balmer規定的實際體制性（Actual Identity），透過對居民的聯想形象調查，呈現的屬於認知體制性（Conceived Identity）。

而且，地區突出的體制性不僅可以透過採訪或問卷調查，還可以透過遊記、地理志、市志、郡志、統計資料等資料與文獻進行確認。其中，為了根據統計資料萃取突出的體制性，有必要與其他地區進行比較。因為，其本身就存在很難瞭解是否重要的情況。

2.人們對場地多種體制性的認識（認知體制性）

　　對於具備上述多種體制性的城市而言，人們有著不同的認識和印象。這種認識和印象可以根據Kavaratzis（2004）的城市傳媒模式（1次、2次、3次）進行說明。2次傳媒（宣傳）形成了結果印象，1次傳媒（對城市實體的經驗）形成了修改的結果印象，3次傳媒（口傳）形成了根源形象。這也可謂是根據在日常媒體（除了廣告、宣傳以外的間接顯出）和教科書中學到的知識和訊息形成的根源印象。換言之，這裡的1次－2次－3次相較是形成形象的順序，體現了形成直接→間接、具體化→表面化形象的契機。據此，現行的「城市形象」就是形成這種總體形象過程的結果。

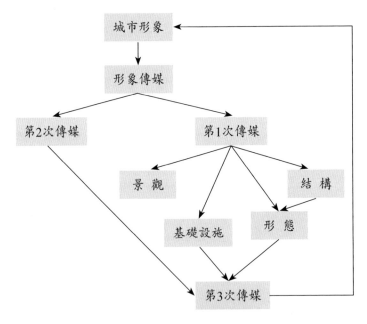

圖3-11　城市形象傳媒模式

出處：Kavaratzis, 2004:67。

　　因此，從多種層面上掌握和分析現行的城市形象，對於樹立城市體制性的開發與品牌化戰略非常重要。因為可以透過總體掌握現行的城市形象，瞭解較強的優勢形象與劣勢、消極形象等，決定城市品牌化的主要戰略目標和方法。

3.宣傳體制性（Communicated Identity）

　　城市時常希望透過自身形象的傳媒進行宣傳。宣傳體制性最好如實地宣傳自身的優勢和具有的實體。在這裡應查看是否保持了一貫性、坦率性、獨創性等傳媒的重要要素。但是，相較城市品牌體制性的開發過程需要宣傳體制性，作為開發以後研討如何宣傳的概念，對管理模式更加有用。

4.期望體制性（Desired Identity）

　　民選地方首長當選之後會推行僅屬於自己的口號，並且嘗試專責人員的差別化。因此，具有按照自身城市面貌和方向推舉市政口號的傾向。如果說這樣對城市溝通（Communication）引發了混亂，將無法強化城市的形象與體制性。從期望體制性是創造城市新體制性計畫樹立和政策執行的根源來看，構成了品牌本質的一個構成要素，將重點承載未來的面貌。

5.理想體制性（Ideal Identity）

　　可以城市的條件分析與戰略性思考為基礎，定義城市的理想體制性，將構成城市未來的核心價值。現實中城市基本規劃或長期發展計畫設定的願景規劃與理想體制性非常接近。因此，對於城市的品牌開發有必要分析理想體制性。但是，鑑於現實中理想體制性不能夠差別化，無法在地區適當樹立的可能性較高，可能不會時常將此作為重要基準。

　　實際體制性和認知體制性、理想體制性之間需要建立相互密切的連貫關係。

即實際體制性與認知的體制性越相同，城市傳媒的運作將會越好。如果城市基於期望體制性與理想體制性發展，實際體制性將產生變化，並透過多種傳媒產生積極的影響，從而形成城市品牌資產的增長。

三、導出城市品牌體制性的過程模式

城市的品牌體制性（本質）是在多種體制性中向城市利害當事人和客戶提出的約定。因此，品牌體制性應依據實體，並且相較於競爭城市，更加應該差別化和有效地決定約定。對上述討論為基礎導出品牌體制性的過程進行圖，如圖3-12。從圖中過程可導出各個體制性之間的關係和分析他們之間整合關係。

啟動該過程基準的詳細指南可提出的多種城市體制性和品牌體制性之間，以及客戶、利害當事人、地方自治團體等城市和多種城市體制性之間的關係，在這種關係中最終導出的「品牌本質」和「標語」開發過程與基準，可以整理為圖3-12。

首先，城市的品牌本質過程和標語／標誌，即開發品牌體制性的主要過程，有以下幾個階段構成。

(一) 確認突出的實體體制性

掌握實際體制性中突出且潛力較高因素，包括歷史事實、現在事實、未來潛力。以現在的事實為中心，對過去和未來進行充分研討，以此為核心帶，可以找出構成品牌過程的基本要素。

(二) 確認認知的突出體制性

城市的居民、投資商等利害關係人及自治體等公共部門的從業人員對城市有著不同的形象聯想。他們具備的形象聯想可能在某些方面會非常好地反映了城市的實際狀況，也可能在某些方面與現實有著大

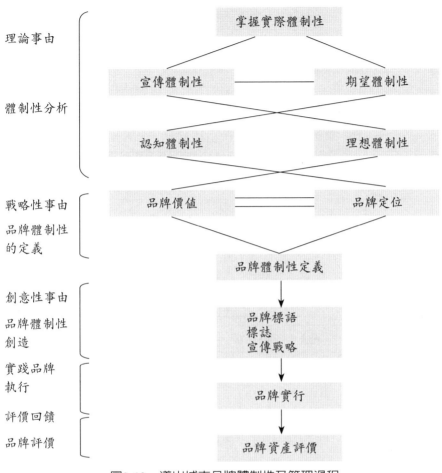

圖3-12　導出城市品牌體制性及管理過程

出處：同圖3-6。

不同的認識，一旦形成了消極形象，即使得到改善，也會因保持長時間的殘留印象，而對場地品牌資產產生了消極的影響。

　　因此，現在人們印象中的發展和特徵形象，包含了構成品牌過程。相反地，現實與其他消極的形象，應透過有效的傳媒方式設定為清除的對象，但相較於包含在品牌過程中，則可留作戰略性考慮要素。

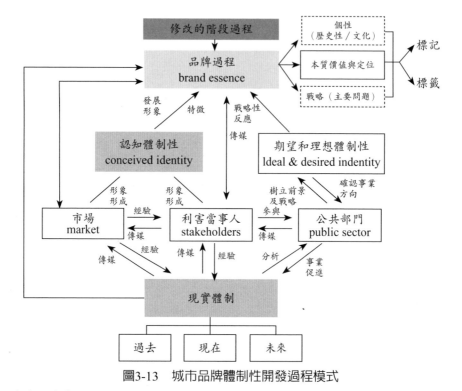

圖3-13　城市品牌體制性開發過程模式

出處：同圖3-6。

(三) 掌握期望、理想體制性／宣傳（傳媒）現況

　　由期望、理想、宣傳體制性公共部門主導。這是公共部門的政策願景，也是前瞻方向，可以對現實體制性的戰略性分析為核心帶，籌謀反映和實現期望與意志的戰略性手段並付諸行動。這樣的全部過程，將透過宣傳告知人們。

　　因此，期望、理想體制性構成了品牌過程的未來指向性層面，實現了現實體制性中的潛在要素，從而在現實中發揮了具體化品牌過程的作用。宣傳體制性將變化的現實體制性變化為認知體制性，進一步提高了品牌過程的適當性。因此，這三種要素相比是形成品牌過程骨幹的要素，更作用為補充性要素。

(四) 以城市本質價值與定位為基礎導出過程：適用變形階梯 技法

導出城市品牌過程的最終過程，是從透過對現實體制性和認知體制性的研討，選定為突出體制性的「事實／歷史及認識」開始的。這是現在支配適當城市最根本的要素。為了導出品牌過程，有必要經過研討該要素體現了怎麼樣的現象、該現象又對地區產生了怎樣的影響，來理解要素會產生什麼樣現象。

這將現行品牌設計過程中運用的變形階梯技法，體現為了融合城市特點和發展階段的過程。即現行的階梯技法由屬性（Attribute）—結果（consequence）—價值（value）等三個階段構成（圖3-14）。相比之下，配合城市品牌，李正勳（2006）對該方法進行了部分修改，由基本屬性（突出的體制性）—現象—影響（便利或不利）—價值及定位（過程）等四個階段構成（圖3-15）。透過區分城市突出的現象和其內在的基本屬性，可以在導出價值的過程中進一步運用多種層位的概念，是修改後階梯技法的優勢。

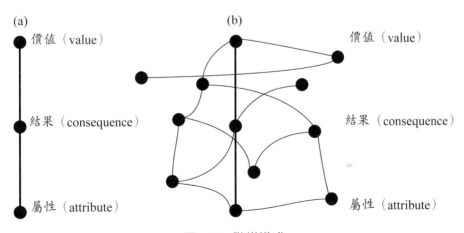

圖3-14　階梯模式

出處：Klaus G. Grinert, Suzanne C. Gruner, 1995。

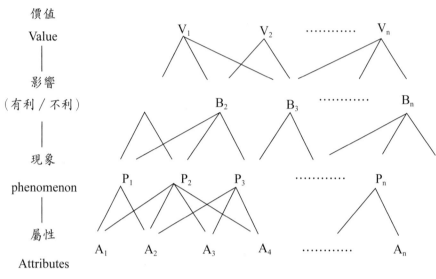

圖3-15　修改的階梯模式

出處：同圖3-6。

　　城市品牌過程中，地方政府給居民和訪客者提供的核心便利及場
地本身具備的價值精髓，也就是品牌體制性中承載的核心價值。其中
還含有城市（適當組織）的願景規劃與任務、哲學與文化。

　　例如，世界企業具有下列品牌本質：

BMW：最終驅動機器（Ultimate driving machine）。

蘋果：不同的思考（Think different）。

全錄：數位文件公司（The digital document company）。

3M：革新（Innovation）。

Lexue：沒有妥協（Without compromising）。

索尼：數位夢想（Digital dream kids）。

耐吉：挑戰卓越（Excelling）。

　　品牌定位是找出相對的體制性。因此，掌握競爭關係相鄰或類似
的城市情況，找出認為相對處於優勢的體制性尤為重要。但是，企業

或城市的品牌定位應與商品有所不同。商品以市場細分化和目標市場的設定爲核心帶非常具體化，相較明確的定位城市品牌存在多種利害當事人，因此有必要整合利害當事人利益，使衝突最小化，進而掌握包括下屬品牌地執行的雨傘品牌（umbrella brand）作用。

因此，爲了促進城市品牌的定位，需要對其他城市進行調查分析。同時需要對城市間的競爭關係進行分析。因爲，隨著城市間根據哪一點形成競爭，選擇的戰略也有所不同。實際上，即使內容當中並未成立競爭關係，品牌定位也需要對相鄰的多個城市進行比較分析。因爲，透過區別於其他城市的定位，可以確立更加強而有力的品牌。與其他城市的比較仍根據主要人員採訪、其他地區居民問卷調查、文獻及統計資料。

另一方面，如果沒有具備強而有力的比較優勢，很難對現在可運用的最佳城市品牌過程進行定義。這種情況下，應透過多種地區開發事業創造固有的文化與傳統，開展形成品牌體制性和有助於正確引導場地創造前瞻的活動會更加適切。這種城市品牌體制性開發方法論研究的情況下，形成現實品牌體制性之後，就可以定位第二階段品牌化戰略的品牌體制性。

在這裡有必要觀察於城市品牌本質表現爲怎麼樣的形態。因爲，城市的品牌價值或定位中，最具體的是城市突出的體制性，即城市具備的自然資產、文化、景觀、人力資源等，都體現爲場地突出的體制性。場地品牌的便利與價值雖然也可以自身表現出來，通常都是從這種要素獲取的功能性、情緒性、價值性要素來表現。這種情況下，場地品牌的便利、場地品牌的體制性將超越個別事物或現象，呈現抽象化與綜合形態。

例如，保護良好的山林資源和清新的空氣是該場地最突出的體制性，與周邊相比具備優勢的情況下，將如何定義品牌體制性？這種情況下，即使存在相同的體制性，如何運用該資源，以什麼樣的客

戶為對象，以及居民對資源的態度、如何推行的品牌體制性也有所不同。例如，作為以周邊城市居民為對象的療養、休息度假空間具備前景的情況下，「山林資源」的品牌本質可以定義為「逃脫日常，奔向自然休息」。相較於療養和休息，設定為舒適的田園居住空間時，生態化居住方式、田園生活方式等，也可以成為品牌本質。

對於如何運用地區突出的體制性和比較優勢資源的決定，在於願景和戰略的設定，需要透過品牌持有人地方政府和地區居民之間進行討論及協商。在這種過程當中，有可能產生地區內各種利害當事人之間的矛盾或利害衝突，便開發品牌體制性，透過這種民主程序但不進行調整，往往會產生一些負面效果。因此在品牌體制性開發過程中，需要找出與居民的和議過程模式。

(五) 透過創意性思考過程，開發標誌和標語

為了開發標誌和標語，應在定義城市品牌本質的同時，進一步導出城市的文化特點和個性，在城市發展階段中研討，並反映出戰略思考事項。

標語可以原原本本使用品牌體制性定位／本質來進行，但可透過地區核心價值、地區戰略與創意及舉辦活動等三種方式來強化標語功能。

定位標語有以下種類：

- Glasgow、Scotland with Style
- Inspiring Capital、Edinburgh
- 100% Pure、New Zealand
- Global Inspiration、Gyeonggi do

上述定位標語以構成該場地本質性價值和定位的核心單詞（Style、Inspiring、Pure）為中心，結合了個性或定位語句（Scotland、Capital、100%），計畫同時獲取品牌體制性的巨大軸

承決定性（relevancy）和差別性（differenciation）。

　　第一種類型是以地區的價值爲核心帶，強調客戶能夠獲取的「利益」（benefit）、「強度」（strength）標語。

- You will change, India
- Come as you are, leave different Lousiana
- You are going to love it here New Hampshire

第二個類型是原本體現地區具備的代表性事物或思想，或者供應的價值。

- The Grand Canyon State
- Great faces great places

標語的最後一個類型是活動／強調型。

　　例如，I Love NY、Yes！Tokyo、Hi Seoul、It's DaeJeon、Happy Suwon、Feel GyeongNam、Now JeonBuk等簡單的口號，是爲了提高城市和客戶之間親近感的嘗試，最近韓國自治團體非常喜歡使用。

　　這種情況下雖然也有容易親近的優點，沒有大致形成城市品牌資產的核心構成要素適當性與差別性的地區，很難透過運用這種標語的過程體現很大的效果。類似紐約或東京等具備世界差別化知名度和地位的城市，計畫透過活動型標語實現促進親近感和行動的優勢。但是，至今在國際尙不知名的城市使用這種戰略，相較於親近感或感性接近的優勢，很難達到強化城市差別化個性的品牌化戰略，因此有必要進行戰略性周密判斷。

四、城市品牌體制性開發的促進體系

　　正如透過城市品牌體制性開發過程所示，整個過程是透過理論工作、戰略事由，以及創意性事由結合形成的。透過理論工作收集各種資料和進行統計，透過調查掌握城市具備的突出的場地資產與性

質，並且掌握人們的認識狀態。在此過程中將掌握到城市的客戶，多種利害當事人和主導管理開發的地方政府對城市的認知與指向、希望、計畫等。以此爲紐帶，作爲城市向居民和客戶提供的約定，定義城市的本質價值和價值的定位，從而可以導出城市的品牌本質。

城市的品牌本質作爲城市品牌化的核心價值和原理，可以讓城市的成員，以及客戶成爲遵守的基準。城市的願景與目標、多種城市開發政策等，也可以適用品牌本質蘊含的訊息，各種宣傳與行銷活動也同樣如此。

作爲最感性、創意性和有效將城市品牌本質傳達給客戶和居民，以及利害當事人的手段，將運用CI和標語等象徵性體系。該象徵性體系雖然在任何情況下都原原本本地運用本質性價值與品牌定位，通常也會透過創意性調查倍增其效果。

此過程還有兩個重要的要素，一個是表現城市個性並與本質性訊息結合，另一個是戰略性地考慮和反映當今時期城市發展需要解決的重要問題。城市個性可以運用實際體制性中的歷史性、城市的獨特文化與自然等。

導出標誌和標語的另一個重要因素是觀察戰略性的主要問題是什麼，並優先體現。據此雖然不是城市的本質，如果有實現這種本質的要素，並以這種要素爲中心表現。這可以透過作爲城市行銷原型廣泛引用的紐約「I Love NY」活動爲例來詳細瞭解。紐約的品牌本質可以視爲是「the Capital of the World」。他們還將此作爲標語直接使用。但是，隨著他們面臨紐約危機，相較於直接表現品牌本質，運用「Love」的概念，穩定了犯罪和經濟停滯導致的人心惶惶，籌備了新的發展動力，並切中了這樣的戰略。這是從戰略性思考中導出的品牌標語，因此可作爲地方自治團體找尋「希望與理想」的體制性，來積極發展其場地品牌從而反映在品牌本質中。

因此，城市品牌體制性的開發並非停留在單純的城市CI設計和

標語開發的工作上。作為品牌需要掌握和瞭解城市的本質性價值，並且開發創意性、戰略性表現的象徵體系。為此，需要瞭解城市結構和活躍發展過程的城市專家或城市行銷專家，和將特定概念與價值轉換為創意性語句的廣告撰稿人或命名專家，以及視覺性表現這種價值與個性，戰略性要素的緊密靈活的設計集團組織。當然，還需要進一步將這種內容付諸傳媒的廣告宣傳專家，以及空間與景觀上的地區開發專家或建築家、公共藝術家等參與。城市品牌體制性開發和日後的管理及執行過程中所需主體的促進體系如下（圖3-16）。

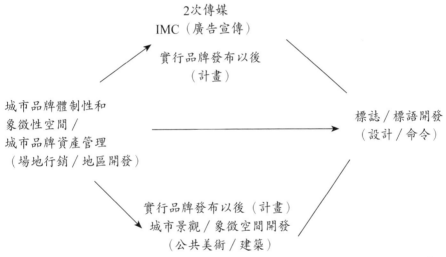

圖3-16　城市品牌體制性開發及管理的促進體系：適當領域專家的靈活網路
出處：同圖3-6。

五、城市品牌資產評價模式

在透過開展城市品牌的體制性開發及行銷活動形成品牌化的過程中，為了有體系的戰略性地管理品牌，需要訂立管理體系。預先對積累為城市品牌化活動結果的品牌價值設定計量性評價的指標與方法，並一次為中心進行測定、評價和反饋，從而可以更加輕鬆地進行

戰略性品牌化。

(一)場地品牌資產評價模式

1.品牌資產的概念

品牌資產（brand equity）是特定品牌針對商品向企業、流通企業以及消費者賦予的附加價值（Farquhar, 1989），是一個品牌和品牌名稱及象徵相關資產與負債的總體，促使商品或服務發揮了增多和減少企業及企業客戶供應價值的作用。（Aaker, 1991）

這種品牌資產在客戶瞭解該品牌，記憶中對該品牌保留有利（favorable）、強力（strong）、獨特（unique）形象時才會形成。（Keller, 1993）因此，品牌資產可謂是品牌在商品市場中帶給企業的附加利益。（Srinivasan, Park and Chang, 1998）

雖然品牌資產概念沒有統一的定義，但從包含每位學者對品牌資產定義的結構要素或視覺角度上來看，即使有差異，也同意根據品牌純粹賦予品牌資產附加價值定義。

但這種品牌資產概念也可以適用於公共部分（地方自治團體市等），由於利益概念對企業而言是比較薄弱，不能設定利益概念，因此需要找尋適合城市品牌資產的定義，通常以場地品牌的地方政府會以消費者，即地區居民以及訪問地區的所有遊客之約定與信賴為基礎來訂立。（樸東秀、黃明淑，2007）

城市品牌資產是城市具備的地方自治團體的特性，是人們心中為了達到地區居民和旅遊、投資、事業等特別目的的地區本身魅力價值，也可以定義為附加感受價值。

2.對品牌資產評價的先行研究

將品牌資產從資源投入的可視性效果角度進行分類情況下，可以區分為根據投入過程中產生的品牌形象與認知度等原因的行銷接近

法，為提升企業銷售額、市場占有率、溢價等結果層面上的財務接近法，以及綜合上述的綜合接近法。整理至今為止，開發品牌資產評價的主要方法如下（表3-4）所示。由於城市品牌基本上沒有銷售額，因此無法使用利用財務或綜合方法實現貨幣價值的方法。

李正勳（2006）將利用行銷接近法測定和評價城市品牌的資產。

(1) 整體接近法（Compositional Approach）

整體接近法（Compositional Approach）是指個別測定品牌資產的構成要素和認知度或聯想之後，將其結合導出品牌資產測定值的方法。

Young和Rubicam公司的Brande Asset Valuator、Total Research公司的EquiTrend，以及韓國大多廣告及行銷服務公司也使用這種接近法（例如，KMAC的K-BPI、KPC的NBCI、第一計畫的Brand Value-up Master、LGAD的LG-Brems、金剛計畫的DBPI，以及value-vine諮詢的V-BPI等）。

表3-4　品牌資產評價方法

Marketing		Financial	Integration
Money	Index (Compositional Approach)	Money	Money
• Brand-Based Comparative • Marketing-Based Comparative • Conjoint Analysis • EQUTYMAP • K-BEAM	• Young & Rubicam BAV • EquTrend • K-BP • NBCI • Brand Value-up Master • LG-BREMS • DBPI • V-BPI	• Cost Approach • Markrt Approach • Income Approach	• Interbrand Model • Financial World Model • Omnibrand Model • IPS Approach • EF Model

出處：同圖3-6。

例如：韓國生產本部（KPC）開發的國家品牌競爭力指數（NBCI, National Brand Competitiveness Index）（圖3-17）所示，將企業的品牌競爭力分成行銷活動、認知度、形象、忠誠度等集中結構要素之後，以100分為滿分的基準進行了指數化，並促使每年進行比較（http://www.nbc.or.kr）。

利用這種方法，可以按照品牌資產的結構要素，比較自身品牌與競爭品牌的優勢與劣勢，具有無需使用複雜分析方法的好處。由於結果獲取的品牌資產測定值大致表現為指數（Index），因此可以透過週期性的測定進行跟蹤分析（tracking analysis），還可以更加有體系的進行品牌管理。

(2) 品牌資產構成要素

從行銷觀點上可接近，並對品牌資產的形成產生影響的主要構成要素中，重點討論的要素如表3-5所示，有品牌認知、知覺品質、品牌形象、品牌認知，以及品牌忠誠度等。

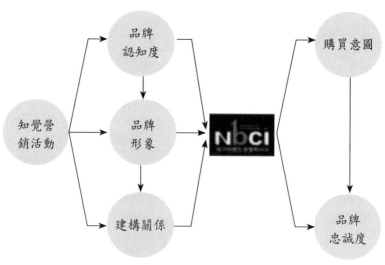

圖3-17　NBCI的測定模式

出處：同圖3-6。

表3-5　品牌資產構成要素

研究者	品牌資產構成要素
Aaker(1991)、Aaker and Joachimsthaler (2000)	品牌認知、知覺品質、品牌聯想、品牌忠誠度（其他壟斷性品牌資產）
Keller (1993)	品牌認知、品牌形象
Cobb-Walgren、Ruble、and Donthu (1995)	品牌認知、品牌形象、知覺品質
金泰宇（2000）	品牌認知、品牌形象、品牌偏愛度、品牌忠誠度
李明植、具子龍（2003）	品牌認知、知覺品質、品牌形象、品牌態度、品牌忠誠度

出處：同圖3-6。

　　現行研究中提出的多種品牌資產結構要素，從效果階段模式（hierarchy-of-effect paradigm）的觀點上分成集中範圍來看，決定消費者意向的過程，可以區分爲認知、態度、行爲層面。（趙恒五、金喜珍、羅雲峰，1998）。

表3-6　效果階段模式觀點上的品牌資產結構要素

效果階段		構成要素	內容	主張學者
人才層面	單純人才層面	品牌認知品牌記憶最初品牌	對品牌的初步知識水平	Aaker 1996; Keller 1993; Martin and Brown 1991; Kishnan and Chakravarti 1993
	聯想形象	口牌態度品牌偏愛度	透過對品牌的自發推論及評價過程發展的認知層面	Aaker 1996; Keller 1993; 1992; Farquhar 1989; Park, Jaworski, and Macinnis 1989
態度層面		品牌態度品牌偏愛度	透過對品牌多種屬性的認知和聯想，反映形成的綜合評價或好感	Keller 1993; Young & Rubicam 1996

續表3-6

效果階段	構成要素	内容	主張學者
行爲層面	購買意圖 品牌開發權	以對品牌的個別和綜合評價爲基礎，付諸實際行動的主觀心理狀態	Lassrt 1995; Equitrend 1996
	品牌購買 市場占有率 銷售額	付諸實際行動的狀態	Lasser 1995; Equitrend 1996; Interbrand 1996

出處：李訓英、樸基南，2000。

(3) 關於品牌資產要素間因果關係的研究

金泰宇（2000）研討了品牌資產形成過程及品牌資產構成要素之間的因果關係。研究結果顯示，在形成品牌資產的先行要素之中，廣告、促銷等對品牌認知度和品牌形象，以及品牌認知度對品牌形象產生了影響。而且，品牌認知度和品牌形象對品牌偏愛度，以及品牌偏愛度對品牌忠誠度產生之影響如圖3-18。

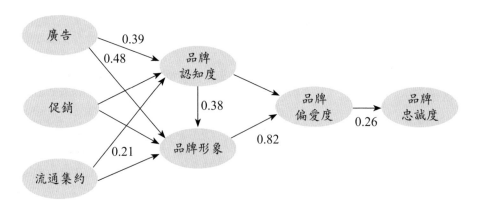

圖3-18　品牌資產形成過程

出處：金泰宇，2000。

　　李明植、具子龍（2003）在品牌資產構成要素中，將品牌認知、知覺的品牌設定爲品牌形成要素，將品牌形象設定爲媒介要素，將品牌態度與品牌忠誠度設定爲成果因素，對因果關係的途徑與強度進行了分析，並明示了品牌資產構成要素之間的影響關係，從而可以輕鬆地建構品牌資產如圖3-19。

(4) 城市（或地區）品牌資產評價方法研究

　　Simon Aoholt（2005）透過利用城市重要的六種屬性（The Presence、The Place、The Potential、The Pulse、The People、The Prerequisites）來評價品牌資產，運用City Brand Hexagon模式對城市品牌資產進行了指數化評估。Anholt-GMI公司以全世界22個國家的2萬多人爲對象，發表了世界主要30個城市的城市品牌指數。

　　李正勳等（2006）提出，建構場地品牌資產的目的，在於提高居民或一般國民對該地區的偏愛度，將決定一個地區偏愛度的三大領域規定爲居住、旅遊、投資，並開發了場地品牌資產評價模式如圖3-20。

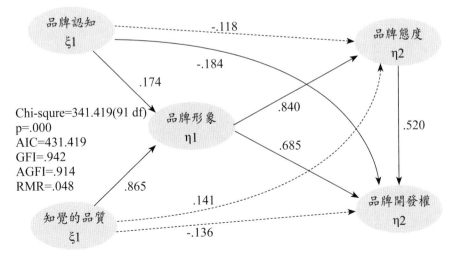

圖3-19　品牌資產構成要素之間的因果關係

出處：李明植、具子龍，2003。

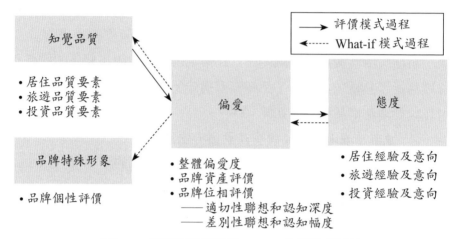

圖3-20　品牌資產評價及What-if分析模式過程

出處：李正勳等，2006。

　　樸東秀、黃明淑（2007）鑒於影響場地品牌的要素文化附著性、地區形象、認知以及自治體的志願等，開發了場地品牌資產及競爭力模式，並稱這樣形成的資產對地區競爭力產生了影響。

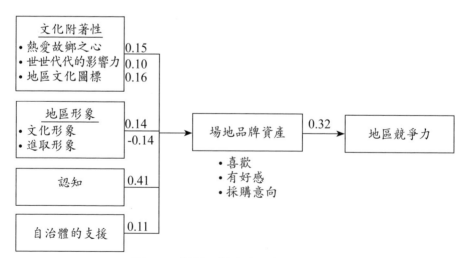

圖3-21　場地品牌資產及競爭力模式

出處：樸東秀、黃明淑，2007，場地品牌資產的決定要素和地區競爭力相關的經營
　　研究，22（1）。

(5) 先行研究的啟發點

在對品牌資產評價的現行研究論點中，整理出可以適用於城市品牌資產評價的啟發點如下：

第一，品牌資產的評價目的具有運用於品牌經營活動的層面，透過利用整體接近方法（Compositional Approach）管理指標，從而更加輕鬆地建構品牌資產。

第二，由於構成品牌資產要素之間的因果關係大體上已被查明，因此有必要反映並提高模式的妥當性。尤其，有必要根據消費者的心理發展階段構成認知層面、態度層面、行為層面的因果關係。

第三，由於城市品牌的資產評價仍有構成要素之間的因果關係，因此有必要對此進行考慮，與企業及商品品牌不同，城市品牌將影響偏愛度的三大要素居住、旅遊、投資部門的認知層面各自設定為結構概念，並用於投入變數，有必要建構綜合測定城市品牌資產的模式。

(6) 城市品牌資產評價的前提

為了更加準確地測定城市品牌資產，有必要思考下列三種前提條件：

第一，確保妥當性。即忠實測定品牌資產的定義。某種情況下決定要測定品牌資產，實際上卻僅僅測定了認知度或形象，這只是考慮了測定的便利性，是沒有考慮到模式妥當性的測定方法。

第二，確保有用性。即相較於僅僅測定品牌資產的大小，應該分析品牌資產的源頭或構成要素各自做出了多大的貢獻。而且，應該明確查明各個構成要素之間的因果關係，掌握相對的影響力用於加權值並進行指數化。這樣一來，可以輕鬆地掌握自身品牌和競爭品牌的優勢及劣勢，很大程度上有助於管理品牌資產。

第三，強化預測能力。應在強化品牌資產的多種戰略方案中，預測哪些方案付諸行動對比費用更加有效。

(7) 城市品牌資產測定模式開發

反映出城市品牌的特點,並且考慮現行模式沒有考慮到的資產構成要素之間的因果關係,在這裡將影響係數運用於加權值算出最終指數,提出地方政府更加有體系的建立城市品牌化管理功能模式,如圖3-22所示。

主要結構概念有認識要素的居住形象、旅遊形象、投資形象要素,由受到這種形象要素影響的態度要素品牌關係性(Brand Relationship),以及行動要素品牌忠誠度(Brand Loyalty)等構成。

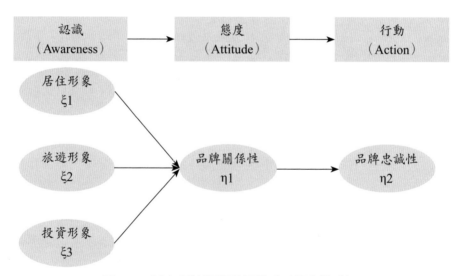

圖3-22　城市品牌資產評價模式(概念模式)

出處:同圖3-6。

根據上述模式整理測定城市品牌資產的測定指標如表3-6所示。主要指標由居住形象、旅遊形象、投資形象、品牌關係,以及品牌忠誠度要素等4至6個測定指標構成。

表3-7 城市品牌資產測定指標

區分		測定指標	備註
城市品牌資產	居住形象	• 教育等生活基礎優秀 • 不錯的居住地 • 居住交通便利 • 被別人認可居住地 • 地區文化開放 • 地區居民親切	李正勳（2006） Anholt（2005） 黃太圭、金衡南（2005）
	旅遊形象	• 旅遊資源景觀優秀 • 文化遺產優秀 • 住宿等旅遊基礎設施優秀 • 旅遊娛樂設施優秀 • 作為旅遊地常常有新發展 • 旅遊地潛藏的魅力很多	
	投資形象	• 投資或事業機會多 • 費用低、機會多 • 容易確保優秀人才 • 對國家產業發展貢獻大 • 國際產業中心 • 今後產業發展可能性較高	
	品牌關係	• 好感度　• 偏愛度 • 信賴感　• 親密性	全善圭、玄勇鎮（1997） 金泰宇（2000）、Low and Lamb Jr（2000）、Fournier（1998）
	品牌忠誠度	• 關係滿意度　•（財）使用意向 • 好的口碑　　• 推薦意向	Zeithaml、Berry and Parasuraman（1996） 李有宰、羅珊雅（2002） 李明植、具子龍（2003） 樸東秀、黃明淑（2007）
應答者特點		• 性別　• 年齡　• 職業　• 學歷 • 月均收入　• 居住地及居住時間	

出處：同圖3-6。

　　本章依據李正勳、韓賢淑（2007）〈城市品牌體制性開發方法論研究〉第二、三章內容編寫（出自京畿開發研究院）。

Chapter 4
城市品牌方案制定流程

第一節　場地品牌的戰略過程

第二節　場地品牌實行規劃方案

第一節　場地品牌的戰略過程

一、建立場地品牌的戰略模式

　　城市品牌活動在全球許多城市都推展過，如香港、阿姆斯特丹、紐約、上海、首爾、斯德哥爾摩、格拉斯哥、東京，但很少文獻指出該如何制定場地品牌戰略。李素英（2008）根據Keller、K., L.（2007）；Morgan、Pritchard and pride（2000）以及李正勳（2006c）等研究，提出了符合韓國現實的場地品牌戰略流程，如圖4-1所示。

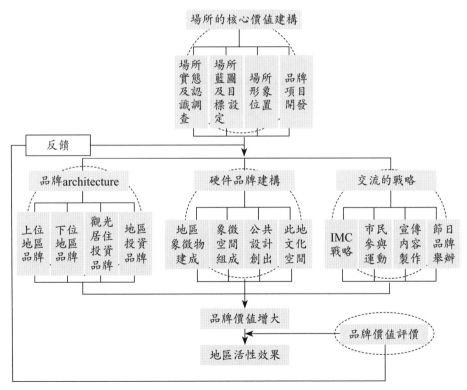

圖4-1　場地品牌戰略過程

出處：李素英，2008。

這項流程是應用商品的品牌管理中戰略性管理過程，即先確立品牌共享核心價值、品牌行銷項目的計畫及實行、評價及反饋等一連串過程，同時考慮到場地對象的屬性及韓國自治團體實行的場地品牌戰略的限制等，特別需要強調確立地區核心品牌價值與品牌體制性（Brand Identity, BI）等戰略。

但目前，大多數自治團體的地區核心價值僅僅局限BI，製作可視化的標誌及標語等場地品牌戰略，因此在自治團體政策的整體領域上，如何進行綜合連接、管理關係為場地品牌的成功要件。

為了提升場地品牌價值，需要考慮下列事項：第一，透過對品牌價值和定位明確定義的共享，導出地區的核心價值。第二，透過建構品牌的體系結構，確保行銷傳播的體系性。第三，透過建構象徵性景觀和空間強化品牌。第四，有效實行品牌行銷重播。第五，透過自身的地區評價測定品牌成果，導出和改善問題點等戰略，因此在品牌管理過程中添加了品牌體系結構的建立。

韓國自治團體的場地品牌戰略，建立了標誌及標語等BI，在宣傳該BI的水準上，結束對場地品牌的管理，為了補充無法達成戰略實效性的限度，作為管理場地品牌的核心戰略，強調了硬件品牌戰略和品牌體系結構的建立。

從建立品牌體系結構開始，可以根據該自治團體的條件，自行選擇操作品牌行銷傳播過程。換言之，建立BI和實行品牌行銷傳播的自治團體，在該品牌管理中應建立相關組織及品牌體系，來謀求整合品牌體系結構的建立和硬件品牌連接方案。

為了管理場地品牌，首先需要整備相關組織，以及有效管理已樹立BI的體系。據此樹立自治團體的地區開發事業就能全方位連接BI的硬件品牌戰略，整體上可以選擇狹義的品牌行銷傳播戰略。

與企業部門不同，公共部門因為沒有行銷專責組織來有體系地樹立品牌行銷戰略，因此實行品牌戰略行銷之前，需要先整備組織與品牌管理的體系。

二、場地品牌戰略過程

(一) 導出場地核心價值及開發場地品牌體制性（BI）

　　場地品牌是以地區條件和場地資產的分析爲基礎，確立定位和決定核心價值的事情。可以成爲場地品牌對象的場地資產，包括場地的物理性、環境要素，人文、文化要素，情緒性、象徵性要素、相對性要素等多種層面，如表4-1。

表4-1　按照場地要素的場所資產分類

場所的要素	場所資產分類	具體的例子
物理性、環境性要素	物理性資產	路網、港口、建築物、基礎設施
	環境性資產	地形、氣候、清靜環境
人力、文化性要素	社會、文化性資產	文化、娛樂
	政治、制度性資產	對於企業的獎金、市民協助性氛圍、城市公共服務市長
相對性要素	位置性資產	商圈
	潛在性資產	不能以資產形成認識、不正確的要素認識形成的場所、按時代變化具有肯定性資源變化的資產
	相對可能性資產	場所資產雖然不存在，在競爭場所中不存在並且弱化，如果向相關場所導入的話，相對而言選拔利益或者比較具優勢，可以提升策全部場所資產

出處：白善慧，2004：45。

　　爲了進行此項業務的操作，需要對市場進行調查，並對競爭者進行仔細分析，訂立地區發展的目標。應用於場地品牌的主要場地資產，包括建築物（傳統建築遺產、現代建築）、城市景觀與結構、慶典、人員等多種因素，考慮確立品牌定位和價值的場地資產，主要遵

從下述原則。

　　第一，地區充分品牌化的場地資產，積極連接應用了品牌體制性。第二，雖然至今仍未品牌化，但只要除去阻礙品牌化的一定因素，就能夠掌握發揮地標功能的資產。第三，沒有象徵性特色資產的情況下，研究是否可以動員構思和計畫能力來創造新的傳統和場地資產，並保持方向和品牌定位的一致性。第四，統一地區的形象，開發最能代表向客戶進行傳播的品牌體制性。

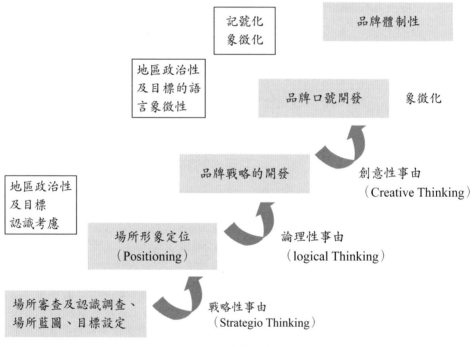

圖4-2　場地品牌體制性開發過程

出處：同圖4-1。

　　通常由品牌標語和標誌構成的品牌體制性（BI）是基於地區的代表性場地資產進行，與地區的連貫性要高。並非將焦點對準BI自身的視覺性美感或完整性，因為需要具備承載地區發展目標和方向引

領的力量，所以設計之前的戰略開發過程要周密。相較於設計或標語的結果，其中的戰略性結構是依據地區目標構想，這一點就與過去的BI開發根本不同。

顯示地區價值的方式，根據規模有所不同，州（state）或地區（region）類似韓國的廣域自治團體等，在分部包含了多種城市、郡地區的情況下，應考慮採用綜合性品牌傘機制，越是中小規模城市的品牌，承載了越多具體且獨特的內容。

(二) 場地品牌過程的管理

正如企業具備了企業自身的品牌和多種商品的品牌群（如圖4-3），地區也具備了基於該地區內多種場所資產的一連串品牌群。謀求多層次品牌群之間的合作關係，稱為「品牌體系結構」，尤其為了綜合管理個別化、零散化的韓國自治團體的領域品牌，需要建立品牌體系結構。

事實上，所有企業都具有多數品牌，品牌組成一組共同活動，為了互贏且不相互妨礙，需要進行良好地管理。如果孤立品牌當其是一個矗立的建築，很容易通向混亂和非效率。戰略性品牌領導力不但對個別品牌目標，還要求小組目標的最佳化。帶著品牌體系機構的道具，小組作為一個單位進行活動，將創造協同效果、明確性、資本負債率等。如果說各個品牌是足球選手身分，傳播項目將是能夠讓個別選手跑得更快的道具或練習的概念。相比之下，體系結構是發揮教練的作用，為選手指定正確位置，致使他們能夠進行團隊活動。隨著細分市場增加、品牌擴張、導入產品、各種類型的競爭者、複雜的流通結構、累計使用等因素讓品牌和子品牌等品牌環境的複雜程度增加，品牌體系結構就變得更為重要，如要對應競爭力壓力，需要向所謂定義的品牌體系結構方式進行轉換（品牌公司轉移，2000，品牌領導力，167-208）

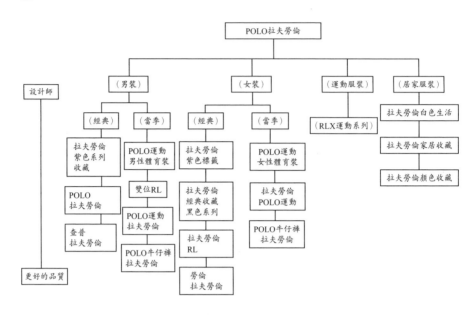

圖4-3　企業部門品牌建構範例（POLO RALPH LAUREN）

出處：Aaker, D. A., & Joachimsthaler, E., 2000:171。

　　作爲結合自治團體整體領域的領域品牌，場地品牌構成了多種子品牌的範疇。首先，各部門的子品牌有旅遊、招商引資、產業及農水產共同品牌等。爲了吸引遊客的旅遊品牌、爲了招商投資者的招商引資品牌等，各個自治團體不僅隨著功能性需求個別樹立的各部門場地品牌，地區還有特產、文化商品、慶典、活動、休閒空間等多種地區商品品牌，「場地品牌」強化了多種子品牌的價值。與之相反，品質的產品品牌也是傳播的重要內容，可以強化場地品牌的價值。

　　而且，地區本身以多種行政等級存在，不僅包含多個城市和郡的廣域自治團體，基礎自治團體也包括具有區、洞（韓國行政區稱呼）等多種場地特性的小地區。此時，可以將各個等級之間品牌透過合作網執行的品牌戰略，視爲品牌體系結構。

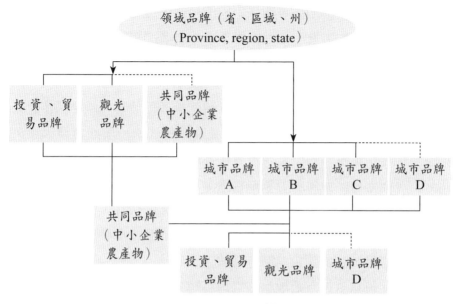

圖4-4　場地品牌建構範例

出處：李正勳，2006a：64。

作爲結合整個地區的代表品牌，場地品牌通常將投資者、遊客、居民指定爲公衆目標，並根據應用程度具備地區代表性品牌的核心價值和一致性，還可以隨著旅遊品牌、投資品牌、活動品牌等用途，開發新的標誌和標語來應用。慶南道南海郡和忠南道論山市的情況下，是單一的代表性場地品牌可用於所有用途的典型。

Cai（2002）認爲，獨立的行政單位若不能提供突出的魅力物，很難擁有獨立品牌價值的地區，因此透過合作性品牌實踐可能更爲有效。這啓發韓國提倡人口規模不大、行銷能力沒有被開發的部分市郡，可以透過共同領域爲對象來開發合作性品牌。

類似這樣的企業品牌，場地品牌也有多種子品牌，需要根據品牌體系管理的建構進行綜合管理，與企業不同的是，自治團體沒有行銷專責組織，因此需要一個有體系進行管理的主體。但場地品牌最大的弱點就

是存在多種行為主體和利害關係不同的集團，很難進行統一，為了建立對此合作體系的需要，則建立聯繫各行為者的組織性體系。

(三) 場地品牌定位的硬件品牌戰略聯繫

無法在地區現實中感受到提出品牌的核心價值時，將會保留對其產品的忠誠度（loyalty）。這成為品牌形象建構失敗的重要因素。而且，地方自治團體為了實現現實中品牌的核心價值，需要付出不斷地努力，而地區開發將隨著戰略性選擇和集中實現而形成。

開拓品牌的核心價值和基於地區場地資產的個性，樹立產業、農家、旅遊等核心部門的發展政策並執行，從而強化品牌形象。對品牌體制性的傳播，是與強化空間上品牌定位和核心價值原則的政策進行連接，據此可以更為有效地強化場地品牌資產。

現在以韓國南海岸地區為對象促進的南海岸陽光帶事業，即是典型的地區間的共同品牌，意味很多自治團體合作開發結合該領域的地區共同品牌，與個別農水產綑綁為一個品牌共同行銷的狹義地區共同品牌的對象領域完全不同。

這與透過城市規劃、旅遊開發、文化藝術振興等政策性事業創造品牌資產相關，實行這種地區開發政策的結果，導致地區體制性出現象徵性硬件品牌（Hard Branding）空間。與品牌體制性直接、間接連貫的活動聚集的象徵空間，可以定位為地區地標，具體展現為實際象徵物的地區核心價值，讓人感受到公眾目標的品牌體制性（BI），並非虛幻的地區實體。場地消費者透過實際到訪，會經歷場地形象變化的過程，在此過程中會對空間留下特別深刻的印象。

場地品牌戰略的品牌化對象是空間，因此，透過這種空間戰略實行的品牌行銷項目固然重要，在一般產品品牌的情況下，空間行銷戰略也呈現積極應用的趨勢。全球品牌第一位的可口可樂正在構思非產品銷售或展示品牌形象戰略之空間行銷戰略，與可以代表可口可

樂品牌形象的多種紀念品，一同將整個展場塑造成可口可樂品牌的形象，從而強化商品的品牌形象。現在，可口可樂（體驗）展場不僅在美國設有本部，還位於日本等地，被稱之為新旅遊名所。

圖4-5　位於東京的可口可樂展示場

出處：同圖4-1。

(四) 品牌傳播計畫的制定與實施

　　場地品牌管理戰略的基本框架是「在人們心目中傳播計畫的形象」，應用場地品牌體制性正面形成所謂「在人們心中形成形象」的場地品牌形象。而且，場地品牌管理戰略終究歸結於統一場地品牌體制性和場地消費者對該場地品牌形象的多種活動。

　　作為統一品牌體制性和品牌形象的品牌傳播戰略模型，Kavaratzis（2004）訂立了城市形象傳播模型。從此來看，人們根據

宣傳戰略之2次傳播形成最終形象，透過城市實體經驗的1次傳播，形成修正的最終形象，根本上還是根據口傳的3次傳播而形成。這裡的1次、2次、3次形象，並非形象形成的順序，而是根據直接－間接、具體－表象形象形成契機出現的。根據這樣的過程，現在的城市形象是整體形象形成過程的結果。

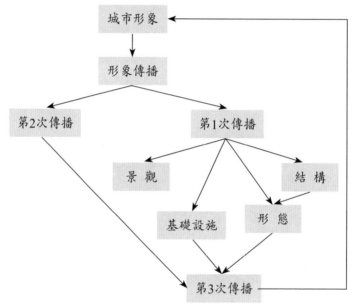

圖4-6　城市形象交流模型

出處：Kavaratzis, 2004:67。

這一根本形象是除了廣告、宣傳等，根據出現於日常媒體和教科書等處學到的知識和訊息形成的，也意味了最初Gunn（1972）主張的根本形象。據Gunn稱，在旅遊目的地的宣傳過程中，基於日常生活中周邊人或各種媒體形成的根本形象（organic image）作用非常重要，旅遊目的地一旦根據自生形象成爲到訪對象，將可以透過詳細的資料調查更加具體其形象。這主要是根據商業性或正式訊息源形成

的「引導的形象」（induced image）。場地形象將在旅行過程中再次進行轉換。旅行過程中透過實際觀看和體驗該場地，可能會隨著引導的形象產生驟變，普遍都更加具體。（Kavaratzis, 2004）模型中根據2次傳播的形象，是Gunn的引導形象，1次傳播各意味著實際訪問場地後，更加具體和有變化的形象。

Kavaratzis（2004）模型中，城市形象傳播戰略是一般傳播戰略的宣傳及廣告戰略，與2次傳播共同包含了構成城市實體，即景觀、結構、形態、基礎設施等1次傳播戰略，從建構城市實體的意義上來看，1次傳播戰略與硬件品牌戰略相類似。

為了進一步強調至今在場地品牌行銷計畫中忽略的硬件品牌戰略，因此從品牌行銷傳播戰略中萃取，提出了另外戰略，在這裡意味了品牌行銷計畫中，作為空間行銷建立了硬件品牌和多種子品牌群的管理體系，都屬Kavaratzis（2004）模型中2次傳播戰略的範疇，除了品牌體制性的構成之外，其餘狹義的品牌傳播計畫也包含在內。

品牌傳播計畫的建立，包含利用TV、廣播、報紙、雜誌等媒體的廣告及宣傳，利用廣告及宣傳、網頁等在線廣告及宣傳等，直至達成促銷為止。應用了產品品牌行銷傳播戰略，要時常向目標客戶透露開發的場地品牌和訊息，刻印地區的形象，建立、實行多種計畫。

最近，經常應用整合行銷傳播（Integrated Marketing Communication: IMC）的方法論，應用了很多全方位利用多種媒體的戰略。整合行銷傳播戰略又名360度活動，不僅是媒體廣告，還動員了一切可能的手段，只要是可以向客戶透露的地方，隨時隨地（360度）透露場地核心形象的戰略。各種活動並非以不同主題獨自進行，同樣地，地標維持了內容的一致性，突顯了協同效果，是宣傳地區身分非常有用的傳播戰略。

整合行銷傳播是管理向客戶或潛在客戶透露的產品及服務相關的一切訊息出處之過程，行為上致使消費者購買本公司的品牌，從

而維持客戶的忠誠度，爲此將過去分離的廣告、PR、促銷、採購，以及公司內傳播等多種功能作爲一個整體行銷傳播接近的新傳播方法（Sultz,Tannenbaun & Lauterborn, 1993；金柱浩，2001）。

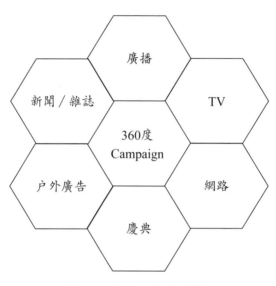

圖4-7　統合市場交流戰略

出處：同圖4-1。

　　尤其在場地品牌傳播計畫中，地區慶典、體育活動、文化藝術活動、博覽會等大型活動的應用，成爲了實行行銷戰略的中心。作爲場地行銷手段應用地區慶典或大型活動的戰略，韓國的地方自治團體中，在1990年代開始應用的情況，爲了透過慶典或大型活動提高場地品牌效果，需要樹立強化兩者間連接的計畫。爲此，結合活動宣傳和場地品牌體制性宣傳尤爲重要，澳大利亞的雪梨成功執行了這一點，並透過舉辦奧運會提升城市品牌資產價值。

　　最近被關注爲場地行銷戰略的是電影、電視劇等影像製品的間接廣告（Products in Placement, PPL）戰略。時常將品牌傳播戰略

目標開發的場地品牌和訊息透露給目標客戶，致使地區形象備受關注，據此在人氣影像中放映自治團體的場地品牌形象，將成為非常有效的宣傳戰略。為此，自治團體之間呈現成為該影像拍攝基地之競爭加劇的趨勢。為了透過電影、電視劇等成功地宣傳場地品牌的形象，該影像製品固然要盛行，但作為拍攝基地曝光的內容如果能與自治團體實際要曝光的該地區形象相一致，其效果將倍增。

(五) 場地品牌價值評價及回饋

為了場地品牌能持續實行與有實際效果，需要週期性地對場地品牌實施價值評估。

透過自治團體的場地品牌體制性引導形象的場地消費者，在旅遊、居住、投資等實際場地消費之前，如果能夠經歷多種訊息探索的過程，而後直接到訪該場地瞭解實際的形象。透過正面聯想構成的形象便是場地品牌形象。如果場地品牌形象與場地品牌體制性之間的差距較少或幾乎一致，說明場地品牌戰略的效果很大，該地區的正面品牌形象也將更加強化。

統一場地品牌形象和場地品牌體制性的過程並非能夠短時間形成。向場地消費者引導形象，讓他們對場地品牌形象有正面的瞭解，首先要實行讓潛在場地消費者對場地具備正面（引導的）形象品牌行銷計畫，如果這一行銷戰略有所效果，可以透過潛在消費者實際造訪場地成為實際的場地消費者。

為了實際場地消費者不要因為該地區的實體與引導形象之間的差異產生失望感，應忠實地執行硬件品牌戰略。如果說這一戰略有所效果，便是讓實際場地消費者對場地具備了正面的形象，則希望能夠再一次體驗該場地。作為該地的忠實客戶，即創造該地區企劃的品牌體制性中一致，形象品牌忠誠度高的客戶就是場地品牌戰略的成果。

為了能夠瞭解品牌管理戰略中品牌行銷計畫的效果,將測定和解析品牌成果的問題作為重要的過程。為此。設計並實行多用品牌資產測定系統,行銷負責人決定短期最佳的實行手段,為了進行長期最佳的戰略性決定,必須提供及時正確設計可實行的訊息。

場地品牌戰略也應透過定期測定場地品牌資產查閱場地品牌的效果與問題。場地品牌資產可以測定為場地知名度的程度、對場地的尊重程度、區別認識的程度等。需要將這樣的基準迎合場地情況變化,促進開發模型的業務,例如:S.Anholt-GMI的城市品牌索引模型為場地品牌資產的測定提供了有用的觀點。

透過測定場地品牌資產價值,可以得知一定期間內場地品牌的成果與限制的情況下,可以向品牌管理者提供對如何矯正行銷程序、如何重新形成長期建立的場地品牌體制性的診斷性訊息。

第二節　場地品牌實行規劃方案

本節將透過場地品牌的專家調查,來說明場地品牌的戰略過程,接著區分各個場地品牌實施方案的類型,進一步說明不同類型的場地品牌實施方案。

一、場地品牌專家調查

(一) 調查概要

為了樹立有效管理場地品牌管理,建構的場地品牌體制性的實行戰略,以具體實行手段為對象實施專家調查,從而導出實行綜合場地品牌管理戰略方案。

專家在問卷調查之前,會透過2次專家諮詢會議,對第一節提出的符合綜合場地品牌過程模型,實行收集意見。李素英(2008)提出的第5階段綜合場地品牌戰略模式中,對焦建構品牌體制性之後的BI

管理籌備了實行手段。目前韓國大部分自治團體BI有已推動執行，相較於開發BI的過程，係將重點放在如何有效管理已開發BI的問題上。

　　專家問卷調查利用是研究開發計畫與管理領域相關決策方法，通常採常用的分析階層過程法（Analytical Hierachy Process, AHP）進行分析，並構成了結構化的問卷。透過現行研究研討及專家諮詢會議設計的綜合場地品牌戰略及實行手段的階層結構，如表4-2所示。

表4-2　綜合性場地品牌戰略及實施手段

戰略	實施手段
場地品牌建構	第一，以地區的核心價值品牌體制性BI（Brand Identity）的再建立 第二，透過品牌教育／工作小組／討論會舉辦的品牌Mantra的定義及共有 第三，場地品牌的開發
品牌管理（品牌市場的階層性確保）	第一，爲地區市場合併性促進的支援組織建構 第二，上游場地品牌（廣域團體，國家等）關係活用 第三，下游場地品牌（邑，面，洞，村）的聯繫方案 第四，觀光品牌建構及場地品牌的關係 第五，投資品牌建構及場地品牌的關係 第六，居住品牌建構及場地品牌的關係 第七，地區生產品（農漁產品共同品牌及產業共同品牌等）品牌建構及場地品牌的關係 第八，BI活用商品（如我愛紐約紀念品）開發
硬件品牌管理（地區的象徵空間建構）	第一，地區象徵物（紀念費、紀念建築物）的組成 第二，廣場／距離／公園象徵公開組成 第三，街道設施物的一貫性形象創出 第四，戶外廣告物管理 第五，主要節日的象徵空間創出
品牌市場交流	第一，活用多樣媒體（TV、廣播、新聞、網路等）的整合行銷計畫實施（IMC） 第二，適合的市民參與實行（如外國語資源活動） 第三，創意挑戰性（宣傳）內容製作 第四，體現地區核心價值的代表性節日品牌舉辦

續表4-2

戰略	實施手段
	第五，電影、電視劇製作的PPL場所市場活用 第六，多樣的國內外關聯宣傳物（印刷物、影像物等）製作 第七，大韓民國代表品牌等各種品牌參與
品牌價值評價及換率	第一，場地品牌價值評價模型導出 第二，場地品牌價值評價實行（包含消費者調查） 第三，場地品牌管理戰略換率

出處：同圖4-1。

　　AHP方法是評價者將個人序數性滿意度，轉換為客觀性數值的方法，測定參與成員的偏好度並進行綜合，計算該問題偏好度的方式，這屬於定性－等級型評價方法。利用AHP解決決策問題的情況下，需要經過如下四個階段：

　　【階段1】將決議問題分解為階層結構（hierarchy）。

　　【階段2】以相同階層的要素為對象，進行相對比較，結果將成為評價資料。

　　【階段3】利用固有值推估相對比較要素的相對性重要程度或加權值。

　　【階段4】為了瞭解最低品牌階層代行方案的優先順序，綜合各階層評價要素的加權值。

　　李素英（2005年）研究，以城市規劃、城市行政、言論訊息學、地理學等場地品牌政學界、研究界專家及宣傳／廣告代理界專業為對象，於2008年8月至9月間實施的約100份問卷中，有效問卷41份，如表4-3。

　　AHP分析結果評價及加權值的計算應用了Excel，對於各種地區類型主要手段的問題分析利用了SPSS。

表4-3　應答者特性

區分		頻率數	比率（%）
性別	男	22	53.7
	女	19	46.3
年齡	20-29	7	17.1
	30-39	25	61.0
	40-49	7	17.1
	50-59	1	2.4
	未應答	1	2.4
專門領域	學界‧研究界	37	90.2
	業界	4	9.8

註：學界、研究專家的領域，城市計畫9人（24.3%），地理學8人
　　（21.6%），地區開發（經濟）8人（21.6%），行政學2人（5.4%），
　　文化、觀光5人（13.5%），其他（建築）1人（2.7%），無應答4人
　　（10.8%）。

出處：同圖4-1。

(二) 調查結果

1.綜合場地品牌戰略及實行手段優先順序

專家調查結果顯示，從4個階段萃取的綜合場地品牌戰略過程中，專家們認為最重要的部門是硬件品牌管理戰略，即地區象徵空間的建構，其次是品牌過程管理，即確保品牌行銷體系的部門。

場地品牌體制性（BI）是品牌管理戰略的一環，但要考慮已樹立場地品牌的硬件品牌管理戰略加權值排名第三，作為地區核心價值BI的建立，則應考慮「再建立」的情況，若考慮到現行自治團體的BI水準較低，應重新建立BI情況的前提條件，仍出現較高的加權值，即無法滿足現行場地品牌體制性的水準。因此，為了樹立有效的

場地品牌戰略，即使耗費預算，也提議從重建場地品牌體制性開始進行場地品牌戰略。

　　相較於其他部門的品牌價值評價及回饋出現了非常低的加權值，這說明現階段韓國的場地品牌戰略在評價場地品牌資產價值仍處於實行場地品牌戰略的階段。

表4-4　統合性場地品牌戰略部門間加權值

戰略	部門間加數值
1.場地品牌體制性	0.2372
2.品牌建構管理（品牌市場的體系性確保）	0.2532
3.硬件品牌管理（地區象徵空間建構）	0.2548
4.品牌行銷	0.2007
5.品牌價值評價回饋	0.0541

出處：同圖4-1。

　　從各部門內的加權值來看，在首先建立場地品牌體制性的情況下，仍舊認為重建地區核心價值品牌體制性的必要性非常重要；其次認為開發的場地品牌指標（index）很重要；最後為謀求公務員與場地品牌行銷管理者利害關係（表4-5）。

表4-5　場地品牌建構實行手段的加權

戰略	實施手段	部門內加重值
場地品牌建構	第一，地區核心價值BI的再建立	0.3515
	第二，品牌教育／工作小組／研討會舉辦等品牌長期的定義及共有	0.3106
	第三，場地品牌開發	0.3379

出處：同圖4-1。

　　確保品牌行銷的體系，即在品牌體系結構管理領域上，運用與熱門場地品牌的連接，被評價爲非常重要。其次，認爲與次區域場地品牌的連接方案、支援促進場地品牌綜合行銷組織的建構等，都是重要的實行手段。認爲國家品牌及與熱門自治團體品牌的連接非常重要的原因，是因爲該地區的發展方向與熱門行政機關連接時，基於國家及熱門自治團體的支援可能性高，一旦建立與熱門品牌的連接品牌，還可以創造更高的指標效應。認爲與子品牌的連接方案也很重要，因此，從整體看來，認爲建立連接各地區的品牌體系結構相比，建立連接各部門的品牌體系結構更加重要。同時，爲了確保場地品牌行銷體系，還認識到建構地區行銷綜合促進組織也是重要的實行手段（表4-6）。

表4-6　品牌建構管理實施手段加重值

戰略	實施手段	部門內加重值
品牌建構管理（品牌市場的體系性確保）	第一，爲地區市場合併促進的支援組織建構	0.1738
	第二，上游場地品牌（廣域團體、國家等）的聯繫活用	0.1795
	第三，下游場地品牌（邑、面、洞、村）的聯繫方案	0.1789
	第四，觀光品牌建構及場地品牌的聯繫	0.1672
	第五，投資品牌建構及場地品牌的關係	0.0436
	第六，居住品牌建構及場地品牌的關係	0.0434
	第七，地區生產品（農水產物共同品牌及產業共同品牌等）品牌建構及場地品牌關係	0.1662
	第八，品牌體制性活用商品（如我愛紐約紀念品）開發	0.0473

出處：同圖4-1。

場地品牌相關專家認為，綜合場地品牌戰略最為重要的硬件品牌管理實行手段之中，應是戶外廣告的管理和創造主要慶典的象徵性空間等。其次是與道路設施連貫的形象創造、地區象徵物的組成，如廣場、街道、公園等象徵性空間等組成。但是，硬件品牌管理實行手段的部門加權值之間差距不大，因此，相較於按照該實行手段的優先順序，可按照地區條件適當地進行選擇。

表4-7　硬件品牌實施手段加重值

戰略	實施手段	部門內加重值
硬件品牌管理（地區的象徵空間建構）	第一，為地區象徵物（紀念品、紀念性建築物）的建成	0.1935
	第二，廣場／距離／公園等的象徵空間建成	0.1750
	第三，路邊設施物的一貫形象創出	0.1994
	第四，戶外廣告物管理	0.2165
	第五，主要慶典的象徵空間創出	0.2156

出處：同圖4-1。

品牌行銷傳播實行手段之中，所謂製作多種國內外相關宣傳物專屬形式的宣傳戰略，被評價為最重要的手段。對於不得不受到預算制約的自治團體來說，也可能是最為現實的實行手段。除此之外，利用多種媒體實行的整合行銷傳播，創意性、挑戰性宣傳型錄的製作，執行市民參與適當公共議題活動，實現地區核心價值的代表性慶典等活動都成為品牌行銷手段。

另外，對於被認為是強而有力的場地行銷手段，利用電影、電視劇製作的間接廣告（PPL）相對評價較低，是大韓民國代表品牌等各種品牌評價最低的實行手段（2008年評價不高，現在已改觀）。

表4-8　品牌市場交流實施手段加權值

戰略	實施手段	部門內加權值
品牌市場交流	第一，多樣媒體（TV、收音機、新聞、網站等）活用的（IMC）實施整合性行銷	0.1843
	第二，適合的市民參與實施（如外國語支援活動）	0.1809
	第三，創意性挑戰性（宣傳）內容製作	0.1819
	第四，體現地區的核心價值的代表性節日等品牌舉辦	0.1695
	第五，電影、電視劇製作的PPL場所市場活用	0.0480
	第六，多樣的國內外關聯宣傳物（印刷物、影像物等）製作	0.1885
	第七，大韓民國代表品牌等各種品牌參與	0.0468

出處：同圖4-1。

　　綜合場地品牌管理過程中，評價最低的品牌價值評價及回饋部門認為，包含消費者調查等場地品牌價值評價的實行是最重要的手段。

表4-9　品牌價值評價及回饋實施手段加重值

戰略	實施手段	部門內加重值
品牌價值評價回饋	第一，場地品牌價值評價模型導出	0.3509
	第二，場地品牌價值評價實行（包含消費者調查）	0.3653
	第三，場地品牌管理戰略回饋	0.2838

出處：同圖4-1。

2. 場地類型別實行手段

　　李素英的研究中，專家認為實行大城市場地品牌管理最重要的手段是重新樹立地區核心價值的場地品牌體制性。其次是利用多種媒

體的整合行銷IMC的實行、道路家具（Street Furniture）的形象創造等。

　　大城市場地品牌體制性重建非常重要的原因，現在首爾、釜山等大城市樹立的場地品牌體制性，對於代替場地的核心價值仍力道不足。相較於韓國國內城市間的競爭，曝光於世界城市競爭體系的大城市，韓國大城市以透過利用多種媒體進行全方位整合行銷傳播，有效樹立對內外宣傳戰略作為主要手段。因此，為了提升城市的實體形象，將以創造街道家具的統一形象等城市公共設計的改善作為重要實行手段。

　　場地品牌體制性的重建，也是中小城市場地品牌管理的重要實行手段。但為了有效實行綜合場地品牌戰略，不能僅利用現有的品牌體制性，更要重視旅遊品牌的建構，舉辦實現地區核心價值的代表性慶典等活動。與大城市不同的是，曝光於國內場地間競爭體系的中小城市認為，吸引首都圈居民等國內遊客的戰略是場地品牌的實行手段。

　　韓國大部分農村地區為郡地區，認為最重要的實行手段是建構農漁產共同品牌等地區生產品牌，以及與場地品牌的連接。農村地區的場地品牌戰略縮小為農漁產地區商品品牌進行運營，因為判斷這樣的場地品牌方式更加現實。對於實際消費者而言，相較於以陌生地區為對象樹立品牌戰略，為了提高地區知名度，首先將該地區的商品品牌化進行宣傳反倒更加有效。

　　不少郡地區被要求重建場地品牌體制性，因此如雨後春筍般出現許多農漁產共同品牌，若沒有與自治團體的標誌及標語連結，無法向消費者刻畫該場地的品牌形象。

表4-10　按地區類型區分的主要手段

戰略	實施手段	大城市		中小城市		郡地區	
		名	%	名	%	名	%
場地品牌的建構	第一，地區的核心價值品牌體制性（Brand ldentity）的再建立	22	55.0	22	55.0	20	50.0
	第二，品牌教育／工作小組／討論會舉辦的品牌聲明定義和共有	6	15.0	5	12.5	3	7.5
	第三，場地品牌開發	9	22.5	4	10.0	0	0.0
品牌建構管理（品牌市場的體系性確保）	第一，爲場地品牌合併性促進支援組織建構	9	22.5	10	25.0	9	22.5
	第二，上級政府品牌（廣域團體、國家等）的聯繫活用	4	10.0	3	7.5	2	5.0
	第三，旅遊場地品牌（邑、面、洞、農村）的聯繫方案	1	2.5	1	2.5	0	0.0
	第四，觀光品牌建構及場地品牌的聯繫	7	17.5	13	32.5	11	27.5
	第五，投資品牌建構及場地品牌的聯繫	5	12.5	5	12.5	1	2.5
	第六，居住品牌建構及場地品牌的聯繫	1	2.5	2	5.0	1	2.5
	第七，地區生產品（農漁產品與地方特產共同品牌等）品牌建構及場地品牌的聯繫	0	0.0	2	5.0	24	60.0
	第八，BI活用商品（如我愛紐約紀念品）開發	2	5.0	2	5.0	1	2.5

續表4-10

戰略	實施手段	大城市		中小城市		郡地區	
		名	%	名	%	名	%
硬件品牌管理（地區的象徵空間構造）	第一，地區象徵物（紀念費、紀念性建築物）的建成	2	5.0	1	2.5	1	2.5
	第二，廣場／距離／公園等象徵空間建成	7	17.5	5	12.5	1	2.5
	第三，街邊設施物的一貫性形象創出	10	25.0	7	17.5	3	7.
	第四，戶外廣告物管理	1	2.5	1	2.5	0	0.0
	第五，主要節日的象徵空間創出	5	12.5	3	7.5	7	17.5
品牌市場交流	第一，活用多樣媒體（TV、廣播、報紙、網路等）的統合性市場交流實施	12	30.0	8	20.0	7	17.5
	第二，適合的市民參與實施（如外國語支援活動）	4	10.0	1	2.5	1	2.5
	第三，創意性、挑戰性內容製作	4	10.0	7	17.5	5	12.5
	第四，體現地區核心價值的代表性節日等節日舉辦	2	5.0	11	27.5	10	25.0
	第五，電影、電視劇製作的PPL場所市場活用	3	7.5	4	10.0	9	22.5
	第六，多樣的國內外關聯宣傳物（印刷物、影像物）製作	0	0.0	0	0.0	1	2.5
	第七，大韓民國代表品牌等各種品牌參與	0	0.0	0	0.0	1	2.5

續表4-10

戰略	實施手段	大城市		中小城市		郡地區	
		名	%	名	%	名	%
品牌價值評價及回饋	第一，場地品牌價值評價模型導出	12	30.0	8	20.0	7	17.5
	第二，場地品牌價值貧家實行（消費者包含）	4	10.0	1	2.5	1	2.5
	第三，場地品牌管理戰略回饋	4	10.0	7	17.5	5	12.5

出處：同圖4-1。

二、各類型場地品牌實施方案

　　韓國場地品牌相關開發實際狀況的品牌化如下（參照表4-11）。首先，相對占據場地品牌優勢的城市、地區的情況下，品牌定位可謂是在世界市場競爭體系中邁向世界城市的一種跳躍。大城市圈（metropolitan area）主要屬於該範圍，被稱之為增長管理型。

表4-11　按類型區別的場地品牌實態

區分		過程	品牌市場項目	促進組織	實例
增長管理型	類型 I	• 數位城市 • 世界市長競爭體系內的城市宣傳 • 成長管理立場的城市管理	• 海外宣傳市場 • 海外投資維持 • 世界觀光城市圖謀 • 重要節日	• 資訊館	• 首爾市
	類型 II	• 衛星城市或地方大城市 • 首爾的競爭有類似首爾數位城市功能	• 公共數位導入城市的品牌標誌組成 • 街道家具	• 城市數位科 • 公共數位科	• 安陽市 • 光州市

續表4-11

區分		過程	品牌市場項目	促進組織	實例
挑戰者型	類型III	• 經濟財政相對落後地區 • 已有現存形象	• 形象強與形象弱品牌 • 衰退空間的再活用方案 • 體育活用	• 文化／觀光科	• 定善郡 • 泰白市 • 富川市 • 東豆川市
	類型IV	• 相對而言落後地區發展戰略需要 • 國人認知度低下地區	• 名稱、符號、標誌等場地品牌要素行銷實施 • 關聯地區特產品開發 • 關聯節日舉辦	• 計畫室	• 大部分的落後地區

出處：同圖4-1。

增長管理型是指需要增長管理的地區。城市的變化及成長階段根據每個城市或分析時期而有所差異，雖然很難找到適用於全部情形的一般理論，大體上可以經歷城市化、郊外化、巨大城市化的過程進行變化和增長，如果不能在這種城市變化過程中引導城市的增長，將會引發許多副作用。因此，韓國的首都圈及大城市為了不引發城市活動的膨脹，盡力於增長管理。

場地品牌戰略的目標雖然相較於國內客戶知名度相對較低，卻主力於潛在增長價值較高的海外投資者／遊客的海外行銷。即使是相同的大城市地區，類似像首爾的高級城市會與世界城市競爭，衛星城市或地方的大城市在與高級城市首爾的競爭中，更加主力於提高城市的品牌價值。作為這種努力的一部分，表現了建構地標，引進公共設計等改善城市外觀的傾向。基於公共設計組實行城市品牌戰略的京畿道安陽市和基於城市行銷強調亞洲文化中心城市光州市地區形象的光州廣域市，即屬於這類。

　　挑戰者型可分爲兩種類型。第一，雖然一時體現了發展面貌，卻因舊產業衰退、舊城衰退、舊商圈衰退等多種原因導致衰退的地區，場地品牌戰略的焦點著重在排除原有的衰退形象。

　　第二，落後地區的知名度本身非常低，因此只能進攻性地選擇場地品牌戰略的地區。提高國內消費者對自身地區知名度最基礎的品牌要素，即爲命名爲自治團體，開始積極宣傳，樹立以場地資產爲基礎的多種品牌行銷計畫，即地區特產的開發、地區慶典的開展等場地品牌戰略。

　　而且，本研究從現在的戰略實際狀況中導出了戰略類型，並細分爲增長管理型和挑戰者型，也樹立了實行戰略。這相較於研究的地區基準，是根據地區所處的定位進行區分，對於什麼樣的地區屬於哪一種類型的判斷只能是相對性的。即韓國的首爾作爲國內的高級城市，屬於大城市類型的世界城市指向型，因爲從世界城市體系角度來看，紐約、倫敦、東京可能處於相對落後的挑戰者型。同樣地，京畿道與高級城市首爾相比，雖然能夠稱之爲挑戰者型，從國內整體來看，相較於非首都圈地區是高度增長的首都圈地區，因此屬於大城市型地區。

1.增長管理型地區

　　李素英以韓國地方自治團體樹立的場地品牌戰略作爲研究目的，根據韓國行政級別及地區發展程度提示屬於增長管理型的地區如下。廣域自治團體中的特別市、廣域市及京畿道，基礎自治團體中位於首都圈地區衛星城市，都屬這一類。

　　從吸引城市行銷主要目標集團的投資者、遊客、居民戰略來看，可以區分爲兩種類型。第一，相比國際市場，主要盡力吸引海外投資者及遊客的世界城市指向型，在人口及產業角度上，在國內市場已經達到高度增長的高級城市，相比國內其他地區的努力招商，更

加力求吸引新的投資者及遊客。雖然形成了居住此地區居民的自豪感，卻沒有形成城市居民之間的和諧，因此需要市民統合政策。韓國的首爾市是代表性事例，釜山市也可以設定為世界指向型。

這是基於戰略性區分的類型，只有屬於該類型的自治團體，才能夠提示專屬的實行手段。

最初定位世界城市的Friedmann（1993），將世界城市分為4個階層。第一階層是地區性金融關節的倫敦、紐約、東京，第2階層是多國結點的邁阿密、洛杉磯、法蘭克福、阿姆斯特丹、新加坡，第3階層是重要國家結點巴黎、蘇黎世、馬德里、墨西哥城、聖保羅、首爾、雪梨，第4階層是國家內地區性結點的大阪—神戶、舊金山、西雅圖、休士頓、芝加哥、波士頓、溫哥華、多倫多、蒙特利爾、香港、米蘭、里昂、巴塞隆納、慕尼黑、杜塞爾多夫。根據世界城市分類為3個階層的體系（Hall, 1993），首爾並非正常的「地球世界城市」，而是中等「國家世界城市」，釜山則是較低的「地區世界城市」（重新引用金亨國，1997：309）。

第二，即使是相同的大城市（圈）型，與高級城市首爾有嚴重差距的韓國，地方大城市和首爾市周邊的衛星城市只能與世界指向型城市首爾擁有不同的地區性定位。雖然這些地區吸引海外投資者及遊客也是重要的要素，但沒有知名度的地方大城市，最大的競爭城市不是海外的競爭城市，而是國內高級城市首爾，占據主導競爭地位。同時，吸引投資者、遊客的戰略只能在與首爾的競爭體系下構成。首都圈的衛星城市有必要選擇多少有差距的戰略，從吸引投資者、遊客的角度來看，相比於唯獨期待首爾是競爭城市，需要開展發揮首爾品牌力量指標作用的共存戰略。衛星城市的居民被職場位於首爾的職住分離型支配，因此，無論何時向其他首都圈地區遷移的可能性較高，所以需要選擇能夠高漲對該衛星城市熱情的市民統一戰略。這些城市在於首爾的競爭中確立了該城市的體制性，對外提高了該城市品牌形象

知名度的同時，對內出於需要提高該地區居民場地熱情的角度，稱之
爲城市體制性確立型。

2.挑戰者型地區

李素英研究的挑戰者型不僅是指場地品牌的促進經驗方面，還是
從地區發展角度對後發主義者的總稱，這是對借用摩根（Morgan，
1999）的挑戰者品牌（Challenger Brand）概念，因知名度較弱，負
面形象較強，如果不選擇進攻性品牌，將無法在競爭的市場環境中得
到關注。

屬於挑戰者型地區的，基礎自治團體中除特別市、廣域市內自治
區和京畿道內部分衛星城市外的大部分市郡地區都符合。

一般可以將形象戰略分爲形象強化型、形象變化型二種進行說
明（Ashworth & Voogd, 1990：李素英，1999）。第一，形象強化
型是指強化消費者擁有的正面形象，重要的行銷戰略是在不改變現行
消費形象的限度內，樹立形象強化戰略。第二，形象變化型是將現有
的負面形象變化爲正面形象，爲此創造與現行負面形象不同的新形
象，傳達給消費者成爲重要的行銷網。

形象形成時是因該場地訊息不足，向沒有形成場地形象的消費者
傳達該場地形象，對於該消費者的立場而言，可謂形成了另一種新的
形象。

從以上形象戰略類型的觀點來看，增長管理型屬於形象強化
型，挑戰者型屬於形象變化型。形象變化型的負面形象較強，是需要
新正面形象的地區，因經濟重組導致地區衰退，需要刷新形象的地區
屬於此列。對於地區自身的認知度較低的大部分低發展地區，則需要
形象強化型。

三、增長管理型場地品牌實施計畫

(一) 世界城市指向型場地品牌實施計畫

　　世界城市指向型的情況下，在世界競爭體系，尤其是韓國與亞洲世界城市的競爭中，更加強化了城市的品牌形象，將吸引更多海外投資者和遊客作為核心戰略目標。

　　為此，品牌體系結構管理的角度將強調兩種實行手段。城市品牌影響傳播，存在有組織實行的必要性。因此，自治團體內構成的城市行銷專責組則需要與民間部門的行銷及宣傳專家等建立更加緊密的聯繫網。世界城市指向型的城市的情況下，行銷調查對象集團不僅要以國內市場，還要以海外市場為對象實行。此後對於實行品牌傳播戰略不僅是國內，海外行銷傳播戰略也很重要，因此，為此戰略及實行，絕對需要行銷專業機關專業能力的支援。然而，行銷專業機關雖然可以支援行銷調查及宣傳戰略實行等行銷技法，在場地品牌體制性的樹立、評價和反饋過程中，需要城市及地區政策專家和行政專家等支援，因此，城市行銷組織對於組織內部的構成，仍需各個專業領域的功能。即，現在大多數的城市行銷組織作為宣傳館等加盟組織，負責宣傳為主的業務，實際上宣傳業務大部分可以委託外部的專業機關，自治團體的行銷負責人還應考慮建構的場地品牌體制性在整體市政基礎的應用、相關部門的業務調整及連接、透過與地區居民及相關專家的持續討論確立城市目標等業務。

　　相較於提示各階段可能實行的所有手段，是以各地區可強調的主要實行手段為中心進行記述的。提示的主要實行手段之外，還有一些實行手段，可參照表4-12。

　　第二個品牌體系結構的實行手段，需要特別強調投資和旅遊品牌的開發及連接。為了向吸引海外投資者及遊客的核心目標戰略實行品牌行銷傳播，僅將城市品牌作為領域品牌多少有些不足之感。類似於

「I LOVE NEW YORK」、「HI SEOUL」等城市品牌，主要僅替代了地區的核心價值，因此需要開發連接城市品牌概念的旅遊子品牌或投資子品牌，並應用於傳播戰略。但是，為了將這些子品牌開發得與高級城市品牌不相衝突或不無連接性，從建立戰略性品牌體系結構的觀點上，應該籌備連接子品牌的戰略。

建立進一步強化遊客對場地品牌形象的硬件品牌的主要實行手段，如街道設施等城市公共設計的整備，和廣場、街道、公園等城市象徵性空間的建構。世界城市指向型城市中，以建設大型建築物為主來因應品牌戰略，但容易引起當地利害關係人的衝突，不容易推動。但是，作為世界城市，更要建構毫不遜色地愉快城市環境，為此首先需要從長椅、路燈、路牌、涼亭等街道家具開始，為能形成該傳達城市的統一形象，整備城市的公共設計是有其必要性。

雖然核心指標是海外投資者和遊客，作為該地區的主人也需要鼓勵城市居民，因此不僅是訪客，還需要創造提高城市居民使用率的休閒空間。不管是鄰近生活圈的城市公園、廣場，還是各種文化街區、主題街區、傳統巷弄等，日常生活空間都可反映出地區的品牌體制性，努力創造物理性空間，作為場地品牌管理必要工作。

品牌行銷傳播戰略有：第一，基於專業宣傳代理的海外IMC戰略樹立及實行。第二，籌備促進城市間溝通及和諧的定期文化項目。第三，實行進一步提高市民自豪感的自願者活動等市民活動。

雖然體系結構中也強調了品牌，世界城市指向型以海外投資者及遊客為對象，提高品牌認知度及偏好度的戰略性目標最為優先，為此海外宣傳只能委託專業民間機關。民間企業不僅積累了各種媒體對於廣告費及效果等專業訊息，還可以實際專業管理各種媒體的廣告，因此，海外IMC戰略的樹立和實行，最好能夠受到專業機關的支援。但IMC戰略的訊息，要能反映該場地品牌體制性的宣傳／廣告型錄的製作，不應僅依靠民間企業，為了能夠形成更具有創意和挑戰性的型

錄，更需要建立官民網絡。

世界城市指向型雖以海外市場爲目標實行主要戰略，但仍需要建立城市民間的和諧與強化自豪感的計畫。作爲世界城市的紐約與巴黎等，居住在該城市的市民，也存在品牌化的傾向，也正代表了世界城市居民的威信（prestige）非常高。但是，雖然首爾市民被稱之爲「Seoulite」，作爲世界城市首爾市民的自豪感與「Seoulite」的品牌知名度一樣處於微弱的狀態。但隨著2002年世界盃的舉辦，韓國的高級城市也呈現驚人成熟的市民意識與市民行爲方式。需要積極建構類似於世界盃聲援當時的市民參與計畫與活動。爲此首爾有必要執行：第一，從恢復城市生活中市民間共同體意識的角度出發，籌備多種文化項目；第二，運營進一步提高市民自豪感的志願者活動等方法，來強化市民參與。

(二) 城市體制確立型場地品牌實行計畫

對於現在首爾的高級城市或地方大城市的地區條件，城市體制確立型是指城市的未來目標是向首爾國內首位城市的飛躍競爭。爲此，城市體制確立型的核心目標作用是確立現階段市民的地區體制性，提高他們對場地的熱情，作爲潛在市場不僅是首都圈地區，還需要對海外市場實行品牌行銷傳播戰略。

品牌體系結構的管理戰略與世界城市指向型一樣，城市行銷專責組織的構成較爲重要，而組織構成方式可能與世界城市指向型有所不同。海外市場的主要目標與世界城市指向型不同，城市體制確立型考察國內外的類型，因此，相較於與專業行銷企業及宣傳企業的連接合作，形成引導地區內市民團體、居民團體等城市品牌管理業務的網絡更爲重要。

當然，還有必要執行海外宣傳戰略初期階段的業務，在此情況中相比民間機關，強化國際交流與城市的連接的KOTRA、韓國旅遊公

司等國家行銷機關更加重要。即海外市場的知名度形成相較單調的城市品牌形象，在所謂韓國的國家品牌中形成更為有效。首爾衛星城市在此情況下，借用首爾大都會地區的首爾品牌形象也更加有效。

　　硬件品牌的建立，以提高市民便捷為目標，創造各種休閒空間尤為重要，與該城市能展現熱情關聯，相對於該地區自豪感較弱的市民而言，則需要擴充各種文化體育設施及公園等市民的休閒空間。即使國內市場是主要目標市場，作為潛在市場不能不考慮海外的消費者，為此可以應用代表地區的象徵物建構等實行手段，因此韓國的地方大城市與衛星城市因海外的品牌知名度較低，需要代表地區的空間性象徵戰略，類似水原市建有世界文化遺產華城等文化資產，以及基於現有資產為基礎的象徵空間化操作，為能讓現在促進亞洲文化中心城市事業的光州廣域市在新建造的文化設施中刻畫場地品牌形象，都屬硬件品牌建立。

　　品牌行銷傳播戰略包括：第一，以海外市場為目標實行的海外PR。第二，製作反映城市核心價值的創意性、挑戰型宣傳／廣告型錄。第三，實行提高城市居民榮譽感（prestige）的市民參與項目。第四，為確立城市體制性開展地區慶典等。

　　首先，考慮潛在市場之海外市場，品牌行銷戰略的實行很難推動類似世界城市指向型的IMC戰略。因為，該政府不但無法負擔以海外市場為對象實行綜合行銷傳播戰略的費用，還懷疑高額行銷是否能夠達成正比的行銷效果，與相較於耗費媒體費用的廣告方式，積極應用無需廣告費的海外PR，但是，傾力製作創意性、挑戰型海外宣傳內容型錄的方法比較有利。正如場地形象戰略專家所言，場地消費者在選定旅遊目的地的過程中，收集了已經傳播的訊息，從而形成了「引導的形象」，為了能夠在此過程中建立對該地區正面的場地形象，需要在宣傳型錄中反映出場地品牌體制性的積極形象。

　　另外，作為進一步確保該地區居民的場地體制性，應積極籌備提高對該地區熱情的計畫。即需要作為高級城市隨時可以穩定移居住民的市民參與計畫。世界城市指向型居民參與計畫是以市民的威信（prestige）為基礎，構成了志願者活動等，城市體制確立型的參與規劃，需要透過參與構成提高居民自信心的計畫。地區團體和居民團體正在促進的建立社區計畫可以成為事例，最具代表性的是，市民統一和參與地區舉辦慶典計畫等。

　　舉辦地區慶典非但是形成地區居民的場地體制性，還被應用為向外部人傳達地區形象的戰略。因此，此時地區慶典應發揮市民和諧，單純代表地區的文化觀光慶典的作用。

　　整理上述增長管理型場地品牌實行計畫，如表4-12。

表4-12　成長管理型品牌市場項目

類型	過程	品牌市場項目	主要實施手段
世界城市指向型	• 現在條件：韓國的數位城市 • 未來發展：世界城市指向 • 競爭城市亞洲的世界城市 • 核心戰略：海外投資者／造訪客維持	品牌管理	• 城市市場組織的構成及外部市場專家的聯繫強化 • 城市核心價值BI的品牌共有投資和觀光品牌開發
		硬件品牌建構	• 提供遊客一貫形象的街道家具等城市公共設計達到世界城市的環境水準 • 創出市民廣場／距離／公園等城市象徵空間
		品牌行銷	• 海外IMC戰略建立及實施 • 城市民間意識的長期性文化項目涵養 • 市民自豪心的資源活動實施

續表4-12

類型	過程	品牌市場項目	主要實施手段
城市體制確立型	• 現在條件：地方的數位城市 • 未來發展：國內數位城市指向 • 競爭城市：首爾衛星城市核心戰略：城市整體性確保及首爾潛在市場維持	品牌管理	• 城市市場行銷組織的構成及地區團體的聯繫強化 • 場地品牌的聯繫活用強化
		硬件品牌建構	• 提高城市市民的便利目標 • 可代表地區的地區象徵物建成
		品牌市場行銷	• 海外PR實施 • 城市核心價值反映的創意性、挑戰性宣傳／廣告內容製作 • 實施提高城市民榮譽感的市民參與項目 • 舉辦確立城市整體性的地區節日

出處：同圖4-1。

四、挑戰者型場地品牌實行計畫

(一) 形象變化型場地品牌實行計畫

　　形象變化型地區是由於多種原因形成了場地品牌的負面形象，需要將此變化爲正面形象的地區。從消費者心目中已經刻畫了現有場地品牌形象的角度出發，相較知名度低的形象強化型，反倒是很難刻畫新形象的地區。

　　地區的負面形象可能由多種原因形成。第一，作爲過去支配性產業衰退的荒廢地區。第二，帶動60至70年代韓國經濟的工業，目前正在衰退的產業支配地區。第三，因美軍基地或公共機關的轉移，一時因帶動地區發展的核心功能外洩而導致衰退的地區，也屬於這一型。

　　面臨多種原因的衰退問題，這些衰退地區的未來目標，將指向透過帶動衰退產業重組的新產業發展地區。此時，這些地區的競爭地

區將成爲新產業發展基地的國內大城市及部分中小城市。形象變化型場地品牌的核心目標戰略，當然是重新形成原有的形象，積極行銷新地區形象的目標，則是爲了吸引新的產業，不僅是投資者及新的居住者，不讓原居住人口和產業從事人員的人口流出，也是重要的戰略之一。

作爲品牌體系結構的管理戰略，挑戰者型構成地區行銷專責組織也很重要。尤其，形象變化型的場地品牌戰略相較於形象強化型或形象強化型，則是不容易推動場地品牌戰略，因此必須要構成專責的地區行銷組織。因爲需要用行銷調查時期來樹立的地區形象，進而設計該地區的場地品牌體制性，是否能夠適當地矯正爲新的形象，就需要專業品牌管理業務，因此與外部行銷專業機關的合作變得很重要。而且形象變化型場地品牌的戰略會引導新投資者來關注取代現有衰退產業或轉移產業，因此，需要積極開發連接場地品牌體制性的投資及旅遊品牌，作爲透過場地品牌及旅遊品牌向具體的目標傳達適當的訊息。

形象變化型場地品牌中，最爲重要的品牌行銷計畫是重建硬件品牌。產生衰退地區負面形象的最大原因是衰退且陳舊的建築物，如已不再使用的廢礦、廢工廠、廢店鋪、廢設施等地區殘敗的實體設施，形成了地區的實際形象，導致地區的負面品牌形象根深柢固。因此，形象變化型中積極曝光與過去形象不同的新增長形象固然重要，還需要品牌現實，即並行推動實體的改造事業，這與硬件品牌相關聯。

換言之，應積極謀求重新利用衰退設施及空間的方案，如已利用廢舊設施的博物館等文化空間活化，還有將廢舊淨水處理設施的原貌變更爲公園等休閒空間的事例。這意味著並非完全排斥或替代過去的遺產，而是按照自己的方式認定歷史性、地區性價值，透過廢舊設施的重建繼續維持，變更功能並應用的再生戰略。

與之並行者，還有透過以市中心爲中心的城市美觀改善事業等矯

正衰退形象的方法。並非矯正原有的設施及空間或重建的水準，而是完全創造嶄新的空間，將新產業創造爲多種複合消費文化空間，即屬於這一類。西歐的舊工業城市也爲了滿足高端技術產業從事人員的生活品質，應用了建設享受高級文化的藝術廳、創造複合消費空間、建設吸引遊客的會展中心等積極的硬件品牌戰略。韓國的地方團體相較形成複合消費文化空間，更加需要進行徹底的市場調查。與西歐的舊工業城市不同，考慮到海外市場空間狹小的韓國地方自治團體的條件，相較於創造會展中心或藝術廳等大型複合消費文化空間，應從擴充滿足地區居民文化需求的休閒空間層面上，創造符合腹地條件的規模空間。

　　品牌傳播戰略，第一是樹立並實行基於專業宣傳代理的IMC戰略。第二是製作反映新地區形象的各種宣傳／廣告型錄。第三是開展刷新形象的各種好東西。第四，以舊產業從事者爲對象，實施再就業培訓等社會文化福利計畫。地區爲了新一輪挑戰的新產業設廠區位，以國內外投資者與遊客爲目標，製作多種宣傳／廣告型錄，讓反映形象的宣傳訊息能夠有效傳達目標群體。尤其作爲刷新形象的傳播戰略，需要開展反映形象的各種活動，富川市的富川國際幻想電影節或東豆川的搖滾音樂節，都是基於這種目的開展傳播戰略。如果說上述三種計畫是以外部遊客／投資者爲目的的戰略，最後的實行手段就是爲地區內居住者，尤其是產業從事者的計畫。舊產業衰退的同時，失去工作的居民爲了尋找新的工作而移動的可能性較高，因此需要給予他們政策性鼓勵。從地區原有形象轉換至新形象的過程，需要經過很長時間的品牌行銷傳播戰略過程，因此需要爲在此過程中可能向其他地區轉移的居民提供再就業培訓、工作崗位等適當的社會文化福利。

(二)形象強化型場地品牌實行計畫

因相對落後，對該地區認知度較低的低發展地區的情況下，場地品牌戰略的核心目標將透過品牌行銷計畫及實行，提高該地區的知名度。這種情況下，核心目標事項相較海外市場是國內市場，不僅是吸引投資者及遊客，還將吸引居民設定爲主要目標之一。因爲，人口不足3萬人的自治團體爲了多吸引1名居民要付出多方面的努力是事實。

形象強化型場地品牌管理主體雖然不需要基於專責組織，該業務管理者與相關部門間的連接還是有必要強調。因爲，事實上，目前零散化個別運營的場地品牌實際狀況大致上都在形象強化型地區出現。尤其需要考慮地區特產品牌與場地品牌的連接，地區將特產品牌化，是爲了促進該商品的銷售，而特產品牌管理主體公共機關將開發品牌價值高的地區特產作爲提高地區知名度的戰略手段。儘管如此，地區特產品牌像個別商品品牌一樣變得個別化，沒有有效與場地品牌連接，也並沒有提高場地品牌力量是事實。形象強化型場地品牌實行計畫中，品牌體系結構的管理非常重要，不僅是建立與特產品牌的連接，還要考慮向該地區吸引遊客旅遊及慶典品牌的連接。

在形象強化型地區中，因對該地區的知名度較低，導致場地品牌形象的形成過程，即根源形象→引導形象→實際形象中，處於根源形象或引導形象階段的地區較多，即如果沒有良好地接受地區傳達的場地品牌體制性的訊息，會導致沒有該地區相關訊息的情況，雖然會透過言論媒體等，接收場地品牌形象的訊息，也會因至今都沒有直接到訪，而沒有強化實際形象。同時強烈影響實際形象強化的硬件品牌戰略，對於形象強化型的重要度相對較低。在這種情況下，最大方法是向潛在消費者曝光場地品牌形象的品牌傳播戰略，因此需要建設應用於PR等傳播戰略的代表性地區象徵物。但爲了能夠讓地區象徵物成爲言論媒體介紹的話題，應建構具有創意性的魅力建築。

　　形象強化型場地品牌傳播戰略：第一，開展吸引遊客的地區慶典。第二，透過地區慶典及地區特產的PR及基於PPL的場地品牌宣傳等執行。

　　與海外潛在消費者不同，將國內消費者作爲主要目標群的形象強化型地區與海外潛在消費者不同，是實際到訪該地區並建立實際形象可能性非常高的目標，即遊客第一次造訪地區之後，如果對該地區的偏好度較高，會形成再次造訪，積累這樣的造訪滿意度，引發積極向該地區移居態度的目標群。

　　重要的是，若需要樹立希望實際訪問該地區的核心傳播戰略，則需要開展代表地區的慶典。與具備全國流通網的地區特產不同，魅力的地區慶典是只有到訪該地才能夠體驗的活動，因此作爲投資者及遊客到訪該地的戰略，就需要開展地區慶典。慶典的由來，原來是居民間生活和諧表現，爲吸引外部人員爲目的的地區慶典，實爲指向文化觀光慶典。也積極出現於電視劇、電影、廣告、娛樂頻道等媒體，從而發揮間接廣告效果的PPL（Product in Placement），也是一種目標應用的實行手段。

　　最後，形象強化型的地區大部分爲低發展地區，自治團體的財政力度非常不佳，因此很難充分準備品牌行銷傳播的預算。所以，無需廣告費的PR，即事前爲言論媒體提供報導資料，透過媒體向客戶傳達該訊息的方式，應是最爲有效的宣傳戰略，傳送至言論媒體的無數自治團體相關報導資料中，宣傳內容本身要成爲引發選擇該訊息的對象，所以地區慶典與地區特產的開發，乃是形象強化型場地品牌戰略的主要因素，而開發的地區慶典和地區特產報導資料，即宣傳需要有創意性的內容並發布。

　　以下整理上述挑戰者型場地品牌行銷實行計畫如表4-13。

表4-13　挑戰者型品牌市場項目

類型	過程	品牌市場項目	主要實施手段
形象變化型	• 現在條件：舊產業及舊城市中心衰退地區 • 未來藍圖：新產業發展地區 • 競爭地區：國內大城市及中小城市 • 核心戰略：投資者／居住者維持及現存居住者的自信提高	品牌管理	• 建立地區行銷組織及外部行銷專家的聯繫強化 • 城市核心價值BI的品牌投資及觀光品牌的開發
		硬件品牌建構	• 強化舊工廠、空地等衰退空間的再活用方案 • 開發複合消費文化空間 • 以城市中心為中心的一個城市改善起點
		品牌市場交流	• 建立及實施專門宣傳的IMC戰略 • 反映新地區形象的各種宣傳／廣告內容 • 舉辦形象衰退的各種品牌 • 提供產業從業者多項的教育等社會文化措施
形象強化型	• 現在條件：落後地區 • 未來藍圖：發展地區 • 競爭地區：市郡地區 • 核心戰略：投資者／觀光客／居住維持	品牌管理	• 強化場地品牌業務管理者有關部門的聯繫性 • 強化地區特產品品牌和場地品牌聯繫活用 • 觀光及節日品牌的場地品牌聯繫
		硬件品牌建構	• 組成代表場地品牌的地區象徵物
		品牌市場交流	• 舉辦為觀光客維持的地區節日 • 實施地區節日及地區特產品的PR • 宣傳依據PPL的場地品牌

出處：同圖4-1。

　　本章依據李素英（2008）〈場地品牌應用狀況與實行戰略研究〉第六章編寫（出自韓國地方行政研究院）。

Chapter 5
城市品牌資產測量與管理

第一節　城市及場地品牌資產意義

　　要理解城市及場地品牌資產的內容，也得借重從商品或企業品牌資產著手，因此本節從商品或企業品牌資產概念說起，再導入城市及場地品牌資產的內容。

一、品牌資產及組成要素

　　根據美國行銷協會（American Marketing Association, AMA）所示，品牌定義為：「銷售者個人或團體賦予物品和服務特點，並以區別於競爭者物品和服務的目的創造名稱、語句、標識、商標或設計，以及它們的組合」。創造品牌的核心在於賦予一個商品特點，並為其選擇區別於其他商品的名稱、標誌、商標、包裝設計或屬性，我們將此稱之為「品牌要素」（brand elements）（Keller, 2007:36）。

　　「品牌資產」通常是指根據品牌形成的附加值概念。亦即當投入相同的行銷努力時，體現具有品牌力和不具有品牌力商品之間的利益差異。

　　研究者對於品牌資產的定義並不統一且多樣化，一般常用的是Aaker（1991）及Keller（1993）的定義。

　　根據Aaker（1991）所示，品牌資產是一個品牌與一個品牌的名稱及象徵相關資產與負債的總體，發揮了增加或減少商品或服務向企業與企業客戶供應價值的作用。Keller（1993）認為，「某些商品或服務因具有品牌產生了有望的行銷效果，是基於消費者對品牌的忠誠度而形成，透過客戶對品牌較高的知名度和強而有力的好意聯想而形成」品牌資產。尤其，基於客戶品牌資產（Customer Based Brand Equity, CBBE）的概念尤為重要，這是指透過品牌行銷活動形成的品牌知識，能創造出差別化客戶反映的效果。與沒有闡明品牌相比，闡明品牌時，消費者對商品或行銷方式更具好感，具備了正面的

品牌資產。與之相反，如果消費者對品牌行銷活動表示不友好，將成為無名品牌或比喻為假想名稱的商品，因此產生負面的品牌資產。

Keller的這種品牌資產定義有三個主要因素。第一，差別化效果；第二，品牌知識；第三，消費者對行銷活動的反映。第一，品牌資產可以在消費者反映中透過差別化要素形成，如果不能產生差別化，品牌商品只能是一般形態的商品，這種情況下，大部分的競爭將基於價格。第二，消費者反映的差異是隨著消費者對品牌的認識，也就是隨著時間的流逝，讓消費者的經驗對品牌形成瞭解、感受、視覺的結果，即品牌資產依靠存在於消費者心中的正面認知。第三，構成品牌資產的消費者差別化反映，體現在該品牌執行的所有行銷活動的相關認知、偏好、行動等。（Keller, 2007:95-96）

品牌資產的原則，終究是消費者對品牌具有的一種品牌意識（brand knowledge），Keller（1993）也認為，這是由品牌認知（brand awareness）和品牌形象（brand image）構成的。

除此之外，從主要學者的見解來看，Wells、Burnett和Moriarty（1992）認為是「為優秀商標名稱增加商品價值的好處」，Wilikie（1990）認為是「屬於品牌名稱的附加價值」，Bovee和Arens（1982）則定義為「對於任何品牌在一定期間內與競爭品牌相比，消費者、流通業者、銷售員等認知和感受的價值。」

(一) 品牌資產的組成要素

從有關品牌資產的定義來看，任何觀點上的品牌資產都是基於消費者而實現的。

Blackston（1992）認為，品牌資產的價值可以分為市場占有率表現的相對價值，和價格上漲或低價彈性表現的內在價值。企業觀點上的品牌資產，終究是基於客戶對行銷活動的差別反映實現的。

客戶對行銷活動的差別反映，可以根據客戶觀點上的品牌資產來

決定。而客戶形成的品牌資產是根據多種商品行銷活動在客戶心中形成的品牌知名度、品牌形象、感受的品質、品牌偏愛度、品牌忠誠度等。

　　客戶觀點上的這一品牌資產，終究具體化爲市場占有率、價格上漲、低價彈性等企業資產。因此，企業爲了建構強而有力的品牌資產對、強而有力的獨特聯想，在客戶心中建立品牌形象做出了多種行銷努力。

　　因此，品牌資產的組成要素是形成品牌資產的泉源，主要構成了消費者的心理要素，每位學者提出的組成要素都各不相同。

　　品牌資產的初期研究者Aaker（1991），提出了品牌知名度、品牌聯想形象（Associations）、消費者認識的商品品質、品牌忠誠度（Brand loyalty）、註冊商標或流通關係等其他要素以壟斷品牌資產（如表5-1）。

表5-1　Aaker的品牌資產組成要素

區分	評價項目
品牌 忠誠度	• 細分市場別品牌忠誠度水平 • 消費者是否滿意？ • 可以從以脫離該品牌的消費者爲對象進行的調查結果中知道什麼？ • 消費者爲何從該品牌更換爲其他品牌？ • 他們不滿意的原因是什麼？ • 消費者的不滿是與購買品牌相關的問題還是使用問題？ • 市場占有率和銷售趨勢是什麼？
品牌 知名度	• 品牌知名度在該市場的重要程度？ • 與競爭品牌相比知名度水平如何？ • 至今爲止的趨勢如何？ • 該品牌是否具有知名度？ • 品牌知名度是否存在問題？ • 如果要改善品牌知名度需要怎麼做？

續表5-1

區分	評價項目
消費者感受的商品品質	• 消費者是用什麼樣的方法判斷商品品質的？ • 對於消費者來說商品的某一面比較重要？ • 什麼是品質？ • 消費者主觀判斷的商品品牌差異比較重要，還是類似日常商品的商品品質差異沒有任何意義？ • 價格是否在逐漸下滑？ • 是否可以放緩下滑的速度，或者提高價格？ • 競爭者爲了提高消費者認識的商品品質，產生了什麼樣的變化？ • 在沒有品牌名稱且使用後評價商品的測試中，消費者將如何評價該品牌？ • 該評價結果是否隨著時間的流逝產生變化？
品牌聯想形象	• 該品牌具備了什麼樣的形象？ • 該形象是否具有競爭優勢？ • 是否具備了差別化優勢的標語或商標？ • 如何對該品牌與競爭品牌進行定位？ • 根據其價值和目標消費層的適當性，競爭品牌對比強度評價各個品牌定位時，什麼樣的定位最有價值且安全？ • 對於該品牌聯想到的是什麼？其中聯想最強的是什麼？
其他	• 與品牌名稱相關，除了至今爲止研討的以外，是否還具有其他重要的優勢？ • 是否具有重要的特許或商標權？ • 成爲競爭者障礙的流通優勢是什麼？

出處：Aaker（1991），這裡再引用自Aic（2000：50-52）。

　　Holden（1992）稱品牌資產會隨著消費者與特定品牌變得親切熟悉，而比其他品牌更加偏愛，並提出將品牌知名度和品牌偏愛度作爲品牌資產組成要素。Keller（1993）將品牌資產定義爲消費者對行銷活動的差別反映，並將這一反映稱之爲消費者記憶中對品牌的認識，其是基於品牌知名度和品牌形象形成。

　　此外，許多研究人員提出了品牌資產的組成要素，概括爲品牌認

知、品牌形象、品牌偏愛度、品牌滿意度、品牌態度、品質認識、品牌信賴度、品牌個性等。

表5-2　品牌資產組成要素

研究者	品牌資產組成要素
Aaker（1991）	品牌認知、感受的品質、品牌聯想形象、品牌忠誠度（其他的壟斷品牌資產）
Holden（1992）	品牌認知、品牌偏愛度
Keller（1993）	品牌認知、品牌形象
Kirmani和Zeithaml（1993）	感受的品質、感受的價值、品牌態度、品牌形象
Park and Srinivasan（1994）	品牌偏愛度
Cobb-Walgren, Ruble和Donthu（1995）	品牌認知、品牌形象、感受的品質
Na、Marshall和Keller（1999）	品牌認知力、品牌形象力、滿意度、忠誠度

　　Kirmani和Zeithaml（1993）分別將品牌資產的組成要素區分為品質認識角度、態度角度、價值角度、形象角度，並進行結構性分析。據Keller（2003）所示，基於客戶認識的品牌資產結構並不是一次性形成，而是類似認知→判斷→感性→態度，階段性地朝向更高水準參與度的方向進行發展，品牌化是為了強化基於客戶的品牌資產而由各種行銷計畫來形成的（如表5-2）。

　　韓國境內研究中，趙衡五等（1998）、金泰宇（2000）、李素英和樸基南（2000）、李正勳（2006：2007）、具子龍、李正勳（2008）等人也曾在效果階段模式的觀點上，根據消費者的心理發展階段，將現行研究的品牌資產組成要素分成認知、態度、行為等三個階段。品牌認知對品牌形象、品牌形象對品牌態度、品牌態度對品牌忠誠度產生影響，實證研究結果證明是存在的，如表5-3。

表5-3　效果階段模式觀點上的品牌資產構成要素

效果階段		組成要素	內容	主張學者
認知角度	單純認知角度	品牌認知 品牌詳記 最初詳記	對品牌的初步知識水準	Aaker, 1996; Keller, 1993 Martin and Brown, 1991; Kishnan and Chakravarti, 1993
	聯想形象	功能形象 象徵形象 經驗形象	對品牌的自發推論及經過評價過程發展的認知角度	Aaker, 1996; Keller, 1993; 樸燦秀，1992; Farquhar, 1989; Park, Jaworski and MacInnis, 1986
態度角度		品牌態度 品牌偏愛度	透過對品牌多種屬性的認知，聯想反映形成的綜合評價或好感度	Keller, 1993；Young and Rubicam, 1996
核心角度		購買意圖 品牌忠誠度	以對品牌個別、綜合評價為基礎，直接付諸行動的主管心理狀態	Lasser, 1995; Equitrend, 1996
		品牌採購 市場占有率 銷售額	透過實際行動實現的狀態	Lasser, 1995; Equitrend, 1996; Interbrand, 1996

出處：李訓英、樸基南，2000：166。

　　這種區分對於從消費者心理發展階段的層面上，進行體系化的研究具有意義。

二、城市及場地品牌資產及組成要素

(一) 城市及場地品牌資產組成要素

　　在企業與一般商品中，將已經運用的品牌戰略適用於城市與地區等場地時，始於場地可以發揮一個差別化品牌的作用前提。從現行品牌概念出發定義「場地品牌」（place brand）概念時，場地品牌意

味著「一個場地爲了區別於其他場地使用的名稱、記號、象徵物或者它們的組合。」（李素英，2008：24）

　　根據空間範圍，在國家水準上適用場地品牌可以引發國家品牌，在地區水準上適用可以引發場地品牌，在城市水準上適用可以引發城市品牌等。李素英、吳恩珠（2009）的研究對象是縣市政府的空間領域，都以城市及地區或農村爲範疇的，因此適用於城市及場地品牌。該研究爲了強調作爲城市及場地品牌戰略主體的縣市政府之作用，雖然特別稱之爲縣市政府品牌，但其內容特點與城市及場地品牌相同。

　　綜合現行品牌及場地品牌的定義來看，縣市政府品牌是指「縣市政府爲了區別於其他競爭縣市政府使用的名稱、記號、象徵物或它們的組合」。縣市政府品牌是指「透過讓消費者明白是什麼樣的縣市政府，引導對該縣市政府的良好認識和形象、態度的有形與無形的綜合品牌價值」。

　　與個別商品及企業品牌資產研究相比，有關城市及場地品牌資產的研究目前仍不足。城市及場地品牌的研究傾向，仍將焦點對準了樹立品牌戰略，並未擴散至城市及場地品牌資產價值評價等具體領域。

　　儘管如此，關於城市及場地品牌資產的先行研究仍尚存，最先代表性城市品牌概念的是Anholt（2005）的城市品牌指數。Anholt城市品牌指數模式，將城市品牌測定爲：①國際知名度與地位（The Presence）；②物理景觀與形象（The Place）；③經濟，教育機會（The Potential）；④城市生活的魅力與樂趣（The Pulse）；⑤居民的親切感與開發性、安全性（The People）；⑥生活基礎設施（The Prerequisites）等項目。他高喊了城市整體品牌知名度和品牌形象，除此之外，還有作爲潛在消費者可以享有的商品品質，以及規定了具體的城市屬性。

　　韓國學者姜勝圭（2006）將Aaker（1991）的品牌資產組成要素適用於城市品牌資產組成要素中，表示可以分析由城市品牌知名度、城市知覺的品質、城市品牌忠誠度、城市品牌個性構成的城市品牌資產組成要素之間的因果關係。城市品牌資產也可以像商品品牌資產組成要素一樣進行分析。

　　樸東秀、黃明淑（2007）開發了考慮到行銷場地品牌要素文化接近性、地區形象、認知以及自治體支援等場地品牌資產和競爭力模式，並稱這樣形成的資產會影響地區競爭力。

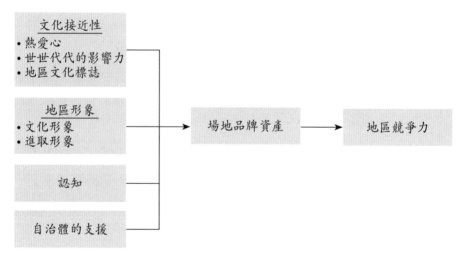

圖5-1　場地品牌資產組成要素

出處：樸東秀、黃明淑，2007：342。

　　李正勳（2006）為了評價場地品牌資產，將Anholt城市品牌指數（CBI）使用的6大項目分別規定為居住、旅遊、投資的3大領域，評價了品牌形象、偏愛度、態度等。之後的研究（李正勳，2007；具子龍、李正勳，2008）則考慮到現行模式中沒有考慮到的城市品牌資產組成要素之間的因果關係，將城市品牌資產組成要素分成認知角度、態度角度、行為角度，從認知角度上將居住形象、旅遊形

象、投資形象，態度角度上將品牌態度，行爲角度上將品牌忠誠度作爲測定項目進行了分析。

表5-4　城市品牌資產組成要素

認識 （Awareness）		態度 （Attitude）	行動 （Action）
居住形象	教育／交通／文化／親切／名聲等		
旅遊形象	旅遊景觀／文化遺產／住宿設施／娛樂設施／發展度／魅力等	品牌關係性	品牌忠誠度
投資形象	投資機會／人才／國際產業中心／國家產業寄予度／發展可能性等		

出處：李正勳，2007：67。

從現行研究來看，城市及場地品牌資產的組成要素由兩個層面構成。第一個層面是一般商品和企業品牌資產相同，隨著消費者對該城市及場地品牌的心理發展階段，按照認知、態度、行爲等過程，設定了城市及場地品牌資產組成要素。第二個層面是考慮具有所謂城市及地區空間屬性的多種層面。例如：城市及場地品牌形象的情況下，組成要素將根據該城市及地區具備的多種形象要素變得更加細分化。兩個層面中，前者借用了品牌資產組成要素，後者考慮到了所謂城市的場地屬性。

(二) 城市及地區競爭力組成要素

形成品牌形象的多種聯想中，與商品屬性相關的聯想之一感知的品質（perceived quality），意味著對消費者認識的特定品牌的整體品質水準（Keller, 1993）。

對於城市及場地品牌形象，消費者的整體印象與城市及地區多種商品屬性相關，各種組成項目都可以考慮在城市競爭力指標項目中成爲消費者調查可測定的項目。

　　首爾市政開發研究院、野村研究所（2003）在所謂全球化指向性的問題意識下測定了城市競爭力，以共同部門、R&D部門、金融部門、物流部門、會展部門等為測量部門，並按照市場要素、人力資源要素、政府政策要素、事業環境要素、生活品質等5個要素，分別掌握了各個測定部門的發達程度及潛力如表5-5。

表5-5　首爾市政開發研究院、野村研究所城市競爭力指標

區分		共同部門	R&D部門	金融部門	物流部門	會展部門
市場	定量	• 首都圈內多國企業工廠數量 • 本國企業的國際競爭力	• 外籍R&D中心選址現況 • 出口商品中尖端商品比率 • 註冊許可數/居民別許可數 • GRDP對比總研究費	• 個人金融資產規模 • 企業信貸規模 • 股份、債權發行規模 • 國際債權發行數額 • 金融企業進駐現況 • 上市的外國企業數量 • FDI • GDP • 機關投資者的金融資產規模 • M&A市場活性化程度		• 會展舉辦頻率 • 航空外國入境者人數
	定性	消費者特點		金融市場的多樣化	主要企業亞洲據點現況	
人力資源	定量	英語會話可行人數	人口對比研究人員數			• 國際會議策劃者 • 同聲翻譯人數
	定性	海外人際網	技術者與研究者基礎研究水平	• 財務專家團隊是否存在人才培養機關		

續表5-5

區分		共同部門	R&D部門	金融部門	物流部門	會展部門
政府政策	定量	• 法人稅 • 收入所得稅 • 附加值稅 • 稅金獎勵 • 資本／金融支援 • 物理支援				
	定性	• 外國企業的差別程度 • 財會透明性 • 外匯管理政策	• 知識財產權管理政策 • 商務人脈的重要性	• 銀行相關管制 • 中央銀行的政策適當性		
事業環境	定量	• 航空可接近的城市數量 • 主要航空別航班數 • 機場鄰近性 • 特級酒店數量 • 道路／通信基礎設施 • 大事業者服務 • 資金調度條件 • 風險資本投資規模		• 辦公室租賃費 • 國際金融機關的選址 • 外匯儲備量	• 機場物流處理規模 • 國際航班乘客數 • 港口物流處理規模 • 港口接近性 • 物流費（CIF/FOB比率）	
	定性	• 透明性指標 • 城市危險度指標 • 國家信用度	商務人脈的重要性			

續表5-5

區分		共同部門	R&D部門	金融部門	物流部門	會展部門
生活品質	定量	• 外國學校數量 • 犯罪率 • 大氣汙染度				
	定性	• 城市安全性 • 對外國人的排外感情 • 對外國企業的態度 • 外國人出入境便捷性 • 行政服務的英語通用	外國人就業便利性			• 多種娛樂 • 文化設施水準 • 生活訊息 • 購物魅力 • 外國人傳媒活性化 • 城市基礎設施的外國語標記程度

出處：李素英、吳恩珠，2009。

　　各部門的五個要素由定量指標和定性指標構成，其中定性指標利用IMD的國家競爭力評價、NRI專家的調查，與其他調查結果進行了測量。

表5-6　三星經濟研究所的城市競爭力評價項目

3大部門	10個變數群
經濟條件（4）	經濟水準、經營環境、國際化、城市基礎
生活品質（5）	生活環境、教育、社會福利、城市安全、文化休閒
市民意識（1）	市民意識

出處：同表5-5。

　　三星經濟研究所（1997）的城市競爭力評價研究中，在強調「經濟條件」的階段更進一步，將「生活品質」和「市民意識」作為

主要比較基準進行了測量，如表5-6。此外，在多種世界城市競爭力評價項目中不僅考慮了經濟，同時還考慮到了文化、環境、休閒、市民、基礎設施等如表5-7。

表5-7　世界城市競爭力評價項目

區分	中國社會科學院	PricewaterhouseCoopers
經濟	• 企業文化、制度、運營等 • 製造、金融等產業結構 • 市場規模、R&D等條件 • 多國企業本部及企業	• 全球企業本部數量、金融、服務業從業人數 • 通貨膨脹、股份保護、通貨力 • 雇傭、罷免、FDI容易性
文化	• 世界遺產 • 頂級大學數量及大學數量 • 文化水準 • 特許數量	• 高學歷者、500強大學數量、10大MBA大學數量等 • 遊客人數
環境	• 自然環境、環境水準等 • 洪水處理率 • 二氧化碳排放量	• 自然災害、政治社會環境 • 空氣清新性、綠地空間
休閒	• 居住、度假	• 生活費、購買力、稅金賦予 • 休閒、上班時間等
市民	• 健康、教育水準等 • 大學以上學歷的人口數量	• 經濟活動人口、人口分析
基礎設施	• 市場制度、公共服務等軟環境 • 陸地、海運、航空等次數 • 特級酒店	• 出租、地鐵等交通 • 航空運行次數 • 大廈建設認可等 • 酒店、住宅、醫院的數量

出處：再引用自PricewaterhouseCoopers, Cities of Opportunity, 2008；中國社會科學院，世界城市競爭力評價2006-2007，李鐵善，2009。

從上述結果來看，城市競爭力的組成要素與Anholt提出的城市品牌組成要素一樣，考慮到了經濟條件、生活品質、市民認識等層面。

用於體現城市競爭力指標的城市競爭力和城市品牌，最大差異是城市競爭力不僅考慮到了軟實力，甚至考慮到了硬實力，而城市品牌僅僅考慮了軟實力而已。即考慮城市經濟性層面的情況下，城市競爭力指標雖然可以運用多國企業的工廠數量、出口商品中尖端商品比率、個人金融資產規模等實物經濟的定量指標，但城市品牌要強調城市具有消費者認識的知名良好企業。

城市競爭力指標的對象不僅是定量指標，還有定性指標。因此在城市及場地品牌中考慮到場地屬性的情況下，是可以考慮城市競爭力指標的定性指標項目。

第二節　城市及場地品牌資產測量方法

一、品牌資產測定方法

將品牌資產基於資源投入的可視性成果進行分類，可以分成基於投入過程中形成的品牌形象或知名度等原因的行銷觀點，和因企業銷售額、市場占有率、溢價提升的結果性層面之財務觀點等。（樸文起，2003）

表5-8　品牌資產測定方法

行銷接近方法 （Marketing Approach）		財務接近方法 （Financial Approach）			綜合接近方法 （Integration Approach）
貨幣價值	指數 （Index）	貨幣價值			貨幣價值
		Cost Approach	Market Approach	Income Approach	
Brand-based comparative	Brand Equity Ten (D. Aaker)	Historical Cost Analysis	Analysis Using Stock Price	Residual Analysis	Interbrand Model

續表5-8

行銷接近方法 （Marketing Approach）		財務接近方法 （Financial Approach）			綜合接近方法 （Integration Approach）
貨幣價值	指數 （Index）	貨幣價值			貨幣價值
		Cost Approach	Market Approach	Income Approach	
Marketing based comparative	BAW (Yound & Rubicam)	Replacement Cost Analysis	Sates-based Comparative	Premium Price Model	Exposure Frequency Model
Conjoint Analysis	K-BPI	Reproduction Cost Analysis	BSPV Analysis	Gross Profit Analysis	Ommibrand Model
Equity Map II (C. Park)	DBPI			Operating Profit Analysis	IPS Approach
K-BEAM	Equitrend			Royalty Analysis	

出處：Keller, 1997；樸文起，2003。

　　因此，測定品牌資產的方法是客戶對行銷活動的差別反映。即，區分為客戶觀點上測定品牌資產的方法和具體化為企業銷售額測定企業資產的方法。前者引發了行銷接近法，後者引發了財務接近法以及綜合接近法如表5-8。

(一)行銷接近法

　　Mahajan等人（1990）在嘗試的品牌基礎比較分析（Brand-Based Comparative Approach）提及相同的行銷計畫的情況下，給一個集團提出目標品牌，給另一個集團提出競爭品牌或假想品牌，實驗消費者對商品或行銷計畫要素的反應如何，並測定品牌資產的方法。

一種盲測（Blind Test）的代表性事例是可口可樂和百事可樂的實驗。當蒙上顧客的眼睛進行品嘗的結果顯示，百事可樂的偏愛度比可口可樂高7%，暴露品牌後品嘗的結果顯示，可口可樂高出了42%。

韓國每日經濟報社發表的品牌資產價值法K-BEAM（Korea Brand Equity Assessment Methodology），是將商標的整體價值綜合認識價值（商標知名度、商標形象、認識的品質）、商標購買傾向、年採購量、市場占有率等算出的。

商標的純粹價值是在商標的整體價值上提升企業效果的部分，三星Anycall意味著除了三星價值以外的部分，與沒有商標的假想新品相比，算出了1年內在國內市場可能購買的純附加值。

代替貨幣價值利用指數化計算方式的事例，包括Aaker（1996）提出的BET（Brand Equity Ten）。BET由類似忠誠度、感知的品牌、聯想、認知、市場行為等5種分類和10個測定項目構成，是將各個指標的合算值換算為品牌資產指數，如表5-9。

表5-9　Brand Equity Ten的測定項目

分類	測定項目	測定方法
品牌忠誠度	價格上漲	Dollar Metric, Conjoint, Trade-off
	滿意度、忠誠度	滿意度、期待忠誠度、再採購意向、推薦意向
感知的品質／領導力	感知的品質	客戶評價的品質測定
	領導力及評判	商品群的人氣、引導、革新評價
品牌聯想／差別性	認識的價值	對比價格的價值評價
	個性	興趣度、形象、歷史等評價
	組織形象聯想	信賴度、與公司的關係等評價
知名度	知名度	輔助認知、非輔助記憶、最初認知的評價

續表5-9

分類	測定項目	測定方法
市場行為	市場占有率	出庫量、銷售量評價
	價格流通到達範圍	消費者與流通到達距離、品牌銷售流通點比率

出處：再引用自Aaker（1996），樸文起（2003：174）。

　　但是，BET結合結果指數忠誠度、市場行為等共同考慮了原因指數知名度、感知的品質、品牌聯想等，其缺失在於被指出存在沒有考慮到時間要素的限制。

　　韓國能率協會諮詢公司發表的K-BPI（Korea-Brand Power Index），以消費生活密切相關的韓國主要產業為對象，調查了消費者的觀點，進行指數化並用於個別品牌指數評價內容的測定項目有知名度、形象、採購可能性、偏愛度、滿意度等。

(二)財務接近法

　　財務接近法有為了建構現行成功的品牌依據過去投入費用的費用接近法（Cost Approach）：掌握類似於該品牌在市場的交易量有多少，並評價現行品牌價格的市場接近法（Market Approach）：利用現行品牌基於未來可以創造多少收益的收益接近法（Income Approach）。

　　費用接近法有重新採用於與現行品相同款式，同一商品的品牌時，根據再採買費用與原先費用比較。雖然可以與現行成功品牌款式或形態不相同，但是為了創造相同效用的品牌，就能分析所需費用能否代替原價接近方式。

　　市場接近法利用企業品牌上漲的股價評價品牌資產，則利用股價分析法（Analysis Using Stock Price），網路銷售個別品牌的品牌交易網開發的BSPV（Brand Stock Price Value），與類似屬性的品牌

相比評價的基於銷售事例比較法（Sales-Based Comparative）。

　　收益接近法如AUS諮詢公司在美國、歐洲等地執行了30年，包括：漲價價格分析（Premium Price Analysis）、銷售總收益分析法（Gross Profit Analysis）、營業收益分析法（Operating Profit Analysis）、利用忠誠度的分析法（Royalty Analysis）、現金流動折扣分析法（Discounted Cash Flow Analysis）等。

(三) 綜合接近法

　　結合行銷層面和財務層面的綜合接近法的代表性方法是Interbrand公司的品牌資產測定方法。Interbaran Model是在品牌強度上乘以品牌利益進行測定，在這裡品牌強度相當於行銷接近法，品牌收益相當於財務接近法。

　　首先，明確實際品牌獲取的收入和現金收入，在未來現金收入中，適用過去收入一定乘數的折扣率，並將其收益計算爲現價。

　　計算品牌收益性時，應拋開與品牌無關的事項。即沒有來自於品牌體制性的收益性要素（①品牌銷售原價、②行銷費用、③變動間接費，固定間接費、④資本費用的補償、⑤稅金），爲了調整品牌收益，應對品牌強度（測定項目有：①領導力、②穩定性、③市場性、④國際性、⑤趨勢、⑥支援、⑦法律保護）實施深層評價如表5-10。

表5-10　Interbrand公司的品牌資產評價方法

區分	詳細內容
平均銷售額	①2年前銷售額×1/3＋1年前銷售額×2/3
平均營業收入	②平均銷售額－平均銷售價－平均銷售管事費
無品牌營業收入	③評價對象品牌所屬的（資本／銷售）比率算定
	④假設無品牌的商品（營業利潤／資本）比率爲5%
	⑤無品牌營業收入＝①×③×④

續表5-10

區分	詳細內容	
品牌引發的營業收入	⑥＝②－⑤	
法人稅	⑦	
稅後品牌營業收入	⑧＝⑥－⑦	
品牌強度	⑨按照產業別算出品牌強度之後，調整競爭力較高產業的強度（平均4～20）	
品牌資產評估	**評價項目**	**內容**
	領導力（25%）	在企業所屬的該市場領域評價品牌定位
	穩定性（15%）	評價品牌在市場的穩定性、信賴性
	市場性（10%）	評價品牌特化的市場環境、經濟環境、競爭狀況的市場性
	國際性（25%）	評價海外行銷戰略開展能力或戰略性用意可能性
	趨勢（10%）	評價品牌事業領域的擴大可能性、方向性
	支援能力（10%）	品質性地評價如何控制品牌、如何進行經營資源分配
	法律保護性（5%）	評價品牌的法律保護及商標管理體系
品牌資產	⑧×⑨	

出處：Interbrand（1997），在這裡再引用自樸文起（2003：232-235）。

　　Interbrand根據上述品牌資產測定方法，將每年的品牌資產價值換算為貨幣價值並進行發表，2008年被評價為創造約667億萬美元品牌價值的可口可樂，繼2007年之後占據了全球品牌的第一位，韓國企業中，三星電子以約177億萬美元的價值位居21位，現代汽車以約48億萬美元的價值位居72位。（Interbrand, 2008）

　　韓國產業政策研究院（Industrial Policy Studies）的品牌資產評價模式，建構了綜合模式。將在品牌營業收入上乘以品牌魅力指數（Brand Power Index），算出品牌資產價值。由於每個產業對品牌銷售產生的影響程度（品牌依賴度）不同，因此，為了反映出這一點考慮了產業指數，可透過專家問卷調查導出指數。

表5-11　IPS的品牌資產評價方法

區分	詳細內容
加權平均銷售額	①3年前銷售額×1/6＋2年前銷售額×2/6＋1年前銷售額×3/6
加權平均營業收入	②3年前營業收入×1/6＋2年前營業收入×2/6＋1年前營業收入×3/6
產業平均營業收入	③算出評價對象公司所屬行業的平均營業收入
產業指數 （Industry Index）	④透過產業平均營業收入導出產業指數
品牌營業收入	考慮⑤＝①、②、③、④
品牌魅力指數 （Brand Power Index）	⑥由品牌知名度、品牌聯想、感知的品質、其他壟斷性資產構成，按照產業別算出品牌指數之後，對競爭力較高的產業進行指數化調整
品牌資產	⑤×⑥

出處：產業政策研究院網站（hppt://www.ips.or.kr/）及樸文起（2003：248）。

　　品牌魅力指數根據Aaker的理論，由品牌知名度、感知的品質、品牌聯想、其他壟斷性資產構成。

二、城市及場地品牌資產測定方法

(一) 行銷接近法

　　城市品牌資產的代表性測定方法有每年以18至20國家約20,000

名消費者為對象，實施城市品牌認知調查，發表世界城市品牌順序的
Anholt城市品牌指數（Anholt city brand index）。

第一，存在感（Presence）是指城市的國際地位，利用人們是否
熟悉城市、人們是否實際訪問了該城市、城市因什麼而聞名、各城
市寄予多少世界文化和科學等，過去30年城市的統治方式等變數衡
量。

第二，場地（Place）是人們認識的各個城市實體層面，意味著
城市的美麗、氣候等主體屬性，利用到戶外空間或城市旅行時，人們
是否感到快樂、認為城市多麼美麗、氣候如何等變數衡量。

第三，潛力（Potential）是指城市為遊客、企業家、遷居者提供
的城市經濟和教育機會，利用城市求職時是否容易，城市是否為好經
營企業的地方，是否可以接受到高等教育等問題來衡量。

第四，生動感（pulse）是城市的魅力和生活方式。包含具有生
動感的城市生活方式是城市形象重要因素的想法。利用人們認為城市
多麼令人興奮（exciting），無論是短期遊客還是長期居住者，多麼
容易發現這種興奮等變數衡量。

表5-12　Anholt城市品牌指數測定項目

區分	測定項目
存在感（presence）	• 親密度 • 實際訪問 • 有名度 • 世界文化／科學寄予度 • 30年間城市統治方式
場地（place）	• 旅行時的快感度 • 城市的外向美觀 • 氣候的舒適度
潛力（potential）	• 就業容易度 • 好經營企業的地方 • 高等教育機會

續表5-12

區分	測定項目
生動感（pulse）	• 令人興奮（exciting） • 令人興奮的接近度
人們（people）	• 對外來人的親切度 • 對外來人的開放度 • 安全感
基礎條件（prerequisites）	• 居住便捷性 • 住宿設施接近性 • 公共設施（學校／醫院／體育設施）滿意度

出處：Anholt, 2005。

第五，人們（people）意味著創建城市者的親切和文化多樣性等，利用人們對待外來人是否具有親切溫和或冰冷的偏見，是否能夠發現與外來人共享的語言和文化傳媒，並且在傳媒中輕鬆生活，最重要的是在城市生活是否感受到安全感等變數衡量。

第六，基礎條件（prerequisites）意味著酒店、學校、大眾交通及體育設施等城市的基礎設施，生活利用如何，是否容易找到滿意且可收容的住宿設施，認為學校、醫院、大眾交通、體育設施等公共設施的一般水準如何等變數衡量。

根據Anholt城市品牌指數顯示（The Anholt City Brands Index, 2006），被評價為城市品牌價值最高的地方是澳大利亞的雪梨，其次是倫敦、巴黎、羅馬、紐約。韓國的首爾僅僅排在44位，與東京、新加坡、香港、北京等其他亞洲競爭城市相比也呈現了較低的水準。

李正勳（2006）為了評價場地品牌資產，將Anholt城市品牌資產指數（CBI）使用的六大項目更規定為居住、旅遊、投資等三大領域，從CBI六大項目的觀點上，評價了各個領域，並選擇了整體合算的方式。以16個廣域自治團體為對象實施了消費者調查，測定了對

居住、旅遊、投資等感知的品質和整體偏愛度、態度，利用透過迴歸分析生成的β（beta）係數，反映了加權值。在這裡給首爾100分的基準之後，就可針對其他廣域團體進行相對分數差距比較。是韓國最早樹立了評價場地品牌資產的模式，具有研究意義，但其缺失在於將韓國場地品牌資產的測定項目規定為世界城市品牌測定項目，同時沒有對項目間的加權值進行另行調查，以首爾為基準進行相對比較，是無法按照個別城市品牌別進行可持續指數管理的問題。

此後，李正勳（2007）和具子龍、李正勳（2008）考慮到現行模式中沒有考慮到的品牌資產組成要素之間的因果關係，因此運用了將影響係數用作加權值算出最終指數的方式。將城市品牌資產組成要素分成認知層面、態度層面、行為層面，將認知層面的居住形象、旅遊形象、投資形象，態度層面的品牌態度，行為層面的品牌忠誠度作為測定項目進行分析。

雖然計畫在各個效果階段闡明因果關係，但仍未能將認知層面上最重要的城市品牌知名度反映在指標中，會讓比較對象較多的基礎自治團體不容易使用。

(二) 混合接近法

李鐵善（2009）選擇類似行銷接近法和財務接近法統合的Interbrand模式，混合接近法測定了城市品牌資產價值。

表5-13　根據混合接近法的城市品牌資產評價方法

區分	詳細內容	東京	倫敦	華盛頓	首爾
GRDP/GVA	①城市生產的總附加值之和，倫敦的情況下適用GVA，其他城市適用GRDP	8,496,554	4,270,225	2,892,321	2,078,115

續表5-13

區分	詳細內容	東京	倫敦	華盛頓	首爾
有形資產收益	②有形資產＝各城市地區的有形資產，形成了總固定資本，包含庫存資產變動	1,840,985	789,992	543,756	394,646
	③金利（％）＝使用OECD國家債權1年金利	1.7	5.0	4.6	5.4
	④小計＝②×③	31,297	39,500	25,013	21,311
無形資產收益	⑤小計＝①－④	8,465,297	4,230,725	2,867,308	2,056,804
	⑥品牌魅力（％）＝將中國社會科學院500強城市競爭力評價分數用於加權值	79.0	94.4	69.6	61.7
	⑦品牌價值＝⑤×⑥	6,688,983	3,994,224	1,996,793	1,269,048
	⑧非品牌價值＝⑤–⑦（利用地區財產權、營業權等品牌以外的無形資產取得的收放）	1,776,273	236,498	870,515	787,7556
	ＧＲＤＰ／ＧＶＡ對比（％）	78.7	93.5	69.0	61.1
比率	首爾對比（％）	527.1	314.7	157.3	100

出處：李鐵善，2009：16。

　　各城市計算出生產總附加值之和，再扣除各城市地區有形資產（含總固定成本、庫存資產變動），將該值乘上品牌魅力，可得出品牌價值。

　　但是，在該過程中使用的品牌力（％）是由中國社會科學院100％換算500強城市競爭力評價指數順序之後，按照順序別適用了

加權值，相較將城市品牌價值換算爲貨幣價值，是將城市競爭力評價指數換算爲貨幣價值。

表5-14　2007年城市品牌價值評價

區分	東京	倫敦	華盛頓	首爾	蔚山	釜山	仁川	大邱	大田	廣州
城市品牌價值（組員）	668.8	399.4	199.6	126.9	14.8	12.5	11.5	6.1	5.7	4.0
GRDP對比（%）	78.7	93.5	69.0	61.1	31.9	24.5	26.3	20.9	29.3	20.2
首爾對比（%）	527.1	314.7	157.3	100.0	11.7	9.9	9.1	4.9	4.6	3.2
全年對比上升率（%）	16.6	9.5	5.8	10.0	35.2	-9.2	-	-	-	-

出處：李鐵善，2009：3-4。

　　與城市競爭力指數及其他城市的相關指標不同，城市品牌資產在消費者觀點上查看的評價尤爲重要，爲此必須要進行消費者調查。

　　如果說個別城市及場地品牌資產可以進行指數化，從長遠角度上可以根據混合接近法，將城市及場地品牌價值測定爲貨幣價值。

第三節　城市與地方政府品牌資產的運作

一、城市與地方政府品牌資產指數的組成要素

　　早期品牌資產組成要素相關研究人員的主要論點是著重在行爲層面的品牌資產要素。Aaker（1991）、Keller（1993）則著重在態度層面做品牌資產要素：品牌認知和形象。

　　Cobb-Walgren、Ruble和Donthu（1995）認爲，消費者行動與消費者對品牌的感知是同步的，行動的測定雖然可以理解爲是品牌資

產的存在，行動測定卻並未明確消費者心中的內在，即可謂行動層面組成要素的品牌忠誠度等，雖然可以成為體現品牌資產存在和強度的指標，卻未能明示品牌資產的形成源泉。因此，其研究並未將初期學者Aaker（1991）提示的行為層面組成要素——品牌忠誠度，納入品牌資產的組成要素，而是主張視為品牌資產的結果變數更為妥當。

李素英、吳恩珠對於行為層面，也就是對該縣市政府的訪問、投資、居住經驗和再造訪、再投資、再居住意向等忠誠度，即相較將品牌忠誠度掌握為縣市政府品牌資產的組成要素，同時也從建立的縣市政府品牌資產導致的結果層面上進行瞭解。即在測定縣市政府品牌資產的模式中，考慮認知層面和態度層面。

認知層面上的單純認知和聯想認知，可以各自由縣市政府品牌認知和縣市政府品牌形象構成。

品牌認知（brand awareness）是潛在採購者對於特定品牌具備識別（recognition）和回憶（recall）的能力（Aaker, 1991），如果消費者能夠回憶特定縣市政府品牌，便說明認識該縣市政府的品牌。

品牌形象（Brand Image）是指消費者對該品牌的整體印象，這樣的品牌形象是結合品牌相關的各種聯想形成的。即品牌形象是指消費者對該品牌形成的一連串組織化感知。

品牌態度定義為消費者對一個品牌的整體評價（Wilkie, 1990），可以從態度層面上考慮。

為了形成基於消費者的品牌資產，縣市政府有就需要投入行銷活動，縣市政府的品牌行銷活動，可以考慮為城市及地區促進消費者居住、旅遊、投資等層面的行銷活動。因此，消費者對一個縣市政府採取的認知層面和態度層面，可以分成城市及地區行銷主要目的：①居住層面；②投資層面；③旅遊層面進行考慮。

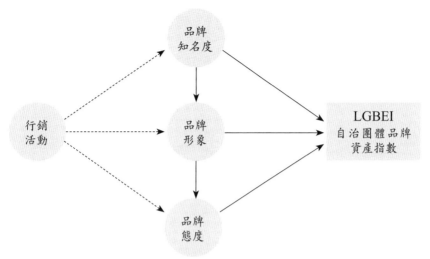

圖5-2　縣市政府品牌資產測定模式

出處：同表5-5。

二、縣市政府品牌資產指數測定項目及指數化方案

(一) 縣市政府品牌資產指數測定項目

　　縣市政府品牌知名度，可以測定為消費者對特定縣市政府品牌的熟悉度。

　　根據Aaker（1991）所示，從品牌認知由概念最弱的輔助認知到最強知名度的最初記憶等多種範圍構成。輔助認知是指在某種商品分類內有各種品牌名稱的狀況下，瞭解應答者以前是否聽說過品牌名稱，非輔助記憶是讓應答者在一個商品分類中，自由列舉想起的品牌，由於沒有給出品牌名稱，因此作答難易度遠比輔助認知更高，也強烈反映了品牌的市場地位。

最初
想起
（Top of
Mind）

非輔助記憶
（Brand Recall）

輔助記憶
（Brand Recognition）

不認識
（Unaware of Brand）

圖5-3　品牌認識金字塔

出處：Aaker（1991），這裡再引用自Aaker（2000：92）。

　　在非輔助記憶中，最先想起的品牌，是該品牌在面臨與各種品牌
競爭的環境下，能在消費者心中占據特別的位置。

　　縣市政府的品牌與商品品牌相比，消費者的輔助認知率較高，因
此作為測定項目應拋開無意義的輔助認知，僅選擇最初記憶和非輔助
記憶作為測定項目。

　　另外，在形成品牌形象的各種聯想中，與商品屬性相關的聯想之
一感知品質（perceived quality），則是消費者認識到的特定品牌整
體品質水準（Keller, 1993）。

　　消費者對縣市政府品牌形象的整體印象，還與該縣市政府城市及
地區的多種場地說明相關，各個組成項目都可以考慮作為調查城市競
爭力指標項目來進行消費者品牌資產調查項目。

　　城市及地區的場地消費行為，大致分類為居住、投資、旅遊，鑑於城市及地區行銷的主要目標在於吸引居民、投資商和遊客，城市品牌形象中可以考慮的各領域評價目標，在居住層面上有交通、環境、教育、安全、福利；在投資層面上有地區經濟發展程度、經濟活動機會、投資價值、人力資源、世界化；旅遊層面上有魅力程度、文化、旅遊基礎設施、親切度等。

　　從縣市政府品牌態度的層面來看，可以將對於該縣市政府的好感程度，測定為引發城市及地區行銷三種態度變化目的的層面。即如果是對縣市政府具有積極印象的消費者，可能會對該縣市政府產生訪問、投資、居住的需求，因此考慮將各領域的好感程度和場地消費意向作為態度的測定項目。

表5-15　縣市政府品牌資產組成要素及測定項目

區分	居住	投資	旅遊
品牌認知	• 最初記憶 • 非輔助記憶		
品牌形象	• 交通 • 環境 • 教育 • 安全 • 福利	• 地區經濟發展程度 • 經濟活動機會 • 投資價值 • 人力資源 • 世界化	• 魅力程度 • 知名度 • 文化 • 旅遊基礎設施 • 親切
品牌態度	• 居住偏好 • 居住意向	• 投資偏好 • 投資意向	• 旅遊偏好 • 旅遊意向

出處：同表5-5。

(二)縣市政府品牌資產指數化方案

1.問卷問題的組成及調查概要

李素英、吳恩珠將以上測定項目構成結構化的問卷，並實施了

消費者調查。本研究以使用網絡電話面談調查（Computer Aided Telephone Interview, CATI）方法爲前提，設計了消費者調查。

問卷試題根據前面提及的品牌資產結構要素框架進行了組織化。對於個別市郡，各自提問了品牌知名度、品牌形象、品牌態度。對於品牌知名度選擇了非輔助最初記憶接近，對於品牌形象和品牌態度按照品牌居住、投資、觀光等三大領域別提問了詳細項目。即，關於品牌知名度解決了電話問卷的時間制約，利用問到全羅北道馬上想到的地區是哪裡（「按照順序列舉記憶中五個在全羅北道的市／郡（基礎自治團體）」）的方式，採取了非輔助最初記憶方式。關於品牌形象按照三大領域別提問了5個項目，共有15個項目組成。與品牌形象相同，對於三大領域由詳細項目和品牌態度（三大領域別各2個項目，共6個項目）的問題構成。

另外，調查對象選定了同一個區域的市郡。區域的設定也可以區分爲實用政府地區發展政策5+2的區域，但是在這樣的情況下，一個區域內最多可以存在36個地區，實際上僅利用電話面談調查的方法，無法進行市郡之間的比較調查。因此，研究採用8個道作爲區域基準，選擇了對同一個區域內，也就是全羅北道內14個市郡進行比較調查的方式。

其次，調查抽樣對象規定爲地區內外的潛在消費者。縣市政府品牌行銷活動的目標，包括向地區內部招商客戶及地區外界潛在的客戶，由於行銷包括對地區內部居民鼓舞熱愛心，強化共同體，因此地區內外都存在成爲對象的潛在客戶。此時地區內部客戶是指該區域內的潛在消費者，地區外界客戶是指區域外的潛在消費者。由於以韓國基礎自治團體爲對象，因此地區外界客戶限定也局限在韓國境內。

表5-16　品牌形象問卷調查問題

區分	問卷試題
居住	認爲是交通便捷的地區
	認爲是環境潔淨的地區
	認爲是可以接受高等教育的地區
	認爲是犯罪率較低的地區
	認爲是養老的好地方
投資	認爲是經濟發展的地區
	認爲是好進行經濟活動的地區
	認爲是具有投資價值的地區
	認爲是具有很多優秀人才的地區
	認爲是外國人生活舒適的地區
觀光	認爲是有訪問價值且具有獨特魅力的地區
	認識是有名的地區
	認爲是具有優秀地區文化的地區
	認爲是住宿設施等旅遊基礎設施優秀的地區
	認爲是人們親切的地區

出處：同表5-5。

2.品牌資產測定方法

消費者調查結束後，爲了能夠對全羅北道的14個縣市政府品牌資產指數進行相互比較，採取了100分爲滿分的基本計算方法。個別問卷問題（即測定指標）的最大值爲10，該測定指標加權值問題的最大值也是10，因此理想型應答值（即最大值）乘以加權值（10分），便得到了100分的滿分。各個縣市政府的指數合算，按照下列順序進行計算。

第一，如前述所示，個別測定指標滿分爲10分，進行直接提問或計算。品牌形象和品牌態度按照該測定指標使用了1至10分的克特

尺度，因此照實使用並進行了合算。

　　但是，品牌知名度的情況下，需要非輔助記憶地按照順序列舉區域內的五個市郡，因此產生了要換算爲10分滿分的問題。對此，第1個聯想的地區換算成10分，其次第2個9分，第3個8分，第4個7分，第5個6分，其他地區爲0分。

　　例如：問到在全羅北道中最先想起的市郡是哪裡的時候，回答全州市爲第1的市民有210名，回答第2的市民有50名，第3的市民有30名，第4的市民有10名，第5的市民有5名，那麼全州市的品牌知名度總分爲2,890分（210名×10分＋50名×9分＋30名×8分＋10名×7分＋5名×6分）。如果假設該地區J品牌知名度是最高、最佳的理想形態，是指所有應答者回答第1個聯想到的是J地區的時候，因爲進行換算的情況下是問卷應答者人數×10分。

　　第二，此時對於賦予各個詳細項目別的加權值，反映了消費者調查的重要度調查結果。計算綜合指數等指數時，經常產生的問題是賦予加權值，通常加權值問題透過專家調查或要素分析的因子值，使用迴歸分析的迴歸係數等得以解決。李素英、吳恩珠直接透過消費者調查，提問了各個領域別測定指標對於影響自身偏愛度和行動的重要度，因此，直接將消費者的重要度評價作爲加權值，不僅從成本上比較合理，還呈現了正確的結果。縣市政府品牌資產指數是測定市民的主觀認識程度，因此決定特定場地品牌資產水平時，有必要考慮對該市民認識的居住、投資、旅遊等測定指標的重要性。

　　因此，消費者調查當時，應讓問卷應答者回答對居住、投資、旅遊的重要度，並將各個領域的重要度分數，用於加權值測定品牌形象及品牌態度。由此，將在各個測定變數別指數上，乘以應答者對該指標的重要度（滿分10分），故品牌形象及態度的各個測定指標換算成了滿分100分。對於品牌形象的重要度，運用了「對於喜歡某一個市郡，該項目（例如：交通便捷性、投資價值等）有多麼重要」的

問題。另外，對於品牌態度的重要度，運用了「是否喜歡優秀的居住地（或投資對象地、旅遊地）？」的問題，這對於評價特定縣市政府，明示了居住、投資、旅遊等三大領域的重要性。

　　如上所述，測定指標乘以加權值的情況下，將得出各領域別，認知過程別特定地區J的分數。如何綜合個別領域算出特定自治體的品牌資產指數？李素英、吳恩珠以構成縣市政府品牌資產的項目，即，以品牌認知、品牌形象、品牌態度之間的項目具有獨立且同等價值為前提，各個下屬部門賦予相同的加權值。即，平均100分為滿分計算出的品牌認知、品牌形象、品牌態度的所有分數，便能夠算出最終縣市政府品牌的資產指數。

$$\bigcirc 品牌知名度(BA) = \frac{\sum\limits_{i=1}^{n}(w_i \times X_i)}{問卷調查作答人數 \times 10}$$

（W_i ＝ 1位應答10分　2位應答9分⋯非聯想＝0分　X_i ＝ 該地區的順序別聯想頻率）

$$\bigcirc 品牌形象(BI) = \frac{\sum\limits_{i=1}^{n}(w_i \times X_i)}{n}$$

（X_i ＝ 對於形象指標的應答分數
W_i ＝ 對於該測定指標的重要度應答
n ＝ 品牌形象的測定指標數）

$$\bigcirc 品牌態度(BT) = \frac{\sum\limits_{i=1}^{n}(w_i \times X_i)}{n}$$

（X_i ＝ 對於態度指標的應答分數
W_i ＝ 對於該測定指標的重要度應答
n ＝ 品牌態度的測定指標數）

$$\bigcirc 最終城市品質資產指數 = \frac{BA+BI+BT}{3}$$

圖5-4　品牌指數計算步驟

出處：同表5-5。

第四節　城市與地方政府資產管理

一、城市與地方政府品牌資產管理的重要

　　許多國家為了提升競爭力，強化國家的積極形象，設立了國家品牌組織，建立管理國家形象的體系，如中國大陸、韓國、日本，但現行政府的國家品牌管理政策中遺落了國家競爭力的要素——城市及場地品牌。

　　韓國在2009年1月制定的國家品牌價值提高相關規定第4條，國家品牌基本規劃中，也規定將下列事項包含在國家品牌基本規劃中：①國家品牌現況及前景相關的事項；②國家品牌政策的基本目標及促進戰略；③年度重點促進課題及詳細事業；④確保及執行事業別預算相關的事項；⑤關於提高國家品牌價值的民官合作事項；⑥國家品牌相關組織、法令整備及制度改善相關的事項；⑦提高其他國家品牌價值的必要事項。

　　韓國國家品牌委員會選擇將「擴大國際社會寄予」、「尖端技術與產品宣傳」、「魅力的文化觀光」、「多文化包容」、「全球化市民意識涵養」等五大重點領域，作為促進課題及戰略，同時也提出有體系的品牌管理，並實施了檢核及評價，具體運用品牌指數。隨之，雖然提出要開發和運用國家品牌指數，仍未考慮有關城市及場地品牌的指數。

　　國家品牌指數（NBI）的創辦人Anholt所示，城市品牌較強的國家，國家品牌也受到了較高的評價，因此城市品牌對於提升國家品牌產生了重要的作用，因此，城市品牌成為了強化國家品牌要素的手段及趨勢。

　　提高城市及場地品牌的實質性主體是地方政府，因此，國家品牌組職應設法促使地方政府努力提高城市及場地品牌資產價值，發揮和

執行有體系的城市及場地品牌管理。

　　爲了有系統的管理地方政府品牌價值，有必要開發和運營城市及場地品牌指數，透過客觀指數進行縣市政府品牌資產測量，找出優秀評價的地方政府並由現行國家品牌組織給予表揚與頒獎，據此提高國家品牌價值。

　　目前韓國國家品牌委員會會與相關部門合作開發地方政府品牌資產指數，每年測量地方政府品牌行銷成果。這種地方政府品牌資產指數的體系化管理，很大程度上會提高城市及場地競爭力。

　　韓國以全國單位測定地方政府品牌指數的機關，主要是言論媒體和研究所。言論媒體的地方政府品牌指數測量，僅限於申請測定對象的地方政府，因此客觀分析存在一定的限度。嘗試以全國廣域自治團體爲對象，測量品牌資產的研究機關的，雖然有研究模式的啓發點，卻存在沒有伴隨廣泛消費者調查的限制。以消費者認識爲基礎的品牌調查，會對抽樣方法及抽樣數量等調查方法產生重要的影響，因此以世界聞名的Anholt城市品牌指數最近與專業調查機關GFK Roper合作，委託專業調查機關適用Anholt開發的模式，並發表了Anholt-GFK Roper城市品牌指數，臺灣或許未來也可引進。

　　除此之外、李素英、吳恩珠（2009）以電話問卷方法（Computer Aided Telephone Interview, CATI）或其他調查方法例如網路問卷方法（Computer Aided Personal Interview, CAPI）來進行調查，比較對象市郡的數量可能過多，可以按照5個區域（京畿圈、江原圈、忠清圈、全羅圈、慶尙圈）或5+2廣域經濟圈，來測定區域內地方政府品牌指數，進而選定大韓民國地方政府的代表性品牌。

二、城市與地方政府品牌指數衡量結果運用

　　地方政府的品牌戰略，是爲了提高實效性，應該定期測定該地方政府的品牌價值。如果不伴隨潛在消費者對該地方政府的評價，僅從

供應者層面上無差別的推出品牌，會讓目標化、差別化爲前提的地方政府的品牌戰略，成爲失敗無差別化的戰略。

地方政府品牌形象中出現的場地消費者，在旅遊、居住、投資等實際場地消費之前，會經歷了探索多種訊息的過程，並對該場地具備實質性的印象，這種印象構成了積極聯想，就是該地方政府的城市及場地品牌形象。

如果城市、場地和該地方政府企劃提出的城市及場地品牌綜合形象之間的差距較少或者幾乎相同，說明地方政府品牌化戰略效果甚大，對於該城市及場地的積極品牌形象，將會更加強化。

浸透對場地消費者誘導的形象，如果要讓其具備積極的城市及場地品牌印象，首先應該爲了讓潛在場地消費者對場地具備積極（誘導）的印象，來實行品牌營銷計畫。如果這種營銷戰略有所成效，潛在消費者將透過實際訪問場地而變成場地的實際消費者。

地方政府品牌行銷負責人應該測定出品牌營銷計畫的成果，也就是潛在客戶對該場地的認識變化，地方政府品牌資產指數可以用於測定該成果。至今爲止，地方自治團體品牌行銷負責人相比衡量品牌行銷的成果（outcome），更加注重容易衡量的產出（output）。即，地方政府實行的行銷活動對潛在消費者的認識與態度產生了多少變化？對照衡量實質性的效果，地方政府在一定期間實行了多少行銷活動？例如：測定媒體曝光度及宣傳的件數。

地方自治團體因預算限制，無法在實行品牌行銷計畫時，也同時對測定行銷計畫成果投入預算，因此地方政府品牌資產指數模式僅有少數有競爭力地方政府採用。

根據地方政府品牌資產指數測定結果，可以獲取地方政府品牌管理者該如何糾正行銷計畫，以及如何重新形成長期建構的城市及場地品牌綜合形象。

如果在認知過程別品牌資產指數中，知名度領域的指數測定較

低，該地方政府無論如何都應該籌建提高地方政府知名度的品牌行銷計畫。根據現行研究的品牌資產形成影響了認知→形象→態度，因此，沒有謀求知名度指數提升的品牌行銷很難有實際效果。

與品牌知名度和品牌形象相比，品牌態度指數較低的情況下，即儘管對該縣市政府的認知度較高，縣市政府品牌形象定位積極，但對該縣市政府沒有訪問、投資且居住印象的潛在消費者而言，僅透過糾正一般的品牌行銷傳媒戰略，很難謀求消費者態度的變化，因此應分析品牌態度指數的詳細測定項目，在指數較低的領域，集中行銷力量，開發和執行改變品牌態度行銷戰略。例如：在觀光領域指數較低的情況下，應在觀光品牌行銷傳媒集中行銷力量，可以開發在潛在客戶產生反響的新觀光資源。

以個別縣市政府為對象的情況下，是無法與競爭縣市政府進行比較分析，因此修正品牌行銷計畫只能依據透過該縣市政府累計指數的時間序列比較與相異目標群之間分析結果的診斷。

要基礎自治團體執行更有戰略性品牌行銷戰略，縣市政府品牌資產指數的衡量要透過競爭縣市政府之間的比較分析，才能有效果。選定該區域內的首位城市和品牌資產指數領域別（居住、投資、旅遊）的競爭地方團體，像本模式一樣實施消費者調查，並根據衡量結果修正品牌行銷計畫便可。

作為競爭縣市政府，與該區域首位城市的持續比較衡量結果，可以用於今後縮短與首位城市間距的指標，因此，在調查費用有問題的情況下，透過與首位城市比較分析的調查設計比較可行。

若該縣市政府是區域內首位城市縣市政府的情況下，可以透過與區域外首位城市的定期比較分析來修正品牌行銷計畫。尤其，品牌知名度及品牌形象雖高，在最終階段的態度較低的情況下，為了引發潛在客戶的態度變化，應該透過與態度指數較高的競爭縣市政府相比較，籌建適當的品牌行銷計畫。

(一) 縣市政府品牌資產指數測定結果類型別管理方案

李素英、吳恩珠（2009）透過與競爭地方政府的比較分析，以測定縣市政府品牌資產指數為前提，進行測定，結果可以分為：第一，品牌忠誠度強化型；第二，品牌態度變化型；第三，品牌形象變化型；第四，品牌形象強化型，同時也提出具體的戰略搭配方案，如表5-17。

表5-17　基礎自治團體的品牌資產管理方案

區分		品牌戰略及執行手段	
品牌忠誠度強化型	知名度：上 形象：上 態度：上	確保品牌行銷體系性	• 建構綜合促進地區行銷的支援組織 • 運用與上線場地品牌（廣域團體、國家等）的聯繫
		建構硬實力品牌（象徵空間）	• 為了給實際遊客創造舒適的環境，整頓一貫形象的街道設施等城市公共設計 • 不僅是遊客，還要建成創造城市居民休閒空間的廣場／街道／公園等象徵空間
		品牌行銷傳媒	• 作為城市居民之間溝通及和諧的場地，籌備定期的文化項目 • 實行進一步提高市民自信心的志願者活動等市民活動
品牌態度變化型	知名度：上／中 形象：上／中 態度：中／下	確保品牌行銷體系性	• 建立綜合促進地區行銷的支援組織及強化相關部門的網絡化 • 開發共享地區核心價值BI品牌概念的下屬（居住／投資／觀光）品牌
		建立硬實力品牌	• 創造以提高潛在客戶便捷為目標的各種休閒空間 • 建設代表地區的象徵物

續表5-17

區分		品牌戰略及執行手段	
品牌形象變化型	知名度：上／中 形象：中／下 態度：中／下	品牌行銷體系性	• 建成地區行銷專責組織及強化與外界行銷專家的聯繫
		建立硬實力品牌	• 舊工廠、空店鋪等地區內衰退空間（vacant space）的複合文化空間化及再利用 • 以市中心爲中心的形象升級工作
		品牌行銷傳媒	• 根據專家宣傳代理樹立和執行的IMC戰略 • 製作反映新地區形象的各種宣傳／廣告活動 • 舉辦刷新形象的各種活動
品牌形象強化型	知名度：下 形象：下 態度：下	確保品牌行銷體系性	• 強化宣傳部門與相關部門的聯繫 • 建立旅遊品牌及與場地品牌的聯繫 • 建立地區生產品（農水產共同品牌及產業共同品牌）品牌及與場地品牌的聯繫
		品牌行銷傳媒	• 實行利用多種媒體（TV、廣播、報紙、WEB等）的綜合行銷傳媒（IMC） • 製作創意性、挑戰性的（宣傳）活動（包含故事） • 舉辦實現地區核心價值的代表性慶典等活動 • 運用製作電影、電視劇的PPL場地行銷

出處：李素英、吳恩珠，2009。

　　第一，品牌忠誠度強化型是品牌知名度、品牌形象，品牌態度指數全部屬於上位縣市政府的類型。這些縣市政府，爲了持續現在的品

牌資產指數，在與區域外競爭縣市政府的競爭關係中，可進一步增長品牌價值，同時樹立對內外潛在客戶的品牌忠誠度，即強化顧客在該縣市政府場地持續消費的忠誠度的品牌行銷計畫。

要維持現在的品牌資產，應建立促進進一步增長的專責組織，來確保上位場地品牌，即強化廣域自治團體品牌和國家品牌間聯繫等品牌行銷的體系性。另外，品牌忠誠度強化型縣市政府的潛在客戶，成為對縣市政府旅遊、投資、居住具有實際經驗客戶的情況會較多，因此為了讓具有消費經驗的客戶不要對該場地的實際形象感到失望，應伴隨積極的硬實力品牌化戰略。即為了給實際訪客提供舒適的環境，需要實施城市美觀及環境改善等作業，不僅是遊客，還要為了給地區居民創造休閒空間，努力建設廣場／街道／公園等象徵性空間。最後，提升品牌認知度與形象的有效品牌行銷傳媒手段雖然在該類型中並不是必須的，作為維持客戶忠誠度的項目，提供促進地區居民溝通及和諧的定期文化項目，來進一步強化市民自信心的志願者活動等市民活動等是值得一提的。

第二，品牌態度變化型與品牌知名度或品牌形象相比，品牌態度指數位階較低。即品牌知名度與形象屬於上位政府，但是品牌態度指數屬於基層政府。

正如品牌資產形成的認知過程中，可能引發最後一個階段態度的變化，為了提升態度指數，無論如何確保品牌行銷體系性是迫在眉睫。雖然已樹立了某種程度上對縣市政府的整體知名度和形象，但由於沒有引發實際行銷活動的效果層面態度變化，需要對這種消費者實際狀況進行更加精密的調查和分析，即分析品牌的詳細測定項目，持續跟蹤調查縣市政府的某種城市及場地屬性，造就了潛在客戶現在的態度。例如：如果在已調查的品牌形象指數中，交通領域的指數特別低，將成為無法促使潛在客戶對該縣市政府訪問、投資、居住等產生態度變化的原因，可能被指控為是該縣市政府的交通問題。長遠來看

可能需要擴充交通基礎設施，行銷活動的處方也需要努力充實潛在客戶可利用的方法，同時進行城市及地區行銷活動時，更要著重在對大眾交通使用方法的宣傳。為此，專責組織要與經濟、交通、文化、觀光、教育、安全等相關部門之間建立良好品牌行銷促進網，作為地區核心價值樹立的品牌綜合形象（Brand Identity），也應與下屬部門別（居住／投資／觀光）品牌建立緊密的聯繫。

引發潛在客戶態度變化的具體手段，應該與品牌形象的具體項目指數相關聯，但是作為一般戰略，可以考慮與品牌資產指數相對較高的縣市政府積極聯繫品牌化。品牌知名度與形象雖然較好，在該場地消費的需求卻處於低調的狀態，因此應該與態度指數較高的縣市政府共同行銷，樹立引導在該場地消費的戰略。而且，作為促進潛在客戶在場地消費的新品牌行銷戰略，可以建成代表地區的新象徵物，或者伴隨以提高潛在客戶便利為目標，建成多種休閒空間等硬實力品牌戰略。

第三，品牌形象變化型是品牌知名度雖高，品牌形象卻不及的情況。即品牌知名度屬於上位政府，品牌形象卻屬於中等。品牌知名度屬於中等，品牌形象卻屬於基層政府的情況。大體上這種情況下的品牌態度指數呈現了品牌形象的水準或者更低的水準。潛在客戶雖然認識該縣市政府的品牌，由於沒有屬於對該縣市政府具備積極印象，將現行消極印象變化為積極印象是最迫切處方。

品牌形象變化型中，品牌行銷戰略是品牌行銷傳媒，即最需要迫切調整促銷戰略。由於現在的促銷戰略難以刷新消極的形象，因此需要重新制定反映新地區形象的宣傳活動，實行整合行銷戰略（Integrated Marketing Communication, IMC）時，還應該舉辦刷新形象的多種慶典及活動，同時更應掌握造成現在消極品牌形象的因素，並推動地區內衰退空間再激活政策，以提升市中心的形象工作等硬實力品牌戰略。

　　第四，品牌形象強化型是品牌知名度、品牌形象、品牌態度指數都較低的類型。該類型無論如何最需要提高品牌的知名度，仍應該針對品牌行銷戰略改善行銷計畫。屬於這一類型的基礎自治團體，大體上存在實行個別化、普遍化品牌戰略的問題。為了向不認識該縣市政府的潛在客戶促銷縣市政府內生產的農水產品及特產銷售了多種個別商品品牌，這樣的個別商品品牌在沒有與縣市政府品牌相聯繫的情況下，不僅無法提升個別商品品牌的知名度，更無法提升縣市政府的知名度，這是一項不爭的事實。因此，縣市政府的宣傳部門應與相關部門緊密合作，確立縣市政府品牌和下屬品牌的體系性，開發提升縣市政府品牌知名度的核心品牌綜合形象，並集中推動行銷。

　　事實上，診斷為形象強化型的縣市政府應從沒有創造到有，應超越修正現行行銷計畫的層面，建立和提升縣市政府品牌認知率，是縣市政府品牌戰略的首先工作，縣市政府品牌資產衡量及管理應該是以後的問題。

　　品牌資產指數運用也可運用在大區域範圍，如韓國的特別市、廣域市或道政府，將做如下說明。

(二) 特別市、廣域市的品牌資產指數運用方案

　　廣域自治團體的情況下，主要由構成自治區的特別市、廣域市和市郡組成，可以稱為道的品牌管理。

　　大城市地區內的自治區相比道的市郡，向地區吸引居民、投資、遊客並非是其重要事務，因此自治區的品牌行銷相較於吸引外界潛在客戶，會著重在對內潛在客戶，以強化地區共同體性為其目標。

　　特別市、廣域市相較以縣市政府自治區為對象的城市品牌，更需要運用上級縣市政府廣域自治團體水準的城市品牌。因此，特別市、廣域市的品牌管理無需特別考慮基礎自治團體自治區的基層政府

品牌，僅考慮特別市、廣域市自身品牌也無妨。

　　首爾特別市作爲韓國的首位城市，是連接世界城市品牌指數的世界城市品牌，但是其他廣域市相比世界城市，若具備了國內首位城市的性質，將對韓國國家品牌形象的提高產生重大影響，首爾市應建構與東京、北京、上海、香港、新加坡等海外競爭城市進行比較衡量的品牌管理體系。

　　釜山、仁川、光州等廣域市，透過與首位城市首爾和6個廣域市之間的比較分析，測定了城市品牌資產指數，尤其透過與世界城市首爾的比較分析，努力管理提升該城市品牌資產價值。

　　與基礎自治團體不同，廣域自治團體已經形成了某種程度上的知名度，因此品牌形象的提升和如何引導品牌態度的變化，成爲具體的實行戰略。縣市政府品牌資產指數衡量結果顯示，構成品牌形象的詳細測定項目，即可以利用交通、環境、文化、福利、安全、觀光等詳細測定項目指數來考慮具體執行戰略。

(三) 道的品牌資產指數運用方案

　　廣域自治團體道的品牌在建構了獨立品牌下，同時還發揮了基礎自治團體品牌傘（umbrella brand）的功能，品牌管理仍要從兩個方面同時考慮。正如國家品牌要考慮到基層城市及場地品牌一樣，廣域自治團體也應考慮基層基礎自治團體品牌，因爲該市郡品牌價值的提高，將直接影響提高廣域自治團體道品牌價值。

　　這在品牌行銷戰略實行方面也很有意義，如果道需要向該地區吸引人口、資本、遊客等，各個領域的招商對象應選出目標市郡。因爲，爲了將道打造成爲對潛在客戶產生回響的魅力場地，應選擇預計實際招商成果較高的市郡進行集中行銷。

　　因此，道的縣市政府品牌資產指數衡量，不但可以用於品牌行銷活動之後的管理方案，還可以作爲實行廣域自治團體品牌行銷計畫之

前要選定代表性市郡的方案。廣域自治團體可以該區域內的市郡爲對象，來衡量縣市政府品牌資產指數。以受到高評價的市郡爲對象，集中行銷力量，還可以根據居住、投資、觀光等下屬領域的結果實行差別化的行銷計畫。

　　另外，新地區發展方向從縣市政府間的合作計畫及執行日益重要，因此縣市政府間的合作事業就有必要謀求該縣市政府品牌資產指數的持續衡量。透過縣市政府品牌資產指數模式開發，及適用的廣域自治團體之間的合作事業，可與該市郡合作事業相聯繫，換言之，與目前政府促進的廣域經濟圈發展及基礎生活圈發展政策是相互聯繫的項目。

　　本章是依據李素英、吳恩珠（2009）〈縣市政府品牌資產測定及管理方案〉第2、4、5章編寫（出自韓國地方行政研究院）。

Chapter 6

建構城市品牌管理體系

　　一個城市若想維繫其城市品牌，形成長期的品牌管理，則建立戰略性城市品牌管理的體系，就格外重要。沒有制定這種管理體系的來進行決策，將很難保持品牌本質的一貫性。尤其地方政府是每隔四年就進行一次地方首長選舉活動，由於地方首長是政治人，因此在替換的情況下，品牌的一貫性與品牌體制性，暴露了嚴重損毀可能性。某些狀況企業也有同樣情事。例如：擁有10多個世界品牌的P&G，為了防止這種損毀提出了三項行銷原則，第一項原則就是品牌一貫性。從這裡可以得知，唯有通過一貫性才能保持品牌體制性，從而提高品牌的價值。

　　為了解決這些可能危害品牌一貫性問題，建構城市品牌管理體系是有其必要性、這方面工作包括建立城市品牌營運與資產管理計畫，製作城市品牌管理手冊與形成城市品牌開發及管理清單，其用意在規範無法隨意變更品牌的體制性並促進品牌經營。

第一節　建立城市品牌營運與資產管理計畫

一、制定城市品牌營運計畫

　　製作長期、有體系運營品牌的品牌路線圖（Brand Roadmap），用於中長期運營的基本指南。可以區分為建立品牌的階段導入或再導入期、品牌穩定期、品牌強化期等階段，當年度應該根據設定目標進行調整和使用。

二、建立城市品牌資產管理計畫

　　品牌資產測定系統給負責品牌的管理者提供了適時、準確、可執行的訊息，短期可以視為是為了最有可能的戰術決定，長期可以視為是為了戰略性決策的一連串調查步驟。

　　建立品牌資產測定系統的目的，在於充分瞭解品牌資產的源泉和成果，並盡可能地將這兩者相結合。導入品牌資產測定系統的執行階段，首先是檢查和實施品牌，接著是品牌跟蹤調查及確立品牌資產管理體系。

(一) 品牌審核（Brand Audits）

　　品牌審核是從品牌資產結構要素的觀點上，概括性地研討特定品牌。品牌審核包含了透過外界客戶為中心的活動，評價品牌狀態的一連串步驟，闡明了品牌資產的構成要素，提高了資產的價值。即品牌審查是對設定品牌戰略性方向，以及對其成果提供深層啟發點的有用工具。

　　品牌審核方法包含品牌內部調查和外部調查。內部調查為城市品牌的服務，提供如何市場化和品牌化的綜合輪廓文件。文件不僅是支援整理各種服務概要的行銷計畫，也確認所有相關的品牌要素。關於品牌化和行銷努力需要，都盡可能地進行詳細的分析，同時也有必要分析競爭城市品牌。

　　外部調查為了掌握客戶對品牌的想法，實施了瞭解品牌及其服務範疇的想法與感受的調查活動。調查活動可深入檢討現行的內部資料（2次資料），如透過與內部公務員面談瞭解到客戶在品牌與競爭品牌之間的公務員的信任感受。主要運用了定性調查技法（自然聯想法、清單法、透射法等），進行更加具體和準確的評價，還加上定量調查。

(二) 品牌跟蹤（Brand Tracking）調查

　　跟蹤調查是定期收集客戶訊息的活動。跟蹤調查更可給品牌管理者是否進行了良好品牌和行銷活動提供最新的訊息，通常使用了定量的測定值。因此，跟蹤調查為建構品牌資產的眾多行銷活動之綜合效果，提供了非常重要的診斷性洞察。

這種跟蹤調查存在幾個問題。

第一，要對什麼進行跟蹤。主要是調查認知度，聯想（強度、好感度、獨特性）、差異點、品牌態度、意圖、行動等和城市形象，城市品牌與低端品牌的關聯性等。

第二，以什麼人為對象。主要是現在居住在城市的居民、周邊城市居民、旅遊及其他事業等目的訪客，入駐企業及希望入駐的企業，以及相關公共部門的利害關係人都可以成為對象。

第三，需要的跟蹤頻率，通常城市品牌是以一年進行一次比較妥當。

(三) 建構品牌資產評價體系

金贊同（2006）建立城市品牌資產評價模式，可持續、週期性的測定與診斷。這種情況下不僅調查本市居民，也會一同評價周邊及競爭城市，因此可以產生相對的品牌價值，並且用於往後促進品牌活動的基礎資料。

以構成城市品牌資產的5種要素（居住形象、旅遊形象、投資形象、品牌關係性、品牌專利），分別算出的指數再進行比較評價，有助於確定增加城市品牌資產價值的先行活動之優先順序。

(四) 品牌管理專責組織的結構與作用

為了戰略性地管理城市品牌，維護、管理及強化品牌資產，需要單獨負責品牌相關業務的組織。品牌管理專責人才的責任固然重要，但是支援和維護一貫性品牌經營委員會及最高經營者（團體長官）的作用，對於品牌管理來說也非常重要。

1. 品牌專責管理者（組）

通常將專責品牌管理的人稱之為品牌管理者（Brand Manager, Assistant Brand Manager），他們的作用及工作內容如下：

> 維護及管理品牌體系結構系統（BI System、本質、標誌、商標、設計等）。

> 品牌資產管理（認知度、形象、忠誠度等）。

> 樹立及執行品牌傳媒戰略。

> 計畫及執行PR、廣告、促銷。

> 品牌管理指標的測定與反饋。

> 發揮品牌資產相關各部門管制及調整功能。

> 概括執行其他品牌相關的所有業務。

2. 品牌經營委員會

為了確立城市品牌，需要設立城市品牌經營委員會。作為城市品牌的最高決策機關，由委員長擔任團體長官，委員由主要委員（副市長、局長、事業所長等）和品牌管理組長、品牌相關諮詢教授及地區有志之士組成。該委員會作為非常設機構的委員會組織，主要業務包括品牌戰略、BI變更、品牌擴張等決策及品牌戰略方向的提案，即對透過或認證的事項進行品牌相關要素的變更及新設。這種方式也是維護品牌一貫性的一種方法。

3. 最高經營者（首長）

品牌經營常被最高經營者（首長）之經營哲學左右的可能性非常高。最高經營者品牌經營意志較強，組織可以建構強而有力的品牌，但碰到意志較弱的組織工作人員，若無法積極地促進業務，建構品牌會有困難。

因此，說品牌經營的最高責任在於最高經營者的首長也不為過。首長應建立品牌管理專責組織，並且構成品牌經營委員會，並特邀品牌諮詢教授、品牌領域專家，讓品牌體系能順利進行品牌化活動。同時，只有將品牌資產價值用於成果評價的重要指標，才能夠促使組織內部形成持續的精神。會讓組織成員認為是首長重視品牌經營。

(五) 樹立品牌經營的有機組織體系

　　爲了促進長期的品牌管理及品牌概念的維護管理，需要樹立有機的管理體系。有機組織體系的建構與管理責任在於品牌管理者。每年應進行跟蹤調查，並將其結果報告給經營團隊，且與全體公務員共享結果。

第二節　製作城市品牌管理手冊

　　品牌資產最大的威脅似乎來自於組織內部，品牌管理者僅在限定的時間內維持其職責或在缺乏品牌管理業務專業性的狀況下促進業務時才會出現。爲了減少這樣的危險，有必要使用品牌管理手冊。

　　城市品牌管理手冊是以文件的形式，確認地方政府對品牌資產的管理工作，每年修訂一次，應提供現在的品牌組合，向決策者明示品牌的新機會和潛在威脅。同時在開發下屬品牌、更換品牌計畫、啓動其他行銷活動時，會適當的將這些活動反映在品牌資產手冊中。還應包含品牌審核中出現的深度分析。

　　這樣的城市品牌管理手冊不僅提供地方政府內的品牌管理者，還爲外界的主要行銷合作夥伴們（廣告代理公司等）提供了有用的指南。

　　城市品牌管理手冊的主要技術內容（指南）如下：

> 對該地方自治團體品牌資產的觀點進行定義，並說明其重要性。

> 從主要品牌範疇相關的服務及品牌化、行銷化方式的觀點上進行敘述（透過過去的資料及最近的品牌內部調查表明）。

> 在自治體水準和個別服務水準，兩者間適當等級的水準上，記述現在的資產與需要的資產是什麼。應對包含形成類似點和差別點的服務屬性、好處、態度之相關聯想進行定義。

> 說明品牌資產如何在跟蹤調查和品牌資產報告中進行了測定和報告。

> 從一般戰略指南的層面上，提出如何管理品牌資產（例：強調行銷計畫的一貫性）。

> 略述行銷計畫的具體戰術指南是如何開發（例：廣告評價基準）。同時闡明註冊商標的使用，包裝（包裝盒）及傳媒中適當使用品牌的方法。

這樣的城市品牌管理手冊還應該與城市品牌的設計手冊共同開發。通常品牌管理手冊也被稱之為品牌筆記本（Brand Book），雖然也有包含設計手冊的情況，還是會考慮到其性質及活動等進行分離。但是兩個手冊是基於一個品牌概念的出發點，因此應該保持一貫性。

品牌筆記本是為了將品牌概念及核心價值持續、一貫的傳達給消費者，與共享所有成員之間約定的文件。因此需要進行品牌體制性修改時，明文規定只有品牌經紀人做好必要的準備之後，得到「品牌經營委員會」的認可才能夠使用。

品牌管理者有責任透過建構及維護品牌的活動，成為長期觀點的品牌價值，因此將促進品牌相關業務的企劃、執行、研討、回饋等業務列入在文件中，文件中銘記品牌管理者的姓名、聯絡方式等，並且能夠讓所有成員進行確認，發揮品牌相關整體問題的窗口作用。

第三節　城市品牌開發及管理清單

城市品牌化分為城市品牌體制性的開發及執行以及管理。在這整體過程當中的一部分需要進行專業判斷與操作，因此需要民間專家的共同操作。整理一下城市品牌化的品牌開發和管理中需要核對的事項，清單分為事前學習（預備階段）、品牌體制性開發階段、品牌發

布階段、品牌溝通階段、品牌管理階段，各階段內容詳見表6-1。

表6-1　城市品牌開發及管理清單

階段	研討內容
事前學習 （預備階段）	• 城市發展中爲什麼需要城市品牌化，應該如何執行？ • 城市品牌化與自治體的什麼部門，什麼業務相關？
品牌 體制性 開發 （第一階段）	• 城市行銷中是否適當設定了核心體制性（品牌本質）？ • 先行CI/BI（包含標語）是否符合戰略，在執行中是否有效？ • 預算和開發人力是在什麼樣的水準下設定的，又是透過什麼樣的方式選定的？ • 資料調查分析及調研將以什麼樣的方式和內容進行？ • 如何處理導出的品牌決定過程？ • 品牌標語將用什麼樣的方式開發和決定？ • 標誌將用什麼樣的方式開發和決定？ • 如何處理獲得城市內外同意已開發CI/BI的過程？ • 如何設定品牌體系結構（城市品牌的下屬品牌）？
品牌溝通 （2階段）	• 爲了穩定已開發的品牌，如何進行溝通工作？ • 如何處理品牌傳媒的媒體和方式、預算？
品牌執行 （3階段）	• 品牌執行及管理專責組織構成與否？ • 各部門、機關、市民能夠廣泛運用品牌的方案是什麼？ • 如何開發反映品牌核心體制性（本質）的核心政策並執行？ • 促使公務員、居民瞭解品牌體制性，並將約定付諸行動的方法是什麼？
品牌管理 及反饋 （4階段）	• 是否定期進行了品牌管理及品牌化教育？ • 品牌的實際運用狀態是否正確？ • 是否將品牌體制性良好地適用於城市行政和主要利害當事人之間？ • 城市品牌資產增長了多少？ • 成爲城市品牌資產屬性的問題是什麼？優勢是什麼？ • 如何反映城市品牌資產的評價結果？ • CEO（市長）是否帶著對城市品牌的熱情努力執行？ • 城市品牌管理組織是否良好地啓動？

出處：李正勳，2007。

　　本章依據李正勳、韓賢淑（2007）〈城市品牌體制性開發方法論研究〉第七章內容編寫（出自京畿開發研究院）。

Chapter 7
國際大城市場地品牌案例

第一節　歐美城市

　　城市行銷與城市品牌概念越來越受許多城市重視也紛紛引進採用，來協助城市再生發展、招商引資、發展觀光與吸引移居。本章將分兩節針對歐美城市（或區域）與亞洲城市提出個案實例說明，讓讀者能有更具體的城市行銷與城市品牌概念。案例的選擇是根據Karolina Korelin與Elisabeth Schneider（2009）〈城市品牌化：四個國際化大城市的前景展望〉、李素英（2008）〈場地品牌應用狀況與實行戰略研究〉、李正勳等（2006）〈建構京畿道品牌路線及場地品牌資產評價模式的研究〉與Michail Kavaratzis（2008）「From city marketing to city branding」等研究找出紐約等九個城市，同時引用李素英研究的兩段式架構，來闡述各個城市的城市行銷與品牌地產生與推動過程及成果。

一、紐約

(一) 產生背景

　　1966年，因罷工導致紐約市經濟蕭條的情況下，John Lindsay市長的表現創造了「funny city」表現。市長利用紐約市豐富劇場及博物館，產生很多文化活動的城市，雖然活動不斷進行，卻沒有收穫太大的成果（李正勳，2006：119）。

　　紐約州的紐約復活戰略要追溯到43年前的1977年。當時，大城市紐約也如面臨倒閉的企業危機。石油危機導致世界經濟重患滯脹，美國也不例外。紐約市的財政臨近破產，曼哈頓因犯罪和毒品處於混亂。企業與從業人員離開城市等恐怖重擊了城市，旅遊業也衰退，城市失去了過去的英華和偉榮。

(二)促進內容

「I Love New York」是紐約州經濟開發局（New York State Department of Economic Department）於1977年爲了增加紐約州的遊客所提出的主要宣傳項目。

1970年，紐約州在紐約商業局（New York State Department of commerce）主導下，以脫離經濟停滯發展新城的動力，決定對紐約州的旅遊進行積極的市場行銷。

1975年，新上任商業局長唐代森僱用了大通曼哈頓銀行的國際行銷促進執行長比爾多伊爾，樹立了紐約市旅遊產業的發展計畫，多伊爾聯繫了Wells、Rich及Greene廣告公司，透過市場調查與分析，誕生了「I Love New York」草案。其意義包含紐約州所有的村落與城市，還發揮了樹立所有紐約人對家鄉自信心的作用。

1977年，「I Love New York」成爲紐約州經濟開發局，爲了增加紐約州遊客量而推出的宣傳方案。

圖7-1　I♥NY標誌

出處：李素英，2008。

1976年出身於紐約的著名圖形設計師米爾頓弗雷澤（Milton Graser），完成有效表現「I Love New York」四個個體形成的「I♥NY」標誌。而Steve Karmen作曲的宣傳曲「I Love New York」，日後也被公認爲紐約正式的州歌。

此後，「I♥NY」在全世界眾所周知，被認定爲非常成功的品牌

活動之一，標語也被升格爲象徵標誌和代表紐約的設計。雖然只是上傳了一句話和紅色的心形圖，效果卻超乎想像，現在的紐約市名副其實的成爲了每年接待4千萬人的世界中心地。這一活動與多種紀念品掛鉤，標有「I Love New York」標語和心形圖標誌的T恤銷售一空，並創作了主體歌曲，城市任何地區都在積極促進相關城市品牌的業務。

　　「I Love New York」的機制自2001年911事件之後，可以重新得以確認。因爲是基於紐約人對英雄和倖存者的讚揚及悼念犧牲者的意義，還有表現與全世界人類之間連帶關係的意義而再盛行。

圖7-2　I♥NY標誌T恤商店

出處：李素英，2008。

　　2001年紐約世界貿易中心的恐怖攻擊之後，M.Glaser將標誌改造爲「I love NY more than ever」，提出按照新活動發布，雖然也提出將標語改造爲「Together for the city we love」，市政府和州政府卻沒有接受其申請。無論是市政府還是州政府，都非常珍惜I♥NY的價值，紐約州州長George E.Pataki還史無前例地決定向I♥NY廣告

活動投資4千萬美元。

事實上，此項活動重新換回了商務、產業的活力，再一次活化了旅遊事業，爲重建市政府經濟起到了重要作用。「I Love New York」的重建活動，包含了「New Day」電視廣告、「商務領導人的約定」廣告、I♥NY Culture活動、I♥NY Theater活動、Chinatown Promotion等。2003年I♥NY活動榮獲紐約廣告協會「紐約經濟恢復廣告動力獎」。

雖然時間較短，強而有力的標語「I Love New York」比任何時候都高揚了紐約市民的自信心，形成了所謂象徵「紐約人」的生活方式，對復活紐約旅遊中心做出了很大的貢獻。

二、阿姆斯特丹

(一) 產生背景

阿姆斯特丹是一個有悠久商業傳統的城市，其文化和創新精神聞名遐邇。然而，作爲荷蘭國內重要的和國際性的文化中心，一段時間以來，它的地位受到來自荷蘭國內外其他城市日益激烈的挑戰與威脅。阿姆斯特丹作爲旅遊城市的形象是基於兩大主題。第一大主題是由現代早期的城市設計所決定的。這是一種由緊湊的運河周圍建築物組成的維梅爾城市景觀形象——一個富裕的「黃金時代」商業城市。第二大主題是形成於1960年代末的當前流行的城市形象，這種形象主要基於性開放主義和沉迷毒品的青年文化——一座偏激的嬉皮的聖地。在這個不斷變化的世界中，阿姆斯特丹仍保持著原有的形象，難以撼動。

歐洲城市間的競爭日益激烈，這就要求每個城市更加注重及發揮自身的優勢，以吸引期望的遊客和居民。應該記住的是，阿姆斯特丹在荷蘭的主導地位是無可爭議的。但它也面臨著來自許多城市的競爭壓力，像是海牙，這個實際上的荷蘭政治中心（荷蘭憲法規定首都是

阿姆斯特丹，但海牙是荷蘭中央政府所在地）；鹿特丹，一個新興的大城市，向阿姆斯特丹的商業地位發起挑戰；甚至那些更小的城市也因其與眾不同的歷史、文化和教育形象而給阿姆斯特丹帶來壓力。一個普遍的看法是：阿姆斯特丹行銷的有效利用將增加遊客的數量，刺激商品和服務的消費。城市設定的主要目標是吸引國際受眾對這個城市的更多關注，穩固或提升城市在各種各樣的國際排名中的位置。

　　面臨日益激烈的競爭並不是阿姆斯特丹行銷的唯一推動力。一直以來，這座城市的國際形象的一個主要元素與其對軟性毒品和色情的寬大態度有關係。而在現在看來對這種形象的放任是不恰當的。因為它掩蓋了城市的其他更加令人滿意的方面。另一個推動力就是出於對這種情況的評估。事實上，阿姆斯特丹應該吸引更多類型的遊客，而不僅僅是那些到咖啡店合法地吸大麻、到著名的紅燈區觀光的年輕遊客。這是城市行銷中用來改變城市形象的一個明顯的例子。這也是加速城市品牌化的使用，重塑城市形象或重塑城市品牌概念日益流行的原因。

　　行銷的推動力有個普遍的看法：城市只有透過系統化和結構化的行銷才能獲得（這種推動力）；城市行銷是城市管理的一個強大工具，如果使用得當，它可以促進城市各個方面的發展。城市行銷是關於你們愛的城市，並向其他人展示出你們為什麼愛它的原因，在這種推動力，明確地展示了作為一個地區管理理念的城市行銷的實現。在這種情況下，城市行銷不是為緊急問題提供即時解決方案的危機處理機制，它是一種積極的策略和危機預防機制，要想使其發揮作用，需要長期的適應和努力。幸運的是，這種推動力是一個充滿希望的信號：阿姆斯特丹可能避免陷入由於短視而造成的缺乏競爭力的糟糕境況。

(二) 促進內容

在阿姆斯特丹，城市行銷工作的主要協調者是一個新成立的公私合營機構，稱為阿姆斯特丹夥伴組織。當阿姆斯特丹夥伴組織建立起來，其主要的行銷策略也被確定分為5個行銷項目進行。

1. 文化活動

作為文化中心的阿姆斯特丹，明顯充滿著各種傳統。節日活動和慶祝在行銷中扮演了非常重要的角色。活動被認為是最有利的行銷工具和鞏固城市形象的理想載體，因為它們是能夠在同一時間吸引國際注意的「可見的重要時刻」。圍繞主題年組織活動是受行銷者所喜歡的一種策略，例如：2000年的「水之年」和2006年的「倫布蘭特年」。

2. 好客的阿姆斯特丹

這個專案的目標是使得阿姆斯特丹變得更加熱情好客。這項工作要確定遊客從哪些方面和如何感覺到這個城市是否是熱情好客的，並決定採用哪些行動和措施來使得遊客感到他們是受歡迎的。這個項目圍繞四個一系列的行動。

(1)隆重的接待：專案的這部分力爭廣泛地給遊客傳達這樣一個資訊：這個城市是平易近人的。同時旨在使遊客覺得是被很好地招待的，刺激（已有的）有吸引力的和被認可的旅遊路線推廣至整個城市都變得（使遊客覺得是）有趣的地方。

(2)合作：合作被視為是一件集體的事情。阿姆斯特丹力爭使眾多的當事人和部門通力合作，尤其是透過與感興趣的人員開研討會和專題會、與本地企業家進行磋商的方式達到共同目的，同時訓練與城市形象高度相關的人員，例如計程車司機，也是經過深思熟慮的設計。

(3)溝通：終極目標是熱情好客能在任何場所被看見的。所以必

須採取行動，不僅要在本地媒體上加強宣傳，更要聽取本地
居民的意見和建議。

(4)時間表：專案的這部分涉及使用現有的各種被認爲是機遇的
活動和行動，使之朝著熱情好客的專案目標同步行動，創造
一個更廣泛的公共參與的情境。

3.國際媒體策略：新的互聯網門戶

以前的吸引國際媒體的策略被認爲是不充分的和消極的。這些
專案的目標是使這個城市自身去啓動媒體的關注，升級提供資訊的內
容，並且爲國際新聞記者創造一個接觸點和消息發布中心。城市的網
站已經被升級過了，遊客和可能的遊客可以同過一個網站輕易的找到
所有需要的資訊。

4.「珍珠」項目

一些基礎設施或者其他的定期專案，例如：澤伊達斯建築項目
（www.zuidas.nl）和Uitmarkt節日（www.uitmarkt.nl），被選定爲
直接涉及到城市的行銷努力，其好壞關係到其在城市形象的影響上能
否發揮全部的優勢。

5.品牌運動

品牌運動是阿姆斯特丹作爲其主要行銷活動項目，一個新的品
牌開發專案於2004年9月啓動。透過幾年的努力，阿姆斯特丹已經
有了太多的品牌載體，例如：「阿姆斯特丹有它」、「小城市大商
業」、「酷城」。新的方法是品牌化需要持續性，口號需要時間來被
認可和變得有效。過去的口號被認爲不能完整「覆蓋」城市的核心價
值觀和利益，反而它們趨向於向一些單獨的目標群體展示一個維度或
焦點，這被認爲是錯誤的方法。同樣地，阿姆斯特丹的品牌化被認爲
在品牌用處和風格一致性上嚴重缺乏管理。一個「可觸摸的」新的城
市及周邊地區的定位被視作是必須的，一個新的品牌將代表城市的利

益和價值觀念。

　　一家顧問公司被挑選來開發新的城市標識、建議及發展品牌運動。採用新的方法，「阿姆斯特丹夥伴已經選定了一個口號，它將覆蓋實用性和內在的感覺、不被隱含的多方面的、代表城市的主要利益和價值觀念」。他們不希望選擇一兩個維度從而排斥其他。阿姆斯特丹的優勢被認為在於協會的組合以及多用途的城市，所以（品牌的選擇）必須盡可能的包含整個維度的範圍。儘管在這一點上存在質疑，城市已經選擇了「我阿姆斯特丹」這個品牌，如圖7-3。它將作為城市行銷計畫的一面「旗幟」，是使阿姆斯特丹揚名世界的工具之一，是「城市和阿姆斯特丹人民創建品牌的座右銘」。

I amsterdam.

圖7-3　「我—阿姆斯特丹」標識

出處：Kavaratzis M, 2008。

三、雪梨

(一) 產生背景

　　雪梨是澳大利亞第一大城，也是新南威爾士州首府，城市行銷是根據澳大利亞國家的行銷規劃來發展，大規模有組織的城市行銷活動是從2008年雪梨奧運會由雪梨奧運委員會開始。一般活動品牌很難影響到場地品牌，澳大利亞卻將奧運會的開展有效應用到雪梨乃至全國整體的品牌。這多虧了被選定為2000年奧運會舉辦地兩年後開始，雪梨旅遊界人士不懈努力地正式與澳大利亞品牌進行持續連接。

　　根據世界品牌專家西蒙安霍爾特在第3屆世界城市品牌指數的調

查結果來看，雪梨在2006、2007年世界城市品牌競爭力調查中，連續兩年占據第一位。這不僅說明雪梨是一個優秀的旅遊勝地，作為真正的世界城市，還突顯了世界上最好的自然景觀、氣候以及親切感。

安霍爾特在相關報告書中指出，「我認為雪梨是具備了非常良好的基礎設施、經濟性潛力及文化多樣性的世界化現代城市」，換言之，稱其具備了接近完美的「場地品牌」也不為過。同時雪梨商工會的帕特里夏弗西斯議長稱雪梨作為企業進駐的對象地區具備了競爭優勢，給予「雪梨的繁榮由其自身的文化多樣性及社會性力量直接決定」的評價。

(二) 促進內容

1.透過奧運會的城市品牌

(1) 合作品牌

主導雪梨奧運會和場地品牌連接的團體是澳大利亞旅遊委員會（Australia Tourist Commission, ATC），這一組織準備了6,700萬美元的預算，進行合作品牌的宣傳戰略。透過大眾媒體與澳大利亞政府宣傳部門共同努力於形成與奧運會組織合作，尤其是奧運會組織委員會（Sydney Organizing Committee for the Olympic Games, SOCOG）的合作關係，也就是認識到場地品牌和活動品牌之間的合作品牌（co-branding）必要共同推進。此時認識到奧運會宣傳主體和場地品牌相關人員之間合作品牌的必要性時，最低限度可降低因不必要的競爭所引起的資源消耗，同時成功地進行有秩序的宣傳，據此可以獲得1億7千萬美元的附加宣傳效果。

在雪梨奧運會形成合作品牌的事例是VISA卡公司的「Australia prefers VISA」標語。

此卡作為奧運會的贊助商，在世界各地播報了TV廣告。還靈活開展了全面雜誌廣告和全世界VISA卡持有人發送了旅遊傳單，也在上海海邊進行設立一年代表澳大利亞形象的戶外廣告牌等宣傳活動。當然，所有宣傳物品附近都放置了「I Love New York」。在運用「東京的形象」下，VISA公司與廣告公司共同創造的長期行銷雪梨的目的地形象戰略（Smythe, 1999）。澳大利亞旅遊委員會還以VISA卡客戶為對象，配發雪梨奧運會的傳單，或以在VISA卡廣告內包含澳大利亞元素的手段，引導宣傳雪梨和澳大利亞。結果在奧運會前後得到了訪問澳大利亞的遊客VISA卡使用率增加23%等滿意結果。

(2) 透過媒體活動的城市品牌

ATC不僅與合作品牌透過奧運會宣傳了奧運會的競技項目，還發揮了向全世界媒體轉播雪梨和澳大利亞魅力形象的作用。

讓港口城市雪梨的影響和美麗，廣泛地傳播至世界各地，尤其雪梨的形象是根據歌劇院和港口來強力定位。國家廣電中心利用國際信號發送的24小時背景畫面是雪梨歌劇院和港口大橋，廣電中心可以隨時截取畫面使用。女子馬拉松的決勝點和鐵人競技的游泳項目則是在歌劇院旁的海面進行的，讓廣播電視畫面能時時刻刻截取歌劇院的鏡頭，而馬拉松設定則規劃了橫越雪梨市區的路線。同時紀念雪梨奧運會的胸針（徽章）大都以雪梨奧運會徽或雪梨象徵性歌劇院和港口大橋為設計元素。

ATC在舉辦奧運會前5年左右的時間內，邀請了5,000名媒體從業人員對此進行了宣傳，在這項「記者訪問計畫」（Visiting Journalist Program）做出了很大貢獻。結果影響全世界的大眾媒體，放映了有關澳大利亞最近風貌，各大雜誌和新聞也刊登很多報導，創造了21億美元的宣傳效果。

奧運會期間，在雪梨為沒有獲得體育報導許可資格的大眾媒體相

關人員設置了媒體中心，引導他們不僅對體育活動，同時還要引導關注「雪梨」，還採用了引導他們形成相關報導和電視廣播的戰略。結果達到澳大利亞旅遊委員會理事自評「雪梨奧運會完全轉換了世界看澳大利亞的視線，推進了澳大利亞國際旅遊品牌10年進程」的效益，這是從運用活動的場地品牌觀點出發，屈指可數的成功事例。

圖7-4　透過奧林匹克而世界知名的雪梨歌劇院

出處：李正勳，2007。

(三) 雪梨和新南威爾斯州的品牌活動

　　新南威爾斯州旅遊廳從2004年開始，將雪梨進一步發展爲全球城市，也實施了新的品牌活動「There is no place in The world like Sydney」。此品牌在澳大利亞、紐西蘭、英國同步實施。

　　雪梨的旅遊網站上爲了強調符合這樣的標語，說明一整年都可以找到享受購物、餐飲、夜生活等有名的旅遊地，還標明了可以在外圍區域找到大自然景觀的雪梨，強調了自身的優越性。

　　這項品牌活動以不但讓人認知傳統性象徵的經驗，也提供超越經驗服務的動態城市經驗。強調了宜人的夜景、修身養性的海邊文化、自然與飲食、演出與購物等多彩多姿的愉悅。

There's no place in the world like Sydney

圖7-5　2004年的雪梨新品牌

出處：李素英，2004。

　　透過TV、新聞、PR、網頁、廣播等開展了多種活動，結果提升了大眾對品牌標語的認識，從而形成了35,000次以上的網路及電話諮詢。而且，增進了透過廣告訪問雪梨的大眾意志，吸引了60個公司的廣告合作夥伴。對於2005年2月在雪梨舉辦的瑞安金和埃德自治市軍樂表演的酒店及演出票券的預約，也取得了超出預想的效果。結果表示，91%的市民同意了文句，認識到雪梨是一座擁有美麗海邊及港口城市，86%的人認為雪梨是一座麗都，是被美麗自然環境圍繞的城市（李正勳，2006：144-145）。

四、格拉斯哥

(一)產生背景

　　蘇格蘭最大的城市格拉斯哥，透過1136年大教堂的建立和1451年格拉斯哥大學的進駐，在15世紀成為蘇格蘭學術及宗教中心地。在20世紀初期，格拉斯哥是一個造船及重工業的繁榮城市，在當時歐洲，有「最富有最美麗城市之一」稱譽。不久就因城市重工業無法抵抗海外城市低價勞動力競爭而沒落，人口與就業機會大量流失，城

市淪落成暴力城市、酒精城市，但在這種趨勢中，城市出現服務業小幅成長趨勢，逐漸發揮支持地方經濟作用，面臨這種地區經濟停滯局面。1970年代的格拉斯哥，透過貧民窟清除、綜合性在開發與道路建設來進行城市復興，過程中將喬治、維多利亞等時代的建築清理出來，讓城市密紅色砂岩肌理重新展現。在城市改造與復興中，由於城市形象改變，城市就開展城市行銷與招商引資。

圖7-6　格拉斯哥市全景

出處：http://en.wikipedia.org/wiki/glasgow（檢索日：2008年6月）。

(二) 促進內容

在整個復興過程中，格拉斯哥政府機構也扮演重要角色，推出「格拉斯哥更好了（Glasgow's Miles Better）」與「格拉斯哥—蘇格蘭風（Glasgow, Scotland With Style）」等方案來行銷城市。

1.格拉斯哥更好了（Glasgow's Miles Better）：為了城市再生的行銷

格拉斯哥城市行銷開始於1980年初「Glasgow's Miles Better」活動。市政府以對應衰退工業的方案計畫，向文化產業、服務業等進行招商引資。對此，市議會的議員、市經濟開發部門的公務員、蘇格蘭開發機構及相關機關、格拉斯哥活動、格拉斯哥開發機構與地區企業家代表也進行了參與。

　　隨著認識到格拉斯哥的負面形象是招商引資最大的障礙，將形象活動作為城市再生行銷的出發點。透過這樣的活動，將象徵性活動和藝術作為培養城市經濟的手段，以旅遊及服務產業為目標進行行銷。這項活動包含了改善外部消費者對城市的印象，以及激活地區氛圍的意圖。

　　1980年代繼續努力於城市的更新與活性化發展。1980年提出了城市經濟開發計畫，1982年開始正式導入市內居住功能。此後，透過在市區內建設蘇格蘭會展中心（Scottish Exhibition and Conference Centre）、王子購物廣場（Princes Square Shopping Centre）、聖諾中心（St. Enoch Centre）、交通博物館（New Museum of Transport）等建設活化。即1980年初期透過官民積極合作，努力開展了很多地區活性化事業。1983年從市長所謂「Glasgow's Miles Better」的標語開始舉辦了藝術慶典（arts festival）、五月慶典（Mayfeast）。

　　1985年設立了所謂「格拉斯哥行動」（Glasgow Action）的官民合作機關，激活了城市旅遊，宣傳了城市的中心區。同年，隨著展示、展覽中心的開館，舉辦了合唱節、爵士音樂節、舞蹈節等，激活了夏季的慶典氛圍。

　　1987年隨著市政府組成慶典負責部門，1988年實行了舉辦花園節（Garden Festival）的計畫，將大規模交通博物館遷移至格拉斯哥美術館對面，開始集中城市旅遊的魅力。

　　努力下的結果，格拉斯哥於1990年被指定為歐洲文化城市的榮譽，城市宣傳效果倍增。年度舉辦的城市活動慶典和博物館、美術館等多種展示項目，也產生許多協調效果，被指定為歐洲文化城市的1990年，吸引了659萬名遊客，其中74%造訪了博物館、美術館，26%造訪了音樂廳。而且，造訪格拉斯哥以外地區的遊客增加了85%，相較1989年增加了72%。因此，進入1990年地區開發機構開

始擴大和整合，透過選定歐洲文化城市（1990年），獲得「英國建築及設計城市獎」（1999年），持續地努力發展了文化、旅遊等城市服務業。1991年設立了格拉斯哥開發廳（Glasgow Development Agency），透過「Glasgow's Alive」等活動，正式促進了城市活性化事業。另外，透過建設格拉斯哥皇家音樂廳（Glasgow Royal Concert Hall）、布坎南畫廊購物中心（Buchanan Galleries Shopping Center），負責發揮了城市活性化的先導作用。這是基於對「實際沒有改善的形象活動是空洞的、會夭折的（Glasgow Action, 1991）」之主張。

上述戰略與形象建立活動之間存在非常強的相互關係，這一階段需要城市形象活動從單純的「形象建立」，轉換至「形象重建」。對照「衰退的工業城市」形象，設定目標的新形象對焦藝術、文化的結果，激活旅遊也同時傳達格拉斯哥進入後期產業社會的形象。

從1990年初和年末對英格蘭東南部的白領階級進行的問卷調查結果來看，認為格拉斯哥是「快速變化和改善的地方」的比率從33%增加到了49%，認為這裡是荒涼停滯之地的比率出現了快速減少的趨勢，是反映格拉斯哥變得良好的事例。

2.格拉斯哥—蘇格蘭風（Glasgow: Scotland with Style）：樹立新品牌定位

1990年「Glasgow's Miles Better」活動和「歐洲文化城市之年」的事業獲得成功之後，刷新工業城市形象的格拉斯哥於2004年展開了新的行銷。

2004年3月開始利用1億8,300萬英鎊的預算，將「格拉斯哥—蘇格蘭風」（Glasgow: Scotland with style）指定為城市標語，並製作了相應的標誌，向世界宣傳了格拉斯哥的形象。意味格拉斯哥風格的「Glasgow: Scotland with Style」，在世界建築家麥凱恩托西的思

想下，宣傳了格拉斯哥獨特的建築、設計、時尚、音樂、藝術風格等，開展宣傳格拉斯哥是商家城市的結果，逐步向歐洲、美國乃至全世界擴散行銷對象，2005年設立了格拉斯哥城市行銷局（Glasgow City Markting Bureau, GCMB）。

結果增加了181,000名遊客，創造了21百萬英鎊的地區經濟，讓旅遊產業受到了發揮正面作用的評價。另外，格拉斯哥作為崛起產業革命中心地時，其重工業船舶中心地沿著克萊德流域，目前重新整建，成為21世紀格拉斯哥的地表坐標。

江邊的倉庫和造船廠的舊址，如今已經變為有公園和庭院的舒適居住空間，建有Morman Foster設計的蘇格蘭展會中心（SECC）、紮哈哈迪德（Zaha Hadid）交通博物館等許多現代建築。因具備獨特設計的IMAX電影院、最新天文館、虛擬體驗館等最新設施聞名的「格拉斯哥科學中心」，和360旋轉的格拉斯哥127公尺高大樓成為了名勝，2001年7月以後，每年吸引了大批量遊客。大西洋海灣公司設立了BBC和Scottish TV運營的數字媒體本部（Digital Media Campus），還新建或計畫建設了橫跨克萊德河的多座大橋。

此外，同時促進開發河口的格拉斯哥港灣整修工程。這項工程是整修蘇格蘭展示及會議中心（SECC）和克萊德隧道之間130英畝未開發地區的事業。目標計畫2009年竣工，作為建設2萬人工作和生活的住宅區、商業街區、商務區、娛樂區等，是市政府重生城市衰退及荒廢的克萊德河邊的綜合開發計畫。預計需要民間和歐盟聯合支援10億英鎊預算。計畫將居住及商業街區的建設分為6個階段，建設2,500個街區的住宅，2003年第一次銷售了651個街區。商業街區計畫在93,000平方公尺的空地上，設立零售及娛樂設施。

河邊另建設一條散步路，作為連接市中心的通道，第一階段工程2004年末開設了450公尺的接觸渠道。利用四百萬個石頭鋪設步道，不僅是考慮到綠色生態的層面，還具備了再現過去維多利亞時代光榮

的象徵性涵義。

　　以克萊德河邊為中心的市中心再生戰略，創造了2萬個新的工作機會，結果格拉斯哥達成了2.4%的經濟增長率，相比英國整體增長率高出1.8%。

　　基於過去時期對城市行銷的努力，迎接新局面的格拉斯哥市嘗試了所謂「Glasgow: Scotland with style」的新品牌活動，非常好地反映了格拉斯哥的成就與挑戰。

圖7-7　克萊德河邊的展示館、文化產業地區（左），克萊德河邊的大會堂（右）

圖7-8　新格拉斯哥品牌運動

出處：李素英，2008。

　　過去的活動僅期待了格拉斯哥是更好的地方，是較為模糊的形象，發音添加了聯想「smile」的「（s）mile」和「better」，相較

於強調發展可能性和柔和，新活動更加明確了格拉斯哥的指向點。新活動將格拉斯哥定義為創造性能源和風格的故鄉，可謂表現了格拉斯哥前衛的時尚與購物，乃至以文化產業為中心發展城市的意志。

這一定位的核心是基於格拉斯哥產生的歐洲新藝術活動，建築師Charles Rennie Mackintosh的建築，可以看出格拉斯哥市創造性的魅力風格，城市處處都在開展以此為中心的文化藝術活動和促銷。格拉斯哥藝術學院、凱文葛羅夫美術博物館、格拉斯哥麥金托什音樂節、當代藝術中心等，均是形成其代表性文化活動基礎的地方。

圖7-9　格拉斯哥藝術學院（左），凱文葛羅夫美術博物館（右）

出處：http://www.gsa.ac.uk（左），http://imageserch.naver.com（右）（李素英，2008）。

實際上，格拉斯哥在英國作為創意產業增長中心地，創意產業占據了8%的就業率，格拉斯哥的主要購物街布坎南街（Buchanan Street），成為世界崛起的購物中心之一，根據英國房地產諮詢公司戴德梁行（Cushman & Wakefield Healey & Baker）最近的調查結果來看，格拉斯哥布坎南街（Buchanan Street）昂貴的租賃費位居世界第七。格拉斯哥的人們（Glasweigian）追求美的生活方式，很大程度上寄予了這種城市文化的成熟。

格拉斯哥的新活動有有以下兩種優勢。

第一，很大程度上應用了蘇格蘭的形象。擁有全世界獨特歷史和傳統，以及文化的蘇格蘭光環效果提升了格拉斯哥的形象，表現了格

拉斯哥脫離灰暗的工業城市形象，努力被選定爲歐洲文化首都的結果以及自信感提升。

第二，全面體現了「風格」。「風格」表現了格拉斯哥在英國乃至全世界的優勢，是從蘇格蘭主導的追求與愛丁堡同步發展，產生發展戰略這一點更爲重要。

格拉斯哥—蘇格蘭風格活動是正確掌握格拉斯哥區域性、產業潛力、近鄰競爭—合作城市的協調關係，成功實現旅遊及度假產業戰略。格拉斯哥城市戰略本於最大限度地利用城市既有力量，即使現有文化資產的知名度不高，但仍有價值，其價值的開發和再現利用，是發現城市潛力的最好工作。

五、斯德哥爾摩

(一) 產生背景

2001-2002年資訊技術和網路經濟的崩潰，使得斯德哥爾摩陷入困境。它是斯堪地那維亞所有城市中，受到衝擊最嚴重的城市，很多公司受到了巨大的影響，例如易立信。同時斯德哥爾摩還面臨著正在加劇的城市間的競爭，並且這座城市缺少一個清晰明確的重點，以及在投資和旅遊業方面的一致地方品牌。2004年初，SBR（斯德哥爾摩商業區）的主管和斯德哥爾摩市委員會決定斯德哥爾摩需要重新進行品牌化。由於問題在於不一致，讓許多活動中使用的口號引起了困惑並缺乏焦點。此外，網路公司的崩潰也引發很多新問題，因此決定重新進行品牌化。

斯德哥爾摩的品牌化初期涉及到三個關鍵人物：品牌化戰略的帶頭人Julian Stubbs，客戶銷售經理Karin Stenberg以及平面造型設計經理Nick Greening。之所以選擇這個團隊，是因爲他們在斯德哥爾摩—阿蘭達機場品牌化專案中取得的成功。當時委託被稱作是SNK—Stockholm Näringslivkontor，後來他們更換了名稱和組織，

改成斯德哥爾摩商業區（SBR）。Julian Stubbs工作涉及提出定位戰略（斯德哥爾摩是在斯堪地那維亞進行旅遊與商務活動最重要的地方）、進行創作性工作以及編寫標語——斯堪地那維亞的首都。Karin Stenberg的工作是幫助鑽研客戶概要，收集所有背景資料並且保持與客戶的日常接觸。Nick Greening開發了商標與「皇冠」圖案。

　　收集關於斯德哥爾摩資料的時候，是使用的是由研究公司戴德梁行（Cushman & Wakefield）、西蒙安霍爾特（Simon Anholt）提供的城市品牌指數。此外，「vox pops」也被用作收集公眾意見的一種方式，其中，包括公眾對斯德哥爾摩這座城市的看法以及與其他斯堪地那維亞的城市相較，如何看待這座城市。也對城市利益相關者進行訪問的時候，同時做了內部審計，例如：當地和國家政府、當地的商業、合作夥伴（例如：機場、大學、人口和媒體），以此來獲得城市利益相關者的看法：他們是如何看待這座城市的，以及他們想讓這座城市在世界上呈現出什麼樣子。此外，也在斯德哥爾摩、哥本哈根和奧斯陸做了些「vox pops」街頭研究。它並不在於統計上的顯著性，而更多在於給我們一個關於問題的定性意識。

　　當涉及到品牌化意念的時候，最關鍵的特徵是城市的有利條件，並伴有同時吸引遊客和商家的口號。主要的想法就是使得斯德哥爾摩的品牌同時吸引遊客和商家，這就是設計的口號要適合兩類群體的原因。這個活動的背後就是要培養公眾，並且更正他們對於斯德哥爾摩的誤解——例如：陰暗、昂貴、寒冷等等。此外，也想向全世界展示斯德哥爾摩為這兩類群體都提供了什麼，並且集中在那些方面（例如：自然環境、地理環境、工業和事件）。

　　斯德哥爾摩的品牌化現在處於第二個階段，這個階段主要是擴大斯德哥爾摩目前的影響。第一階段主要是為如何對斯德哥爾摩品牌化進行集思廣益，並將之付諸行動。斯德哥爾摩現在開始被世界所熟

知，所以現在我們需要精力集中讓瑞典人知道SBR（斯德哥爾摩商務區）是做什麼的以及它是如何運作的。

　　Julian的個人看法是，鼓勵世界各地的遊客和公司至少來斯德哥爾摩旅遊一次——因爲這座城市所提供的有利條件，能夠說服他們再次來斯德哥爾摩旅遊（推拉策略）。

　　整個品牌化進程首先是評估斯德哥爾摩目前的標語：「美麗的水上景色」，而這個口號在我們看來沒有把斯德哥爾摩的全部包括進來，並且也只能用於旅遊業，因爲幾乎沒有商家會關心水上的美麗風景。新的標語必須同時指向遊客和商家，並且要響亮、簡潔、與衆不同。第一個標誌以「斯德哥爾摩是最重要的城市」結尾，但是這個標語沒有得到批准，由此最終進化成了「斯堪地那維亞的首都」這個標語，這個新標語被城市利益相關者們廣泛地接受，並被透過成爲了斯德哥爾摩的新口號。隨後，被引入的標識的顏色——灰色和藍色正是斯堪地那維亞的顏色（Ewert, M.,Stubbs, J.，個人通信，2009年4月29日）。

(二) 促進內容

　　根據Julian Stubbs所述，斯德哥爾摩的品牌識別可以簡要的描述爲現代與傳統的平衡，這裡有古老的魅力四射的地方，這裡還有現代化城市提供的基礎設施和旅遊景點。

　　品牌化紀律其中的一部分，就是不要讓潛在和當前的遊客、城市利益相關者對於將要被描繪的品牌識別感到困惑。在這一點上，斯德哥爾摩爲了吸引遊客和商家的目光，曾經使用了不只一個口號，很不幸的是，這些口號不能對遊客和商家同時起作用，例如：「美麗的水上景色」這個口號對於遊客可能會起作用，但是對於商家來說就不那麼重要了。因此，擁有一個統一的品牌——能同時引起遊客和商家的興趣是很重要的，透過堅持一個符合標準的口號以及透過廣告和通訊

等手段加強它。

斯德哥爾摩口號的選取基於各式各樣的原因，主要是因為首都意味著權力，他們提供了最好的一切。此外，斯堪地那維亞象徵著強大且積極的情感。另外，對於瑞典來說，斯堪地那維亞還包括一個更大的地理區域，會很容易地聯想到任何特定的政治地位。斯堪地那維亞包括瑞典、挪威、丹麥、芬蘭和冰島。這些就是選擇「斯堪地那維亞的首都」作為口號的主要原因，這也是為什麼它作為斯德哥爾摩口號的原因，因為這個口號提出的要求能夠由實際情況來進行強化。市場行銷活動背後的理念就是增強自信，或者「kaxig」瑞典。

「斯德哥爾摩—斯堪地那維亞的首都」這條標語非常好記，而且它反映出了斯德哥爾摩的地理位置。下面的插圖是斯德哥爾摩的品牌簽名，以及其簽名的各種變種。

圖7-10　斯德哥爾摩的品牌簽名

出處：Stockholm Business Region, 2009。

標語中使用的皇冠特別按照現代的方式設計的，儘管它是一個歷史性的符號。這樣一來，斯德哥爾摩既傳統而又現代的氛圍就形成了。「Stockholm」以現代的方式書寫—— 容易識別並且引人注目，

與此同時，用斜體書寫標語還代表了傳統。標誌以斯堪地那維亞的顏色──灰色和藍色為填充色（Ewert & Stubbs，個人通信，2009年4月29日）。

　　下圖解釋了以上展示的品牌簽名想要傳達的資訊範圍。

> 斯堪地那維亞天然的彙集點
> 世界級遠端通信
> 波羅的海地區的主要港口
> 國際機場若干
> 有世界上最好的學術機構中

> 世界級IT和Clean Tech的創新中心
> 歐洲最大的生物技術群之一
> 跨國公司的最佳城市
> 斯堪地那維亞最大的金融市場
> 大量遊客

> 諾貝爾獎所在地
> 音樂製作中心
> 國際美食文化
> 獨一無二的環廊與博物館
> 國際著名的造型與設計中心

圖7-11　斯德哥爾摩的核心品牌資訊

出處：Stockholm Business Region, 2009。

第二節　亞洲城市

一、新加坡

(一) 產生背景

　　新加坡自1956年從英國獨立後，希望新加坡朝向高素質環境發展，來提升新加坡國民生活品質，打造新加坡成為宜居、宜業、宜商

的城市國家，來吸引更多移民與企業。從早期定位爲「花園城市」到目前成爲亞洲重要金融中心與航運中心，新加坡一直非常重視旅遊業與會展業發展，在2002年新加坡開始吸引700萬以上遊客，成爲這個城市國家最大創匯部門，這也是新加坡旅遊局（The Singapore Tourism Board, STB）重視城市行銷與品牌地主因。

新加坡旅遊局（STB）曾評估直接寄予新加坡經濟的比率爲5%，雇傭效果達到了13萬人。

但是，新加坡的旅遊產業時常面臨基於東南亞國家之間激烈競爭所產生的威脅。1990年中期，隨著東南亞的競爭加劇，新加坡的訪客增加率和平均住宿率、訪客人均消費費用等減少。2001年美國911事件、2002年10月12日峇里島爆炸案、2003年伊拉克戰爭和SARS的出現，進一步讓旅遊事業停滯。

在這種危機下帶頭的是利用「新亞洲─新加坡」品牌概括的整體旅遊戰略，此品牌提出了超越城市國家擴散新加坡旅遊事業的目標。

(二) 促進內容

1.「新亞洲─新加坡」品牌活動

新加坡於1995年設立了國家旅遊計畫委員會（NTPC），1996年公開了旅遊發展總體規劃「旅遊21：旅遊首都的計畫」（Tourism 21:Vision of a Tourism Capital）。報告書賦予了國家旅遊當局更多的責任，重新定義了旅遊事業、重新定位了新加坡旅遊勝地的定位。此後，1997年11月將新加坡旅遊促進局（STPB）更名爲新加坡旅遊局（STB）。

「新亞洲─新加坡」品牌活動是於1996年開始著手的。STPB發言表示，現在的定位「很好地把握了當今新加坡的精髓」（STPB, 1996）。因爲，此前持續11年的「神奇的新加坡」（Surprising

Singapore）定位，並未能適當地傳達「成熟的新加坡旅遊商品和新加坡旅遊計畫」（STPB, 1996）。「新亞洲－新加坡」向離開新加坡的1,300名遊客收集了意見，經過研討後，進行最終選擇。問卷調查中問到喜歡新加坡的印象？對於作爲代行方案提出的品牌，也實施了偏好度調查（STPB, 1996），透過這樣的過程，對所謂如何重新包裝和重新創意「新亞洲－新加坡」目的地的問題，提供了明確的計畫。

　　新品牌計畫的目的在於創造新加坡旅遊事業的新趣味、新商品、新的可能性。「新亞洲－新加坡」透過特別活動進行了定期促銷，最開始著手的時候利用「輕鬆享受，難以忘懷」（So easy to enjoy. So hard to forget）的標語進行促銷，新的轉換期利用「新千年發燒友」（Millennia mania）的促銷活動，表示城市國家祝賀並歡迎新時代。911事件之後，隨著世界旅遊市場的停滯「享受人生！」（Live it up!）活動開始興起，2003年5月末，世界保健機構（WHO）從非典危險對象國家名單中將新加坡排除之後，開始著手於「新加坡在咆哮」（Singapore Roar）的新活動。這種活動帶有傳說的色彩，以具體的市場爲目標，組織了特別活動，強調了特定的魅力物，活動中還專攻性地促銷了「新亞洲－新加坡」的多彩形象，作爲促銷手段之一還刊登了國際時尚雜誌、世界TV網絡，以及網頁廣告。

　　對於新加坡的快速近代化和經濟發展，遊客表示感覺新加坡非常現代。從「神奇的新加坡」重新定位到「新亞洲－新加坡」，並非爲新加坡文化導入近代發展的戰略，其核心表象是爲了維持東洋異國風情。STPB目的地行銷部門（1997，9月11日）稱，可以在「新亞洲」中，發現新加坡的生活方式和飲食、音樂，以及多種魅力物。

2.開發符合品牌的旅遊商品

1996年以後，STB多數開發了「新亞洲－新加坡」旅遊商品。1998年著手旅遊開發補充計畫（Tourism Development Assistance Scheme, TDAS），此計畫10年配分了5億元，用此提案開發符合「新亞洲－新加坡」主體的商品。STB和新加坡農業食品及畜產局（Agri-Food and Veterinary Authority）透過TDAS在新加坡的農業技術公園（Agrotechnology），援助了五個城市農場，開發了訪問者親和項目，挽救了處於異國滅種危機的植物，提供了綠色環境無農藥蔬菜、觀賞魚和熱帶野生植物區（STB, 2000a）。而且，透過TDAS還可以乘坐由豐富經驗的駕駛員駕駛的寬敞三輪車（trishaw）。

圖7-12　新加坡的觀光象徵物魚尾獅（Merlion）
出處：Encyber百科詞典（www.encyber.com，攝影日：2008年6月）。

「新亞洲－新加坡」品牌是東南亞文化戰略，同時還是計畫。透過計畫創造旅遊商品，讓遊客關注新加坡嚴格挑選的精品小街，從而提高形象。STB為了獎勵新加坡人的小街和文化生活，城市開發局、土地交通局、國家遺產部、國立公園部等共同積極合作經營。

例如：非典時期為了振興旅遊產業，提出促進了「邁向國際」的計畫。

　　同時STB提出了設立新加坡藝術館、亞洲文明博物館、新加坡歷史博物館、海邊廣場的劇場（Esplanade）等，這成為振興新加坡文化藝術領域的主要動力。

圖7-13　廣場

出處：http://worldtown.naver.com（檢索日：2008年6月）。

　　「新亞洲－新加坡」的目標不僅是全球促銷，還要介紹給國民，重生島國的活力。

　　從長期性觀點來看，新加坡是要與亞洲旅遊市場連接。STB稱新加坡是連接遠東和大洋洲，延伸至中國到紐西蘭的集散中心，顯示為東南亞的旅遊首都，遊客訪問東南亞時，需要先訪問旅遊首都新加坡。

　　從短期觀點來看，STB調整新加坡是有趣並帶有異國風采的亞洲中心，同時也慎重考慮不與東南亞帶有不穩定形象的國家有關聯。

　　總而言之，「新亞洲－新加坡」品牌透過STB進行了不斷協商和管理。隨著時間強調的內容有所不同，保證向遊客傳達單純的訊

息，並提供自然有趣的經驗。充分表達品牌不斷進化的過程。

二、杜拜

(一) 產生背景

根據國際品牌的全球負責人Jeff Swystun先生的觀點，杜拜的品牌化，仍然是一項正在進行的工作。雖然杜拜目前是一個經濟快速增長並富有同時享有積極的優勢地區，但是它正在喪失與世界交流的總體資訊。由於品牌強調對非常積極的地方屬性的依賴作用，因此，此刻杜拜需要把人和文化層面都包括在內」（Shikoh, 2006）。

杜拜旅遊與商務行銷部的Petula Dixon（傳媒和廣告首席執行官）和Shafeeq Hamza（IT專家）也同意，杜拜的品牌化進程正在進行中（2009年4月）的說法，主要在於作為設計品牌識別的一部分杜拜的口號及品牌商標還沒有被最終選定，因此杜拜品牌仍未完全開展。選定「獨一無二的杜拜」這個口號，放在旅遊和商業推廣署的網頁上，但Hamza聲稱，品牌化進程的細節是保密的，因為他們尚未結束並推出新的計畫（Petula Dixon & Shafeeq Hamza，個人通信，2009年4月16-23日）。

2009年5月5日，杜拜的旅遊與商務行銷部在阿拉伯旅遊市場展中，啟動了一個新的行銷活動，並提出了它的新標語和口號——「絕對是杜拜」。這種新的行銷行為以及對杜拜進行的品牌化，目的是在於吸引遊客、商務旅行者以及當地的居民。根據DTCM的報告：「創造絕對杜拜門戶的戰略指導，是基於區別政府實體與消費者品牌的需要」。

「絕對是杜拜」這個口號是由兩個行銷公司（品牌精品Xische Studios和Market Gurus）共同設計完成的（DTCM, 2009x）。

在透過互通電子郵件獲取資訊的基礎上，杜拜的品牌化進程分為三個階段。第一個階段包括創立和設計品牌識別——創造了「絕對是

杜拜」這個口號。第二階段將使用社群媒體（Facebook等）以及其他工具的整合，來吸納各用戶與definitelydubai.com網站的主題內容進行互動。第三階段將重建企業的存在（官方網站dubaitourism.ae）並將注意力全部集中在杜拜的合作夥伴身上，也就是說，加強在B2B和B2G方面活動。此外，門戶網將被翻譯成其他國家的語言，以便接觸更多的客戶（Shafeeq Hamza，個人通信，2009年5月13日）。

(二) 促進內容

　　杜拜把自己定位於各種奢侈品的大本營。作爲存在多種文化交流的7個酋長國中，最自由的城市，它將自己視爲一個創造唯一特殊氛圍的大熔爐。在其強烈背景的渲染下，杜拜正在爲成爲一座他們稱之爲「全球的阿拉伯城市」而努力（Balakrishnan, 2008）。

　　國際品牌全球總監Jeff Swystun表示，「（杜拜）……應該成爲全球的中心，但不是一個暫時的中心——而是一個吸引人並且令人們忠於這裡的中心」（Shikoh, 2006）。

　　杜拜政府使杜拜呈現出多層面的吸引力，用以吸引不同的目標群體，如吸引投資者的稅收鼓勵機制以及吸引遊客們的各種旅遊景點。

　　杜拜使用很多口號用以推銷自己，其中杜拜旅遊與商務行銷部使用的口號是「獨一無二的杜拜」（DTCM, 2009i）。

圖7-14　杜拜的品牌簽名

出處：DTCM, 2009i。

紐約的品牌公司Corebrand的首席執行官表示，這個口號並不能為遊客的到來製造一個令人信服的理由。他建議在品牌效應的幫助下，透過更多利用其獨特的品質（例如：好客以及商業的友好氛圍）來建立一個戰略性市場定位。（個人通信首席執行官James R. Gregory，2009年4月21日）。Balakrishnan（2008）在他的案例研究中提到，即便杜拜擁有最高大、最宏偉、最富有的東西，也不能夠為其創造可持續的競爭優勢。儘管杜拜是成功的（Balakrishnan, M. S., 2008年），但是Gregory仍然認為，「這完全是依靠政府支持，並且如果沒有巨大的經濟後盾是不可能成功的」。

據波斯灣新聞記者Naseem Javed（2008）報導，杜拜有很強的知名度及特色，但是缺少一個清楚的品牌識別，這一點在ABCNamebank最近進行的研究中以及諸如「實現夢想」和其他旅行網站所使用的口號中都體現出來了（DTW創業有限公司，2009）。

杜拜尚未設計出一個視覺識別作為其品牌戰略的一部分。在Balakrishnan的案例研究中指出，「杜拜尚未決定其主要形象是什麼。如果駱駝是品牌化戰略的一部分，那麼大多數遊客購買駱駝作為紀念品是無可厚非的，但這更像是一個企業家對目的地的詮釋。」（Balakrishnan, M. S., 2008）。在Mona Helmy的博士論文中，她發現杜拜品牌識別的目的是提升城市水準，使之成為「一座提供成功的機會和舒適的生活、領先的商業、住宿、展覽，也為中東及其相鄰的地區提供會議中心的優秀城市。」（Helmy, 2008, p.73）。

2009年5月5日發布的品牌識別，包括「絕對是杜拜」這個口號以及下面的品牌簽名。

根據DTCM，「線上的視覺標識反映了杜拜的無限魅力，也牢牢地扎根於阿拉伯熱情好客的古老傳統中。在傳統與現代二元性的結合這方面，杜拜是獨一無二的——是構思門戶網站的視覺風格與功能的關鍵因素。」（DTCM, 2009j）。

圖7-15　新的杜拜品牌印記

出處：絕對是杜拜，2009。

三、香港

(一)產生背景

　　香港新聞處決定於2000年促進香港品牌的發展，用以防止香港回歸後從國際焦點中消失。爲了促進香港品牌的發展，政府聘請了國際通信公司的研究小組，來研究香港的供給情況及其國際地位，然後設計一個品牌化戰略。國際通信諮詢公司（Burson-Marsteller）聯合全球品牌與設計顧問公司（Landor Associates and Wirthlin Worldwide——它是一家國際研究公司）共同進行此項研究（香港品牌管理高級職員，個人通信，2009年3月20日至4月16日）。

　　這個團隊發現，雖然香港被世人所熟知，但是這座城市在某種程度上，並沒有與一座現代化城市應該提供的供給相互聯繫。

　　透過訪問香港的城市利益相關者與建議宣導者，如政府官員、商業人士、學者、貿易組織代表、政治家以及媒體代表，得到了更深層次的認知。結果顯示，香港被視爲一個商業中心，這裡的資源用來增強IT業的商業化以及提高人們的生活品質。就這一點而言，對於香港的高密度以及生活費用支出大，這些方面的關注增加了。

　　此外，消費者們被問及他們對於香港所持有的看法。問卷被調查者們分別來自澳大利亞、加拿大、法國、德國、日本、紐西蘭、日

本、英國、美國以及香港本地。除了作爲一座東西方文化交匯所營造出來的具有獨特氛圍的城市之外，研究團隊還主張，「不應該把香港僅僅視作通往中國內地的門戶，而同樣應該將其視作爲通過亞洲其他地區的門戶。」香港仍然是整個區域經營商業的中心，大多數問卷被調查者都認爲香港是亞洲的商業中心。

除了獲取對香港的認知與看法之外，該團隊還進一步分析了其他城市的品牌化方案，並得出了這樣的結論：如果必要的話，香港的品牌化應根據當前的情況做出相應的調整。這項研究隨之創建了香港的品牌識別（香港品牌管理辦公室，2007b）。

(二) 促進內容

城市利益相關者們將香港視爲一座創新的、國際化的、有魄力的、領先的以及與世界接軌的個性化城市，然而香港品牌的核心價值是先進的、自由的、穩定的、帶有機遇性的以及高品質的。香港的品牌化概念爲了強調其對現代化以及充滿活力的看法，創立了「亞洲的國際化大都會」這個口號。該口號意在傳達「香港作爲地區的商業中心，是通往中國內地與亞洲其他地區獲取新的經濟機遇的天然門戶，同時也是國際文化與藝術中心」等資訊。

香港可視的品牌簽名，包括口號與視覺識別，如圖7-16。

使用同一個簽名作爲核心價值，並將城市的個性化看法反映在簽名中是非常重要的，香港的品牌簽名中，顏色、形狀以及大小的使用，都體現了香港的個性化特徵。

圖7-17除視覺識別、龍形圖案，還使用英文字母與漢字結合來體現兩種文化的融合。第一幅龍形圖案中，展示出了字母「H」與「K」——香港「HONG KONG」的縮寫，第二幅圖案展示出「香港」兩個中文。

主題字眼　　　　　香港的品牌識別　　　　龍形標誌

圖7-16　香港的品牌簽名

出處：香港品牌辦公室，2007。

（第一幅）

（第二幅）

圖7-17　香港的可視識別

出處：香港品牌管理辦公室，2007。

　　龍形象的流動效果是用於刻畫一種動態形式──香港是一座永遠不斷變化著的城市（香港品牌管理辦公室，2007c）。

　　透過電子郵件對參與品牌化進程的高級官員進行調查問卷，從其答案中總結得知：香港的品牌化是一項綜合品牌的推廣計畫，其目

的在於吸引具有不同目的的國際群體，像旅遊業、外國直接投資、貿易、教育以及外來移民等。決策與實施行銷戰略的原則是：

> 創造傳達香港競爭地位的主動權。

> 在品牌活動中呈現出品牌價值。

> 建立一種將香港定位於亞洲國際化大都會的認知。

> 從私營和公共部門內部加強香港的品牌文化。

（香港品牌管理部門高級官員，個人通信，3月20日-4月16日，2009）

四、首爾

(一) 產生背景

首爾在1986年承辦第10屆亞運會，以「最多國家參與、最多的和諧與幽默、最佳的成果與準備、最好的安全與服務、最大的節約與效率」為目標，成功舉辦亞運會，成為首爾進行城市行銷的起點，隨後在1988年首爾更成功舉辦了第24屆奧運會，不僅向全世界展示首爾城市形象，也讓全球看到韓國地興起。

基本上首爾市是以1988年奧運會與2002年韓日世界足球賽開展城市行銷與城市品牌。

大型活動對改善地區形象起到了決定性作用，自然也為場地品牌提供了重要的機會，因此，如何運用這樣的機會左右了品牌的效果。

首爾市從2002年世界盃的準備階段，開始正式努力開展了城市行銷，在首爾市政開發研究院設立了世界盃支援研究團，主要檢驗迎賓的準備事項，推進了挖掘城市形象宣傳行銷的理論性、實踐性課題的業務。為了利用世界盃宣傳首爾市的形象，首爾市開展了選定代表形象等研究事業，確立了首爾市的品牌概念。

　　首爾市舉辦這類大型活動的經驗，讓我們瞭解世界盃之後需要透過持續的城市行銷強化首爾市品牌資產的必要性，並開始著手首爾市的城市品牌開發。

　　為此，首爾市2001年6月最初新設了公共機關行銷專責部門，將城市行銷促進基礎設置爲副市長直屬機構，掌管分散在各個部門的整體城市行銷業務。

(二) 促進內容

　　首爾市正式導入品牌行銷戰略是從第三次民選市長開始。2002年7月民選第三任市長。市長就任以來，2002年8月開始樹立了愛首爾項目促進計畫。計畫重點在於滿足首爾品牌形象訂立及擴散的行銷需求，2002年10月選定並發表了首爾的品牌「Hi Seoul」。

　　這是基於首爾場地資產及徹底的市場環境調查之核心品牌價值萃取的品牌體制性，是圍繞21天的市民徵集選出的品牌標語。2002年8月徵集首爾品牌（標語）（城市行銷促進基礎，8月16日-9月5日，2002），2002年9月確定首爾標語，將代表性標語指定爲「Hi Seoul」。

　　因地區之間的差距謀求共同體意識不足的首爾均衡發展和市民和諧的「可愛的首爾」（Lovely Seoul），將排他且不夠親切的首爾，變成開發並親和的「友好的首爾」（Friendly Seoul），創造具備世界水平的交通、經濟、環境、行政的「高品格首爾」（High Seoul），都包含在「Hi Seoul」，承載了未來首爾向世界一流城市發展。2002年9月選定了首爾品牌設計策劃公司，開始進行了視覺性品牌要素的設計，2002年10月28日（市民之日）宣布了首爾品牌體制性「Hi Seoul」。

圖7-18　首爾市城市品牌「Hi Seoul」

出處：首爾特別市政府網站（http://www.seoul.go.kr）。

　　開發「Hi Seoul」品牌之後，首爾市從2002年8月到2006年期間，樹立了各階段品牌行銷的促進戰略。

　　第一階段為準備階段，樹立了首爾品牌的基本戰略，制定了標語，開發並啟動首爾標語基本／應用項目。

　　第2階段為擴散／發展階段，為了擴散首爾品牌，開展了各種促進事業。透過國際性會展、展示會等向國內外擴散首爾品牌，實施綜合評價後，再補充城市行銷基本戰略及計畫。

　　第3階段是首爾形象高級化的階段，透過首爾世界城市慶典等活動，促進首爾形象的高級化，並努力透過首爾品牌賦予了生活品質的提升和世界文化、環境城市的形象。

　　利用太多提高首爾市品牌形象的品牌行銷傳播手段，反而導致了首爾相關品牌亂立的現象，據此2006年首爾市開始努力對首爾市品牌體系進行綜合管理。

　　透過現有品牌要素的重建，提高了與品牌體制性的連接性，即使視覺性設計要素沒有完全一致，也將意圖性地努力將首爾市的核心價值反映在各子品牌中，如圖7-19。

徽章	吉祥物形象	口號	下游品牌				
首爾市網站 http://www.seoul.go.kr/			Hi-Seoul 首爾市優秀中小企業共同品牌（首爾產業通商振興院 http://sba.seoul.kr/）	首爾愛之樹（市民參與交流http://ciub.seoul.go.kr）	綜合網站（http://chaenggye.seoul.go.kr/）	首爾shop（http://seoulforest.seoul.go.kr）	阿里水宣傳館（http://e-arisu.seoul.go.kr/）

圖7-19 首爾市品牌體系

出處：金贊同，2006。

　　除此之外，首爾市也透過各種象徵性空間的構成，積極強化場地品牌形象及硬件品牌戰略。爲了提升級首爾市的形象，提高首爾的品牌價值，創造了多個象徵性景觀，例如清溪川復原、首爾廣場建構、崇禮門廣場建構、首爾林建構等。

　　爲了提高首爾市環境城市的形象，拆除了清溪川高架，復原清溪川河川空間的是民選第3任市長之代表性場地行銷戰略。2005年清溪川復原工程竣工之後，2005年10月在新建成的清溪川廣場舉辦了「迎接清溪川水」活動，首爾市開始廣泛地向國內外宣傳新地標清溪川。此外，清溪川旅遊特區擴大，建構無車街、建設清溪川文化館、擴充旅遊服務中心等便捷設施及強化大衆交通連接，開始積極地將清溪川作爲新地標，發展爲旅遊名勝。

　　2006年5月美國時間《時代》（*TIME*）雜誌亞洲版以「Green Dream」的封面故事發表了首爾市長在清溪川赤足的照片，被評爲「一時被稱爲水泥叢林的首爾，成功地轉換成『綠洲』，給予了香港等亞洲大城市人群『藍夢』的希望」。

圖7-20　清溪川復原

出處：李素英，2008。

　　類似紐約的中央公園、倫敦的海德公園，首爾也進行建設能代表
首爾的公園，於2005年6月在城東區聖水洞35萬平公尺的腹地上建設
了大規模的生態公園。命名為「首爾林」的生態公園，新建了文化藝
術公園、生態林、學習體驗園、溼地生態園等，與漢江的濱江公園進
行了連接。據此，清溪川形成了首爾林般的大規模綠色生態，強化了
首爾親和環境的形象。

Chapter 8
首爾城市品牌應用實例

第一節　首爾市城市品牌的基本內容與架構

一、首爾市城市行銷的基本方向與目標

　　首爾市場行銷是指以向有意在首爾地區消費和買賣的消費者和投資者銷售有關首爾地區商品為主要方式，提高首爾的競爭力和品牌化水準。購買首爾地區商品的消費者，大部分為國內訪客和國外遊客，在首爾的投資者，也分為國內投資者和國外投資者。換句話說，首爾市場行銷就是要透過對首爾商品的促銷宣傳，使這四類顧客到首爾旅遊、居住、投資的相關經營行為。

　　金贊同（2006）為了使首爾在與世界各先進城市的競爭中，具有巨大的競爭力，決定利用市場行銷這一戰略體系。為此將對作為首爾市場主要顧客區分國外旅客、首爾居住的外國人，還有想要在首爾投資的外國人。金贊同是以關於貫徹實施首爾市場行銷的組織和預算，各項相關事業及對市場的管理的診斷評價為主，提出在市場行銷領域中應首先進行「城市品牌化」戰略方針。

　　首爾既是韓國的城市品牌化代表，又是東亞城市的代表。同時為了使其成為世界超一流的大城市，已不能再僅僅停留在口頭上，而應該切切實實的實現城市品牌化的概念性、實踐性意義。

　　透過二十世紀的「漢江奇蹟」，實現了產業化時代經濟飛躍式發展的代表城市首爾，在尖端知識產業化時代的二十一世紀，為了能在與世界有數的幾個大城市競爭占有優勢，首爾以創造力想像力在新的領域中不斷創出附加價值，不僅僅進行機械的科技的競爭，更要發展個性化的形象及首爾所獨有的感性魅力，讓聞名而來的顧客們心中對首爾有一個全新的定位，而與世界性大城市倫敦、紐約、巴黎不同。為了讓首爾有獨具的品牌價值，應使首爾固有的優點得以最大化發揚，做好能與世界化大城市明確區分。

在後敘部分中，主要討論為實現首爾的品牌化應如何進行戰略性的實行業務組織與網路工作。首爾城市品牌的價值提升，同樣將會影響到首爾市場行銷領域的旅遊觀光、招商引資等方面。當然，旅遊市場領域與招商引資領域也只有與城市品牌相聯繫，綜合效應才會倍增。

二、首爾市城市行銷的優先課題

從城市市場行銷概念及其理論性討論，以及對首爾市場行銷現狀的觀察，可逐步明確所謂的市場行銷戰略手段，創造大城市市場來吸引消費者，是一項非常重要的市政工作。

這項工作不能單純地以文化、旅遊、招商引資來限定消費對象，因為根據市民們的協商以及城市政府的計畫或社會福利、生態環境，也將會成為市場行銷的對象。

專家們就首爾市的城市規劃、環境、文化、旅遊、福利、產業、交通、住宅、消防等多領域的前景，與城市的整體性進行了討論。在討論中提出了很多市民們可以大規模參與的措施，並且選定合作輿論部門，集中城市的力量進行市場行銷策略。

當然，我們肯定會多少聽到一些異議。但對首爾市場行銷的全盤現狀進行分析後，發現為了城市的市場行銷，應首先透過城市品牌化戰略，來實現市場行銷部門延續下的城市市場行銷工作。而且在8、9月之間進行的研究和市場行銷專家們的深層探討中，也認同此一觀點。他們認為，為實現城市市場行銷，應優先實行城市品牌化戰略，為使與市場行銷業務相關的交流不中斷，應該增加首爾市場行銷與其他事件的各類促銷活動聯繫。

三、首爾市城市品牌整體架構

二十一世紀資訊化讓資源流通自由化，進而技術差異逐漸消失，並且產生了資源的供給過剩。所以，建設地方特色的建築及設施只是時間的問題。所以硬件品牌的力量差異，在城市未來相互間競爭作用，不會再起很大作用。因此以現有的資源爲後盾，正確的展望未來，硬體上的困難也就成了次要問題。

城市品牌本質上應該多提出一些能夠引領硬件品牌發展的軟品牌化的創意與觀念。

全權負責首爾市的城市品牌化的組織，擺到戰略優先地位的專案，就是讓首爾形象獨特化，並強化包含了未來藍圖的軟品牌思想。完成這項工作，再透過具體的旅遊品牌、產業品牌，應對訪客們旅遊或商業需要，實施相對應的詳細硬件品牌市場行銷。

因此，首爾市提出了長期構築體系，來實現重視軟市場行銷資產的城市品牌基本經營戰略。城市品牌化經營戰略的整體構造如圖8-1、表8-1所示。

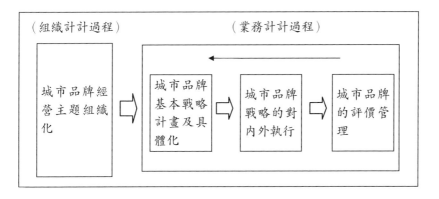

圖8-1　城市品牌的整體構造

出處：金贊同，2006。

表8-1　對城市品牌經營的業務設計過程

1.品牌的基本戰略計畫	2.品牌基本戰略的執行	3.品牌戰略的評價與管理
• 提升品牌價值 • 樹立以品牌爲起點的組織活動方針 • 品牌整體構想	• 與市場行銷的聯繫 • 組織對內的品牌滲透 • 組織對外的品牌發布	• 品牌價值評價 • 導入城市品牌管理制度 • 城市品牌經營評價的體系構想

出處：同圖8-1。

第二節　首爾市城市品牌組織架構

一、品牌組織的成立條件

　　品牌經營組織雖具有計畫組織的形態，爲實行有效的品牌經營，還應設置專門擔當此任務的組織。而且這個組織應具有與最高管理者的「保證支票」一樣的行政權限。

　　準備這樣的組織時，希望負責人能夠兼任品牌經營主管部門的管理者。因爲這樣一來，上層經營層的從業人員也可以對品牌經營投入更多關注。同時，爲使各部門都參與品牌經營，也可以規定品牌管理部門的核心人員可以兼任各分部門的成員。

　　品牌經營組織構成的條件如下：

　　1.應反映經營的各項建議決定。

　　2.應盡可能展望經營整體。

　　3.應做到事業部職能組織的指示和命令。

　　4.應對組織內外闡明其存在與意義。

　　5.應長期持續對應下去。

　　組織構成要有使其包含或衍生於現有組織，或能在現有組織獨立設置的方法。

　　品牌組織分爲電子部門、企劃部、宣傳部門、廣告宣傳部門、工商業部門等，一般要相互聯繫與協調。但是設置與現有的組織毫無關係的新組織並不現實。因此有必要以組織交叉職能小組（cross-functional team）來提高組織內人員的認識，之後在現有組織的各項作用中，將有關品牌經營的部分規定職能範圍，經歷一個從總體管理，再分出獨立，有助於品牌組織形成。

二、品牌部門的組織對策

　　城市品牌組織有四種類型，有各自的優點，配合考慮各具體組織業務特徵和品牌課題的特徵，取得經營者的理解，就能決定品牌組織的形態。

企劃部門相關型
• 品牌經營主管組織由經營計畫部門和由此部門派生出的組織形態構成。這點是掌握到企業內外的「經營觀念」。
• 優點：按「品牌經營部長—經營計畫室長—市場」的報告流程進行，決定簡單明確。主要領導人兼任部長的情況，這樣，最高管理者就會更準確的表露關於品牌經營活動的想法。
• 缺點：品牌經營部門與工商業部門或其他職能部門多少會有差別，實行此戰略，就會很容易產生隔閡。這種情況容易造成工商業部門與品牌經營部門的對立，所以品牌戰略應以首爾市的品牌經營一體化爲核心。
• 主導品牌經營主管部門統合管理關於首爾市品牌的相關資訊，因此不僅要掌管對應此任務的承認權，還要掌管執行預算。
• 但具體的運營事項沒有必要一定以經營計畫部門的任務形式來對待。因爲關於首爾市組織、投資者、顧客等對象交流之各式各樣的調查、計畫、結果的掌握與分析等業務之產生，使業務量與成員的比率會變得不均衡，讓組織負擔過重。
• 從工商業部門的一般業務和人員分配的均衡面來看，會將具體的試行業務期望委託給廣告宣傳等職能組織，此時一邊進行整體經營，一邊展開品牌試行計畫的部門，但要考慮委任預算活動許可權。

宣傳部門相關型

- 以宣傳部門為母體發展的同時，謀求與企劃部門及管理者的聯繫，強化現有的機能與差別。這與現在首爾市場行銷的組織構造相似。
- 一般來說，與美國、歐洲企業中宣傳部門不干預產品與流通交流之外的業務相比，在日本企業中，因業務領域要涉及到多方面則不然，這根據企業文化的不同，會多少有些差異。
- 其中，負責企業整體的PR、IR與公司內部宣傳，所以也可以將宣傳部門作為基礎設計出品牌經營主管部門。
- 優點：擁有充足使品牌化滲透到企業內外的技術訣竅，也能對公司內部進行啟蒙及提高士氣，拓寬視野。
- 缺點：與企劃部門的情況不同，宣傳部門全部成員的位置並不固定，為謀求品牌價值提升而提出的各部門的命令很難實行。為防止如此，有必要與企劃部門聯繫，利用上層工商部門主要負責人的許可權，直接制定一系列的命令。
- 同時，有必要加大力氣保證工商部門與其他職能組織的聯繫，這與有關企劃部門組織的情況相一致。

工商部門相關型

- 給首爾市整體情況帶來很大影響是工商部門，為城市發展核心。
- 首爾的工商業特定工商部門非常重要，其他的工商部門還沒有進入正軌，在這種情況下，應設計先與主要工商部門相聯繫的組織，在其他工商部門也要開展品牌經營活動，就能平順開展。
- 優點：因為成為首爾市核心的工商部門，充分認識到品牌的重要性，所以能夠比較順利的實行工商部門內的品牌滲透和展開品牌經營活動。當然，核心業務的移動可能波及到其他工商部門。
- 缺點：以決定首爾市成果的事業情況，稍有不慎，就可能變質為追求短時期滿足的政策，反而會降低品牌價值。因此有必要充分掌握成員任務，取得領導們的理解。

交叉職能型（可適用於首爾市場行銷及品牌化主管組織）

- 從委員會等形式的研究計畫型組織開始著手於品牌經營活動，之後以獨立組織形式履行任務。
- 設置不包括現有組織或是從現有組織派生出來的組織，而是包括性的採用公司內的各種機能的新組織。最好是在初期以全公司的交叉職能型研究計畫組織形式運行，在組織安定的階段，再按獨立的組織形式運行。
- 優點：一般來說，新設組織時，需要公司內職員的意見整合，但這個可以比較順利的進行。也可以塑造任務型組織水準型的一面，或者研究計畫的領導層參與到最高經營層，滲透公司內外的各項事物。

- 缺點：因為所有職員都兼任原來的業務，所以以業務調整為首，多少都會出現各種繁瑣的問題。因此，研究計畫的領導層事先向職員們所屬的部長、中心負責人等發出合作請求，就顯得非常重要。
- 同時，對於研究計畫型組織來說，很有必要設置「事務局」。因為根據事務局所取代的部門職員不同，關於研究計畫的觀點也就不同。
- 要對新組織進行研究，決定時機和設定職務領域是很重要的。時機通常在公司討論時形成，也可以從統一公司內高級職員層整體的認識開始。希望能夠立足於明確設定擔當什麼任務，執行什麼職務，並從研究計畫形式運營來展現實際成績。

三、品牌組織的設計執行

　　新設品牌經營主管組織的時候，要對品牌課題對應的組織概念進行研究，並以此為基礎檢查組織形態。

　　品牌經營組織的業務範圍，根據組織的不同而多樣。這是因為廣告、宣傳、企劃等已有部門，一同與品牌經營的作用分擔，各個公司之間則會有所不同。

　　組織設計的核心就是要明確是以什麼為任務，或者說以什麼為目標的。因為新設品牌經營主管部門的時候，要能充分檢討對品牌化戰略，並將檢查結果整理下放到各部門的課題，才能調整新組織的設立目的與創造出新的組織概念。

　　「組織概念」規定了新組織的名稱及目標，即以怎樣的決議方式，與「應做些什麼樣的職能和義務」。

　　接下來，以組織的概念為基礎制定組織制度、組織設計方案，以及檢查評價組織設計案的組織條件。所謂「組織條件」，係指為了履行業務，必須由組織達成的基本的條件，如組織概念相同的方式，以品牌戰略的檢查結果為基礎，明確對品牌組織課題的調整。

　　為了決定最終的組織案，將以組織條件的充分度和履行的難易度這兩項內容來評價組織設計案。具體來說，根據條件的重要性來選定中心，並和履行的難易度一同進行評價，如圖8-2。

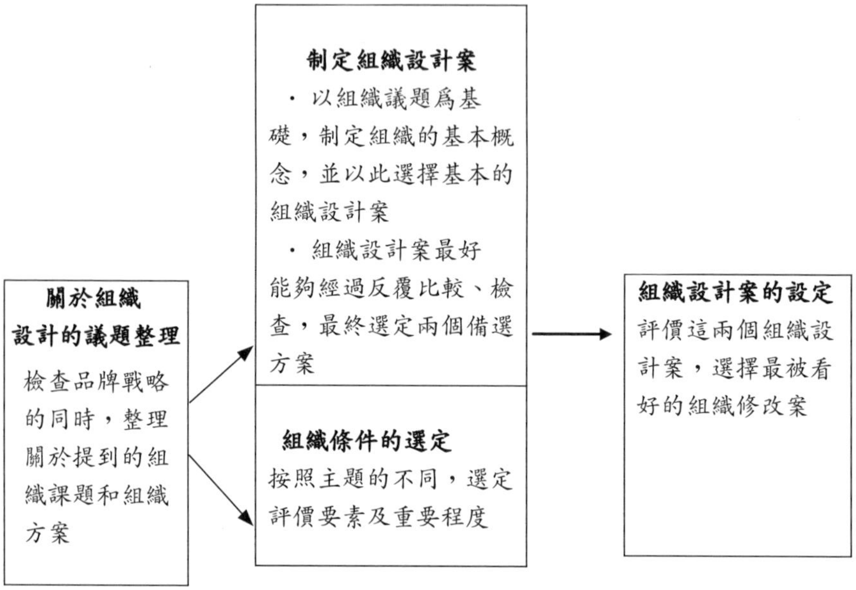

圖8-2　組織設計的檢查過程

出處：同圖8-1。

四、城市品牌組織與城市品牌規劃關係

　　爲了規定品牌價值，應構築品牌經營工作體系。有必要構築屬於多個部門的職員或者組織間相互協作的交叉職能型專案小組。而且這需要所屬企劃、宣傳、廣告、業務執行等組織內的各部門職員的參與。

　　城市品牌工作體系將「品牌戰略委員會」和「品牌戰略專案小組」作爲主管部門，在各局各科各單位中，橫向召集所需要的相關職員。

　　「城市品牌戰略委員會」不僅主導促進各項工作的各種協調作用，還主導所有的檢查過程。而且，在進行這樣工作的同時，還可以根據需要，承辦各種分科會議或是靈活運用訪談、工作小組（workshop）等各種方法，收集關於品牌管理的各種意見建議。

很重要的一點是，要明確設置工作上級機關（檢查結果報告、認可等組織的最高意志決定者），在進行品牌經營檢查的初級階段中，城市政府領導的積極主導，不僅能提高職員士氣，對品牌業務的重要性塑造也是必需的（如圖8-3）。

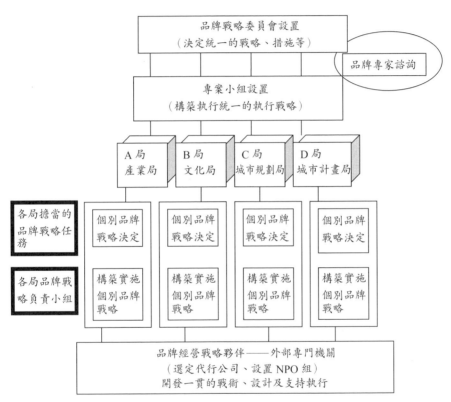

圖8-3　城市品牌戰略組織體系

出處：同圖8-1。

為了決策的客觀性、運行的效率性，以及獲取先進的品牌技術祕訣，應向與品牌相關的專門諮詢機關，或者由專家們組成的諮詢委員會或者品牌夥伴，請求得到執行戰術上的幫助。

第三節　首爾市城市品牌規劃

一、城市品牌定位與價值

(一) 城市品牌定位

Philip Kotler（2000）將定位定義爲設定目標顧客心目中深刻印象的企業，或品牌效果、形象的一系列活動。同時，Jack Trout和Al Ries（2002：5-18）認爲，定位是透過向溝透過剩的社會中，在潛在顧客思維中引起特定的聯想，使自身個性化，並認爲，爲在如此流通過剩的社會競爭中獲勝，定位被認爲是第一位的戰略。

他們還認爲，應以具有高品質的服務和商品，成爲業界的龍頭老大，或者創造新的範疇，從消費者認識這一層面成爲第一位。

> 「萬一在某個範疇內不能成爲第一的話，就創造可以被認爲是第一位的新的範疇吧！」
> 「成爲Number One，困難的話，就做Only One！」

品牌定位可以說是有計畫的重塑潛在顧客的認識目標，也是作爲應積極向目標顧客傳達的品牌整體性和價值提案，並提出比競爭品牌突出之優點的一項活動。有的企業或者城市創造出非常獨特的品牌個性，但是如果顧客們認識不到的話，一直以來的努力也就白費了。如果關於城市品牌的定位能夠順利進行，作爲目標的潛在顧客們能認識到那個城市的個性的話，這個品牌就成功了。

問題是在現在這個連公廁的門上、地鐵的門上都廣告肆虐的流通社會中，能夠進入顧客心中並留下品牌形象，並不像說的那麼簡單。品牌管理者們在爲向顧客們展示品牌的價值而努力，但是消費者們對此卻各有各的反映，所以品牌的價值提案和顧客們所接受的實際

品牌形象之間，存在很大差異。

(二) 城市品牌價值

1. 城市品牌價值階梯

　　爲城市市場物件提供的品牌價值，可以透過圖8-4表現出來。越往上越與品牌方向及目的相聯繫，也越要求有創造性思維。

　　爲構築長時期與顧客們堅固的合作關係，一定要超越一般職能價值，與心理價值或個性品牌連結如圖所示，爲提示在物理、職能層面上的優點，與企業的品牌市場相同，應進行3C分析，係指對公司（company）、競爭者（competitor）、消費者（consumer）進行的分析。而且爲能長期建立與顧客的關係，應超越職能價值，透過心理價值或品牌個性，在顧客們的頭腦中，引起聯想作用，策劃品牌的差異化。

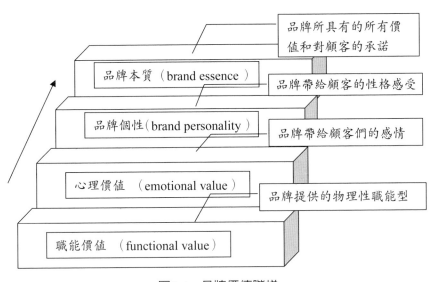

圖8-4　品牌價值階梯

出處：同圖8-1。

特別是品牌個性達到了聯繫品牌與顧客之間感情橋梁的作用。消費者對品牌的感情，首先經歷瞭解品牌，再加深思考，然後購買，並開始喜歡，逐漸信服，最終至對品牌「情有獨鍾」的階段。

品牌的個性一般都可以表示性格或是品格的形容詞來表示，將品牌個性聯繫到品牌定位的話，也可以形成品牌與消費者之間的感性關係。如同企業的情況一樣，城市為了開創品牌的個性，需要投入相當的時間和巨額的資金，並存在不能根據市場環境或消費者生活方式的變化，輕易改變個性的局限。

最後，位於品牌階梯最上層的價值便是品牌本質。作為規定品牌方向的因素，為達到品牌本質，要切實要求具有創造性專家似的思維。

2. 城市品牌價值的展開

城市品牌為超越流通領域，包含品牌和目標群的所有接觸點，應一貫性的打造具有競爭力的品牌，經歷長時間積累的價值是無形資產，因此，價值規定的根本即使不改變具體的活動計畫，也應該靈活應用各種變化。

在展開品牌戰略的過程中，對城市政府內外，要徹底執行共有名牌化的品牌價值，在展開價格、產品、流通等所有行銷活動時，應鍥而不捨的完成如圖8-5。

品牌活動的計畫與執行中，品牌價值達到了基本的作用。在制定詳細的市場計畫時，有必要根據現況、競爭城市的動向及顧客們的要求，靈活考慮各種新的因素。

品牌活動涉及到的領域，擴大到達到顧客五感的感性價值等方面。品牌的價值規定即使僅是由幾個簡單的語句組成，也應該透過綜合性的品牌活動，展開豐富的品牌聯想。

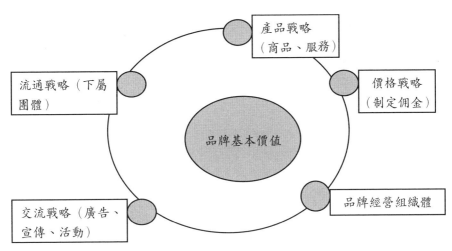

圖8-5 綜合性品牌經營的展開

出處：同圖8-1。

二、城市品牌規劃流程

城市品牌業務的過程，如圖8-6，透過I分析（analysis）、II創造、（creating）III執行（implementation）的三階段實現。

在城市品牌管理中，最重要的是城市品牌的目的、城市品牌的定位及產物，以及共同執行過程計畫的職員。

(一) 城市品牌課題結構化

分析階段的「對品牌課題的把握、結構化」，是構築城市品牌化業務整體的基本框架核心。這一階段，以對直屬城市政府團體的機關及下屬團體的職員、市民及訪客（投資者、觀光客等）等有利害關係群體的意識調查為主，包括關於品牌城市條件的各種資料分析，與首爾有競爭關係的城市分析，對有意於品牌市場的顧客們的分析等多方面調查。

業務進行階段	業務內容	執行組織

	把握課題	● 採訪有利害關係的人 ● 分析現有資料	
I 分析	課題結構化	● 把握品牌問題點 ● 明確業務目標、實施範圍 ● 設定基礎品牌	
	品牌環境分析	● 分析城市品牌競爭力 ● 分析競爭城市的品牌競爭力 ● 分析城市市場消費者動向	
II 創造	設計未來環境藍圖	● 設定品牌主導價值 ● 整理城市內外環境變化條件 ● 計畫未來環境藍圖	
	規定品牌目標集團	● 設定品牌目標群 ● 構築品牌整體性	
	規定品牌價值	● 明確定位、設定品牌價值階段 ● 開發品牌說明 ● 品牌價值的視覺化	
III 執行	構築品牌體系	● 明確品牌階層構造 ● 決定品牌「廢棄和成長」的方針 ● 構築品牌整體性戰略	
	策劃品牌實行	● 決定品牌經營實施計畫 ● 開發標語、設計等	

圖8-6　城市品牌計畫過程

出處：同圖8-1。

　　首先，為了打造城市的整體性品牌，須明確「要實現什麼」的目的和範圍。有從城市整體發展業務構造框架中，發現戰略熱點問題是什麼的「城市品牌爭論點分析」。這項的工作，在著手城市品牌工作

前，透過一目了然的自上而下的相關品牌戰略爭論點與因素，整理分析品牌工作。

將品牌化課題的最終目標：首爾的城市品牌是否能長期提高首爾的競爭力？放到第一位，再發展出下層具體目標（手段），如同樹枝一樣，見圖8-7所示，1、2、3的下層目標（手段）全部解決的話，最上層的目標也就實現了。在戰略的爭論點的分析中，越位於上層的

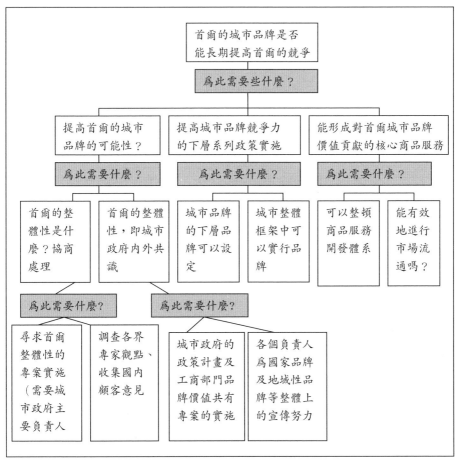

圖8-7　首爾城市品牌戰略爭論點分析

出處：同圖8-1。

目標，檢查的範圍也越寬，所以更要把握越往下層，構築的議題重點或影響，才能明確點出先要執行的爭論點事項是什麼。

如此明確城市品牌爭論點的範圍和先後順序的話，在接下來的階段中，就可以明確審定解決手段及方案。下面是在此階段中需要掌握的事項。

> 以透過品牌爭論點匯出的目標結構爲基礎，確定現在表面化的課題。

> 深層把握對下層各目標問題主要原因。

> 爲下層目標解決的前提設定，但在需要創造性的課題時，從自由聯想假定來設定創造性課題的下層目標。

> 列舉爲下層目標前審定需要的調查分析等活動。

> 斟酌對最終目標的影響程度、重要程度，選定優先下層目標位置，制定執行的時間計畫。

(二) 城市品牌環境分析

如此在謀求爭論點目標的解決手段及把握其先後順序的同時，緊接著要對城市品牌相關環境進行分析。爲此應從如下三方面進行分析。

首先，發掘首爾城市品牌要素積累的過去資產和以後可能提供的資源和能力，還有判斷左右首爾構想的思想等，來分析自身城市品牌。第二，根據自身城市環境的分析，確認的自身城市品牌的優點，和競爭城市比較的時候，分析是否具有比較優勢的品牌定位，爲此來進行競爭城市的品牌分析。第三，城市品牌形象是光顧本城市的顧客們對這個城市的總體感受反映，是對城市品牌現有情況進行討論的城市品牌消費者之呼聲，所以要對城市品牌消費者動向進行分析，如圖8-8所示。

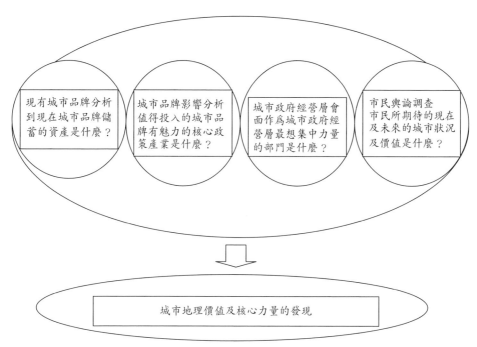

圖8-8　城市品牌環境分析：自身城市品牌分析分析

出處：同圖8-1。

具體說明如下。

1.自身城市品牌分析

透過城市現有的力量、意識、協商等，找出城市的強項進行分析。主要透過現有城市品牌歷史的分析，爲發掘城市的地理價值及核心力量，來分析城市品牌影響，也可以與城市品牌經營團體的會面、市民協商、輿論調查等方式來分析。

(1) 現有城市品牌歷史分析

透過對品牌的產生背景、歷史、擴張等調查，把握要達到品牌所要構築的價值，需要有什麼樣的儲備條件，即弄清楚到現在城市品牌儲備的能力及資產工作。除了關於城市的歷史及重點產業資料以外，對包括報導資料及出版物在內的資料，透過利用相關部門的協作

或外部諮詢機構進行分析。

(2) 城市重點政策性產業對城市品牌的影響分析

包括關於城市多方面的政策性產業（產業、旅遊、文化、福利、環境、城市規劃、住宅、交通等）的一整套計畫分析，以對城市有形資源及無形價值進行的分析爲基礎，實現爲城市品牌市場行銷的核心資源的選擇與集中。爲提高城市品牌價值，透過對城市品牌影響分析，選定最有魅力的產業是什麼。城市品牌影響分析，不僅要考慮城市所具有的各種有形無形資源所具有的收益率、財政力、成長率等財務價值，還要考慮給生活品質帶來的影響、感性號召力、安定性等財務性的價值。

爲此，城市的政策事業領域專家們的意見調查，也應事先大規模進行調查。首先應該考慮各種政策產業的有形化，實現對各產業單位的財務性、非財務性價值評價，可透過指標性工作來達成。

然後就可分析城市哪個產業比較獨特、哪個產業可以強化或重新構造產業。在城市品牌價值提升的層面分析現有競爭力、以後是不是也可以構築品牌價值。

(3) 城市品牌經營者的會面（Management Interview）

決定最終的城市品牌價值的是來此城市的顧客們，但爲了管理包含城市宏偉藍圖的品牌，需要重視作爲最終經營者的團體長官及各下層品牌機構的負責人想法，因爲他們管理分析品牌形成的城市之整體性、政策性及行政服務到底是什麼。作爲經營者，他們實現分析集中資源的產業、地域、服務是什麼，也在分析努力的產業、地域、服務是什麼。

(4) 爲匯出市民討論進行的輿論調查

城市品牌如果得不到市民們的討論支持的話，就毫無意義。所以應對市民對城市品牌所期待的價值及形象，和現在所具有的價值及形象進行調查。在如此的調查過程中，同時宣傳城市品牌，提高市民對

品牌的認識。

這個過程中若不能擴展市民們瞭解，城市品牌就沒有認同感，其生命力就會很脆弱。因此發掘品牌價值的過程中，市民的參與是必需的。

在作爲強大品牌條件的「一貫性」、「持續性」、「獨特性」、「主題性」層面上，無論在哪個部門，如果被認爲是沒有個性的品牌，應趕快進行品牌重造。

(5) 把握有壓倒性競爭優勢的城市品牌。

(6) 分析競爭城市品牌的職能及感性差別。

(7) 有必要對競爭城市的消費者及競爭城市全部當局進行採訪調查。

(8) 分析與各競爭城市整體形象、產業、旅遊、福利、環境部門的差異程度。

(9) 分析競爭交流及製作競爭定點陣圖。

(10)分析過去幾年城市宣傳及廣告等內容。

(11)對照競爭城市品牌的目的、接近方式、品牌目標、品牌定位等。

2.消費者動向分析

以品牌市場行銷的目標群爲中心實行。

(1)團體採訪（group interview）：主要在需要從品牌利用實際情況或競爭品牌的偏好理由等範圍把握時使用。

(2)一對一深層採訪（depth interview）：想要深層理解品牌選定的潛在價值時，以忠實顧客爲物件使用。

(3)問卷調查：首先靈活運用FGI（Focus Group Interview）等調查形式，把握消費者的需求之後，以此爲基礎，設定品牌價值指向，然後再做市場調查，採多層抽樣，進行問卷調查。

爲把握消費者對品牌價值的認識，有必要反覆進行對於從職能

價值到社會職能價值的採訪。此時，要明確消費者採訪前「對品牌價值結構的哪一部分感興趣」的研究假設和驗證指標，抽出具有代表性的採訪對象，透過業務熟練的採訪員，掌握消費者的要求和價值認識。

(三) 城市品牌價值創造

從以上的分析結果爲基礎，考慮到以後影響城市環境變化的條件，創造出包含城市本質和未來構想的品牌價值。以「品牌戰略專案小組」爲中心，根據各部門職員的參與情況，按研討會形式運行的話很有效。

分析了城市品牌後，在創造階段，靈活運用研討會，設定未來的環境，依次對品牌目標群等進行反覆討論，然後依據一個個結論，最終推導出品牌價值。在實施品牌研討會議時，最重要的是要統一參與人員間對設定品牌價值必要性的認識。因爲有對城市政府人員和顧客間認識差異進行討論，可以在消費者調查和政府內部的品牌研究組中找出共同線索時，就可以達到找到城市品牌價值更強的綜合效果。

除此之外，城市政府公務員透過促進溝通，在構築品牌價值的過程中，反映公務員的提供，這對品牌經營活動滲透到城市政府內部相當有助益。

1. 構築城市未來環境藍圖

在打造城市品牌本質的時候，對於到底可以達到怎樣的效果，不考慮時間因素是不行的。這期間也可能根據中央政府的政策、市場經濟變化的情況而變化，所以有必要與長期城市經營計畫相聯繫，如圖8-9。

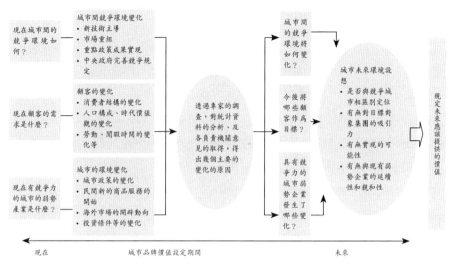

圖8-9　城市未來環境設想

出處：同圖8-1。

　　在構築未來環境藍圖的同時，應該詳細分析城市間的競爭環境、顧客，以及城市內部環境等各種變化因素，才可在未來也同樣能有效把握城市品牌的主要原因。

　　藍圖的規劃是從研討組，依據把握變化的主要原因，與城市內外各專家的採訪或各種資料庫來進行分析。研討組包括城市政府內最高品牌管理者、外部與城市有關的各領域評論家、學者、社會輿論人、經濟分析家等。這座城市政府外部專家們，立足於城市間競爭動向的廣闊視角，也非常重要。

　　同行城市政府內部各部門負責人的建議意見，特別是對於「新技術的登場或中央政府政策的變化給城市帶來什麼樣的影響，對此應採取什麼樣的措施」等未來城市政府經營戰略，也有重要的啟示。

　　前述分析以變化主要原因的軸線開始，將戰略明細化，推出多種替選方案，然後檢視目前積累的品牌是否依然能夠確保信賴的維持或是親和性。在未來的新的動向中，提出主要變化原因，若不能確保品

牌實行中的資產或技術，原有城市品牌價值就只有放棄。

首爾，雖然樹立了文化城市、環保城市的目標，但馬上將此列入城市品牌價值的話，還應詳細檢查戰略性選擇的觀點能否實現。

2. 打造城市品牌目標群（city brand target）。

3. 城市品牌目標群特定化或成爲城市品牌價值規定的核心。因此，城市行政服務的各部門，在具體描繪主要顧客的心理和生活方式後，研討組全體成員應詳細分析其共同方案等。

找出城市品牌目標群的工作目標，是主要需求層共同意願的價值關鍵字，訂立應對未來潛在顧客顯明、清楚的品牌目標群的圖像。

(1) 城市政策服務的主要顧客的分析

把握對現在城市各類行政服務的核心受惠者和使用階層，進行詳細的分析。因依據人口統計特徵、使用者規模、生活方式、試用購買形態及選擇標準等消費者思維和行動方式來詳細分析。這意味著從城市未來環境藍圖的構築中，可從顧客資料庫或者消費者需求調查結果中，得出的啓示中尋找共同點。

(2) 確認城市品牌目標群

爲確認城市提供自身價值觀與城市品牌的忠實顧客一致，需要從主要顧客的生活價值觀項目著手，靈活運用研討組，或透過參與成員的全體討論，可找出幾個城市品牌價值關鍵字。透過這項工作，城市品牌目標群的特徵會更加具體化，圖像也會更加精緻。

城市品牌目標群使城市提供的品牌價值與自身價值觀一致，並且作爲忠實的顧客，變成城市行銷口碑的跟隨者也是輿論的主導者，對品牌溝通有相當大的幫助。

(四) 確認城市品牌價值體系

城市品牌經營進行的分析工作，最終目標是提供向市民、顧客、內部工作者、投資者、訪客等所有利害關係的人城市品牌長期的

未來價值體系。

　　在這樣的體系中，應包含品牌的職能、心理價值、品牌個性、品牌定位、品牌本質（essence）等。對城市品牌經營體系的確認，成為作為最上層的概念，即是實施行銷混合戰略及品牌經營診斷的標準。

　　城市品牌價值確認的效果如表8-2所示：

表8-2　品牌價值體系構成的效果

構築前	變數	構築後
• 無價值體系 • 無品牌存在理由	價值追求	• 理解組織的價值體系 • 理解價值追求方向
• 無組織的價值體系	成員團結	• 統一性強化 • 價值共同感
• 短期目標的達成	城市經營目標	• 城市政府價值創造 • 經營意志及長期構想達成 • 未來指向型品牌經營範例
• 部門單位的分權化 • 被限制的許可權轉讓 • PM（Product Manager）制度	組織	• 集中核心力量進行開發 • 統合性的活性化 • 全幅的許可權轉讓 • BM（Brand Manager）制度
• 單純的行政服務攻擊者形象	城市形象	創造價值指向形象
• 品牌價值脆弱	城市品牌價值	• 消費者品牌特許 • 品牌價值提高 • 無形資產價值提高

出處：同圖8-1。

(1) 城市品牌價值體系（階段）構築

　　從整理概括各個城市品牌價值要素，開創品牌本質，並希望能夠推導出多個存在可能性差別的語句，來進行城市品牌價值體系構築，如表8-3。

表8-3　城市品牌價值體系構築階段

區分	城市品牌價值體系構築
第一階段	城市品牌價值關鍵字與價值階段的連結
第二階段	考慮各價值要素的聯繫，整理價值結構
第三階段	推導出有一定差別的語句，概括出品牌本質

出處：同圖8-1。

A.城市品牌價值關鍵字和價值階段的聯繫

➢ 職能價值（functional value）：對比考慮未來環境的競爭城市品牌，我們城市品牌的最大強項是什麼？

➢ 心理價值（emotional value）：以城市品牌目標群的價值關為根據，顧客們感覺到的感情是什麼？

➢ 品牌個性（brand personality）：城市品牌是人的話，要具有怎樣的性格和氛圍？

B.價值階段間連鎖結構的精緻化

連鎖結構的精緻化是將各階段由上而下連結，宛如人搭電梯一般。

聯想結果下，可鑑定「應被維持或擴張的價值、應新塑造的價值、應被刪掉的價值」，找出得到顧客認證的城市差別化定位，能創造出新的價值結構。

C.城市品牌本質（city-brand essence）創出

最需求的部分就是為顧客提供的價值，品牌本質在給顧客承諾的同時，也成為與相關全體從事人員的行動基準，因此太抽象的話，就很難傳達正確的意圖。首先應使城市政府內部人員明確品牌本質的真實意圖。公布將城市品牌聲明（city-brand statement），最後要制定可以說是品牌經營憲法（brand statement）。在制定brand statement時所需要的要素，包括在價值確認工作中，確認的品牌目

標群（target）和職能價值、心理價值、個性、本質等項目工作。

city-brand essence是面向城市內部公務員及市民們的基本守則，共用依據品牌的城市價值，產生對顧客們保證城市品牌承諾，提高收益期待率的作用。在要打破現有城市品牌形象的挑戰性價值規定的情況下，取得城市內部的厲害關係者的同感，應以明確具體形式來呈現。

表8-4中，整體對應價值階段用一概念表提出價值方案，一般來說，民間企業中以200至500字左右構成標準，根據需要，可靈活運用外部的廣告文字撰稿人。

表8-4　制定首爾城市品牌聲明

區分	城市品牌聲明
城市品牌目標集團	（城市名）向（　　　）的人們
品牌本質	約定（　　　）
品牌個性	具有（　　　）樣的品格，（　　　）樣的氛圍
心理型價值	有（　　　）樣的優點
職能型價值	給予（　　　）樣的感覺
具體情況及特徵	可以透過（　　　）進行體驗

出處：同圖8-1。

三、建立城市品牌體系

為將創造的城市品牌價值能具體化的實行，首先整理對城市城市品牌的階層結構。為實現這樣的體系品牌價值能一貫持續進行，則應透過經營活動向外擴散。因此應執行全市下層商品及服務計畫，先說明城市品牌體系（city-brand Architecture）的構築必要性。

構築城市品牌體系的原因，是因為要有效傳達前面所構築的城市

所具有的價值體系,使競爭定位得以維持。城市所擁有的各種下層品牌(場所、政策、產業部門等品牌)之間若沒有衝突,沒有突顯顧客們喜歡的品牌個性的同時,是可以提升城市整體的品牌價值,整理各品牌的作用或關係,使其結構化是很有必要的,會讓城市品牌整體運營管理變得很容易、很方便。

如果品牌體系構築錯誤的話,即使用巨額費用展開的廣告、促銷活動及行銷活動,也無法創造出品牌資產價值,因此,品牌價值體系的構築,應作為城市經營的一個重要出發點來進行。

仔細觀察戰略化構築城市品牌體系的理由,可以用下表提出的三點來概括,見表8-5:

表8-5　城市品牌體系(city-brand Architecture)構築的必要性

城市全盤的品牌價值上升	為構築城市品牌,使城市的資源配置效率化	未來可能發展基礎整理
• 城市品牌價值之原型本質的明確化 • 品牌綜合效果的創造	• 新品牌的決定 • 品牌資產的整理	發現城市品牌的新定位

出處:同圖8-1。

1.城市全盤的品牌價值上升

強化城市整體的品牌價值,實現有效地、強而有力的城市品牌構築工作。合理調整下層品牌,透過有效利用對於城市政府、市民、顧客等利害關係者意志的統一,加強對品牌原型本質的要求。提高各個品牌的相互價值,在城市品牌整體的價值提升上,有很好的效果。

2.為城市品牌構築的城市資源配置效率化

確保為城市品牌構築的資源配置的效率性。把握城市所擁有的所有品牌,找出以後要努力的品牌(即戰略性培養的品牌)和要減少或廢棄的品牌,有助於有效地決定資源配置。

3.未來發展可能性基礎整頓

對城市下層品牌的把握，可確認城市未來發展的可能性在哪裡，也可發現與競爭城市差別化的新定位。

(一)建構城市品牌流程

1.現狀把握

為確認城市品牌價值，須以攝取品牌精華為基礎，來整理現行系列品牌，確認品牌階層和系列範圍，制定品牌系列模型或圖形，擬定、設定品牌體系的戰略。

2.檢驗

透過多種調查來檢視城市品牌體系是不是合適或妥當。調查各品牌相對的消費者心中占有率，透過把握個別商品品牌和系列品牌的恰當性及品牌擴張可能性的調查，以及聽取對品牌體系意見的多種調查，作為編成品牌體系的判斷根據。

3.品牌體系立案

以初步編成的品牌體系的檢驗結果為基礎，決定品牌的首批範圍、階段或系列重組及品牌自身的整併、品牌的投資分配、品牌個別領域任用明確化等事項。同時，導出最終編成的品牌體系品牌視覺化結果（logo，標誌），來表現品牌體系。

4.品牌體系的實行

重新綜合觀察現行品牌體系中品牌標記、標語、媒體表達形式、包裝、手冊、招牌等表現品牌的整體項目。此時很難監督並控制整體品牌，因此要訂立試驗監督事務品牌範圍，先在特定品牌部門實施之後，再依次實施剩下的部分會比較有效。

5.品牌體系管理、評價

品牌體系並不是短期內制定出來的。調查實行品牌體系後或實施

中時，品牌體系能否正確的傳達顧客想法，須進行品牌的管理，就可能創造出占據消費者上層意識的強大品牌。組織各自論斷城市的品牌健康狀況來做決定，就能判斷各品牌與整體體系的適合性，在品牌整體運用上，即使發生問題情況，也可以有效解決。整體五個階段如圖8-10。

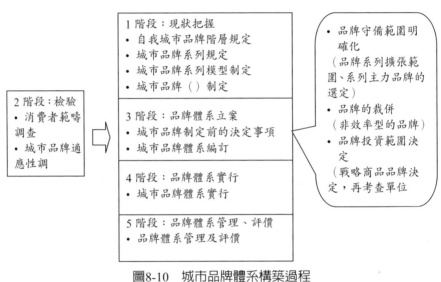

圖8-10　城市品牌體系構築過程

出處：同圖8-1。

四、首爾市城市品牌體系開發

　　為首爾城市行銷的城市品牌體系構築，摸索可以帶來最大化品牌槓桿效果（brand leverage effect）的戰略方案。首爾有不同職能和品格的多種政策性產業，雖然現有的Hi-Seoul品牌有一定知名度，但因個別政策產業使用Hi-Seoul的單一品牌戰略，在消費者的認識層面上，會增加城市品牌的模糊性，因此可採用複合品牌戰略，即運用具有一定知名度的Hi-Seoul品牌作為保證品牌，來構築首爾市重點促進的各政策產業範圍品牌，實現橫向的家族式品牌，這對提高品牌的具

體性會比較有效。

這裡可以用三星或者LG等集團公司品牌結構相像來理解首爾品牌，即依集團品牌（首爾城市品牌）—系列公司品牌（產業品牌、金融品牌旅遊品牌、福利品牌、環境品牌、IT品牌等）—各系列品牌的附屬品牌順序來整理。

(1)垂直結構：首爾城市品牌—政策產業各類別系列品牌。

(2)水平結構：系列品牌間家族式品牌形成及明確的附屬品牌，設定不同性質的多樣行政服務，與政策實行的城市首爾之城市品牌體系，根據可以作爲保證品牌的首爾城市品牌（city brand）和首爾市的重點促進政策，系列品牌（range brand）組成家族式的品牌（family brand）二階層，同時在各產業單位原系列品牌下，設計出導入附屬品牌（sub brand）的複合品牌結構。

(一) 垂直結構：首爾城市品牌—政策產業各類系列品牌

1.保證品牌的持續培養及管理

Hi-Seoul首先成爲首爾品牌的保證品牌，才能形成保證附屬個別品牌的結構，但是，在市場行銷Hi-Seoul消費者的認知層面上，作爲保證品牌，擁有的品牌資產價值，多少有點微弱，因此有必要加強保證品牌培養和管理計畫。

因此，如果首先不採取將首爾的整體城市品牌作爲保證品牌來實現品牌價值提升的話，在個別政策產業內的附屬服務商品品牌中，就無法選擇制定成功品牌行銷政策。

2.附屬品牌戰略導入

所謂附屬品牌（Sub branding）戰略，係指使品牌意義更加具體化，或修改以使品牌階層構成的下一層同行，讓新的品牌要素能導入使用戰略。

決定代表品牌的位置之後，附屬品牌就能根據代表品牌的位置變化，共同靈活運用定義在其後加上的品牌用語。

從語意上講，指在品牌階層構造，上位品牌代表下部品牌，從職能上講，記述產品的成分、屬性、特性、便利、等級等表現形態，並同時表現出品牌形象。例如：「Any Call折頁機」中，將Any Call個別品牌看做代表品牌的話，後面的「折頁機」這個詞就是sub品牌，就像三星Any Call中，以三星為代表品牌的話，後面的Any Call就是sub品牌。

所以現在對輔助品牌（sub brand）存在以下兩種見解：

(1) 稱呼代表品牌下層的品牌概念。

(2) 區分與品牌敘述語統一的概念。

輔助品牌的作用如圖8-11：

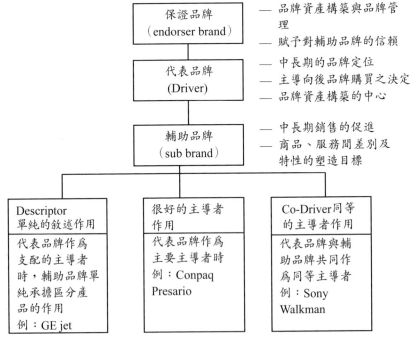

圖8-11 輔助品牌（sub brand）的作用

出處：同圖8-1。

圖8-11中，保證品牌成為主要的企業品牌，代表品牌成為重點產業品牌，即家族式品牌。

在導入輔助品牌的初期，輔助資品牌被消費者們認為是簡單的說明性的品牌名稱，承擔著敘述代表品牌並逐漸履行主要主導者作用或輔助主導者作用，因此要認真進行管理。

(二)水平結構：系列品牌間家庭連鎖式品牌形成及明確的輔助品牌設定

強化現有多種輔助品牌間的聯繫，加入與整體品牌的價值核心符合的sub品牌也很有必要。現在雖沒有可以稱得上首爾系列品牌的品牌，首爾市工商局下屬的首爾通商產業振興院，展開了中小企業產品品牌和城市品牌間透過「品牌合同」，一起建設共同產業品牌。

為中小企業海外業務開拓的共同品牌工作中，以後城市品牌經營進入一定軌道的話，就能編入產業局系列品牌，所以對比在品牌化戰略的層面上，金贊同（2006）提出如下建議。

(1) 首爾市的Hi-Seoul Co-Branding現狀

首爾市和首爾產業通商振興院共同推進的首爾市優秀中小企業共同品牌（Hi-Seoul），以首爾市的宣傳標語Hi-Seoul為母體。擁有優秀的技術和商品，但在形成固有品牌上經受困難的優秀企業們，運用首爾宣傳標語Hi-Seoul為品牌，為能強化企業及商品競爭力，以自願為宗旨，展開城市品牌工作的重要一環，2004年2月9日一起開始運作。

首爾市中小企業共同品牌Hi-Seoul的品牌工作，包括Hi-Seoul品牌的對外宣傳及對參加企業的綜合市場行銷，推進透過品牌價值提高的品牌工作等主要內容。

2006年11月現代時尚（6個業體）、資訊通訊（13個業體）、文化建設（3個業體）、生活消費品（16個業體）的4個品種生產商品的首爾市38個企業，參與「Hi-Seoul公司」工作中。

　　Hi-Seoul首爾市優秀企業品牌工作沿革，如表8-6，其參與產品與支援內容如表8-7。

表8-6　Hi-Seoul首爾市優秀企業品牌工作沿革

時期		工作內容
2002年	12月	運用首爾宣傳標語Hi-Seoul的共同品牌，選定首爾市4年計畫的核心課題
2003年	5月	樹立Hi-Seoul品牌工作計畫（首爾市）
	6月	設置首爾市產業通商振興院工作的主管組織（Hi-Seoul行銷小組）
	12月	參與Hi-Seoul品牌工作的企業募集／選定（4個業、11個公司）
2004年	2月	開始Hi-Seoul品牌工作及授予指定書
	6月	開設品牌宣傳機構（首爾貿易展示館內）
2005年	1月	擴大參與企業（4個品種、30個公司：新加入公司19個）
	2月	2005年Hi-Seoul品牌參與公司的指定書授予式及研討會
	6月	樹立Hi-Seoul長期品牌戰略
	10月	商業招商研討會舉行（中國北京及上海）
	12月	擴大參與企業（4個品種、38個公司）
2006年	1月	2006年Hi-Seoul品牌參與公司的指定書授予式及研討會 Hi-Seoul Brand Plaza開館（首爾貿易展示館內）

出處：首爾產業通商振興院主頁，2006年11月7日。

表8-7　Hi-Seoul共同品牌參與產品及支援內容

區分		Hi-Seoul共同品牌參與對象及支援內容
參與對象	產品	— 時尚產品（衣類、各種流行產品等） — 資訊通信產品（電腦用品、通訊／影像等） — 文化建設產品（遊戲、動畫等） — 生活用品（生活家電、其他生活用品） ＊以消費商品為主
	對象企業	— 公司在首爾市當地的企業 — 設立2年以上的企業

續表8-7

區分	Hi-Seoul共同品牌參與對象及支援內容		
參與企業的支援內容	賦予「Hi-Seoul」品牌使用權（licensing）	允許參與企業的產品使用首爾優秀品牌Hi-Seoul	
	行銷支持	海外	• 支持參與市場調查／買賣商談會／投資商談會／市場開闢等 • 支持取得海外認證 • 支持網上貿易工作 • 支持進入中國市場（利用現有貿易事務所）
		國內	• 運營宣傳體驗館（Hi-Seoul brand plaza） 促進流通業體合作
	宣傳支持	—海外宣傳 —運用大眾傳媒的宣傳（廣播、電視、報紙、雜誌、網路等） —運用首爾市擁有的宣傳手段進行宣傳（地鐵、電子宣傳板等） —參與首爾市的宣傳活動支持行銷活動	
	其他支持	—優先推薦首爾市中小企業的培養資金 —支援產品設計開發	
參與方法	募集Hi-Seoul品牌參與企業後評價及選定對象		

出處：首爾產業通商振興院主頁。

(2) 對首爾市優秀企業共同品牌Hi-Seoul行銷的建議

首先，城市品牌Hi-Seoul作為中小企業海外市場開拓的保證品牌，是否能充分發揮此作用，對此專家們的疑問還很多。有必要瞭解保證品牌的作用基準，評價品牌的力量。為此，需要進行作為保證品牌的Hi-Seoul認知度及聯想度的調查。

第二，有必要制定一個與城市品牌標語不同的首爾優秀中心企業共同品牌名稱，否則在進行宣傳的時候，會引起消費者，特別是國外消費者的認識混亂。Hi-Seoul城市品牌的廣泛性和中小企業的具體差

異，也很容易引起認識混亂，各產品品牌與首爾有關的形象，到底會發展到什麼程度，要進行徹底調查。

換句話說，與很多對首爾形象的問卷調查結果一樣，依然具有負面形象，在不能實現戰略性城市品牌定位的情況下，甚至有不能傳達集結首爾核心力量的品牌價值，而來模糊代表中小企業產品品牌的可能性。此即沖淡了中心企業的產品品牌，品牌的原型本質也受到影響。

第三，為提高共同品牌對象企業的合作，分別整理產品企業的產品，另行制定共同品牌名稱，使其與作為保證品牌的首爾品牌名稱有差別化。例如：以數位產品品牌名稱+首爾城市品牌名稱的方式標記。

第四，以品牌線促進共同品牌工作，在品牌管理上，品牌管理責任明確，對提高品牌價值很有幫助，因此在產品的選定上，需要更加慎重，即要能選定可以提高城市品牌核心力量的產業參與到共同品牌的建設中。

現在選定為首爾市共同品牌對象企業的產品，不少是「生活消費部門」的企業產品，它並不是消費者慎重決定是否購買的高關注產品，因此在城市品牌宣傳流通上的利益也就減少了。現行制度中，在城市品牌名稱與產品品牌名稱完全一樣的情況下，通常付出「城市品牌原型本質」沖淡代價，來維持共同品牌（co-branding），而提升品牌資產的戰略品牌的觀點，是不怎麼被期待的。

五、城市品牌管理

(一) 城市品牌健康診斷

要能傳達給城市行銷中城市品牌價值核心，或者城市品牌重新定位，需要維持品牌的持續性。因此，要定期對品牌體系進行全盤診斷。

品牌管理是品牌形成、保護、維持進行組織活動的過程。在品牌管理上，最重要的是長期的觀察，在短期的目標下，絕對不會誕生強大的品牌。這意味著在品牌形成上，要在長期目標下，連續性的

投資。同時，要確認消費者對於品牌的認識、態度、行動等會有怎樣變化，透過消費者調查來關注品牌的健康狀態。品牌健康狀況一覽表，如表8-8所示。

表8-8　品牌健康狀況一覽表

品牌健康標準、健康的品牌內容如下	強	需要增強	弱
目標顧客們追求的價值充足			
進行明確的、強而有力的品牌核心交流			
傳達明確的品牌情感上的價值			
表現出有魅力的、招人喜愛的品牌個性			
獲得、構築、維持顧客們對此品牌的忠誠			
目標顧客們十分瞭解此品牌			
說明維持目標顧客的感受			
獨創性的調節組織的力量和顧客的要求			
取得競爭優勢地位			
持續投資其他競爭公司希望構築的價值			
跟上顧客的期待和對品牌的認識變化，在時間長流中實現顧客們的要求，維持與顧客們的密切關係			
有助於提高商務活動的收益			
維持組織的經營戰略和持續性			
實現與組織品牌結構的協調			
在促進發展戰略方面發揮後效果			
新品牌或競爭組織有效進入市場			
在市場和顧客的認識中有很強的定位			
說明對明確價值的交流，及顧客們對此價值的認識			
職能涉及的所有層面都保持一貫性、持續性，創造與顧客的相互作用			
透過相互作用和好的聯想，在顧客認識中留下品牌核心價值印象			
持續性的管理			
持續使用關於市場戰略的媒體戰略			
使人們渴望對本公司品牌商品的購買			

出處：同圖8-1。

　　不瞭解品牌的現狀的話，就無法對品牌開出處方。因為一般市場環境的變化，在品牌及消費者的關係中，決定品牌管理的方向。透過這樣定期的品牌診斷，以分析出的內容為基礎，在組織中採取的品牌管理選擇，可分為三種戰略，如圖8-12。

　　➤ 強化現有品牌？

　　➤ 再啟動品牌？

　　➤ 撤銷品牌？

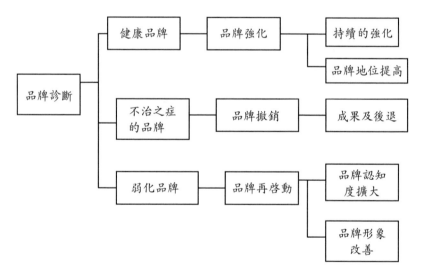

圖8-12　品牌健康診斷及對應戰略

出處：同圖8-1。

　　在此有必要認真考慮品牌的再啟動。品牌的再啟動就是根據消費者對標誌的變化，技術革新及新技術的登場等環境變動，品牌形象弱化、負面聯想、市場占有率或銷售等降低，TOM（Top of Mind）或品牌忠誠度等消費者認知、態度弱化時，賦予品牌新的活力，強化品牌。

　　具體化的品牌再啟動方案，如表8-9所示：

表8-9 品牌啟動方案

品牌認知度擴大		• 問題狀況：在消費者對品牌的認知層面上產生問題時，消費者對相關品牌認識度降低（深度或強度的問題）或品牌聯想受限（廣度的問題）時 • 對應方案：擴大品牌認知深度和廣度的戰略 　1.品牌新用途的開發（例：掌握發酵品蘇打的去味成分和美白成分等新用途，創出水箱去味劑和美白用牙膏等新產品的Arm Hammer公司的發酵蘇打 　2.提供消費者消費價格下降及系列活動，與商品構成相同的促進消費行銷專案的開發（例：透過叫做「一個巧克力派」的2個產品之小型共同包裝促進消費的奧利奧巧克力派） 　3.品牌再購買期縮短 　4.品牌相關使用狀況擴大 　5.品牌消費頻度擴大
品牌形象改善	品牌要素的變化	注意事項：大多數情況下，認知方面的問題會與整體性淡化的問題同時存在，所以和品牌強化活動一樣，應支持持續一貫的行銷 問題狀況：與長期積累的品牌名聲比較，強化品牌固有形象的對應方案，為宣傳品牌所具有的新的意義給予品牌要素（品牌名稱、logo、品質、標語等）變化。 例：省略品牌名，只叫第一個字時的情況 （鮮京—SK，韓國化學—韓化、金星—LG），單純改變logo
	品牌renewal	問題狀況： 品牌形象落後的問題產生時，要求改善品牌形象的品牌戰略，以修改或改變品牌本質原型構成，用要素中一個以上來改變老化的形象或是創造新的形象（例：韓國汽車產業上占據10年以上重型車市場第一位的現代汽車，透過索納塔、索納塔Ⅱ、索納塔Ⅲ、新EF索納塔等品牌分類，取得了變身。除了索納塔的品牌名稱和「韓國人的代表重車型」核心身分，從產品到品牌logo，大部分都發生改變

出處：同圖8-1。

(二) 城市品牌經營方針制定

1. 以城市品牌為起點制定實施經營政策

城市品牌經營政策應整合品牌戰略基礎上的品牌觀點和城市業務的核心，因在城市間競爭上會有許多業務來顯現城市政府的經營能力。此時透過城市品牌的有效管理來提升城市品牌價值，會有助於戰略產業招攬及遊客招攬的波及效果，因此城市品牌經營組織在組織層面上，擔當著產業領域行銷戰略或資訊戰略立案的職能，能發揮經營的控制中心作用。

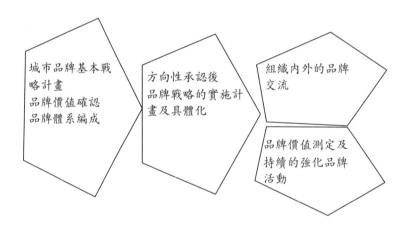

圖8-13　城市品牌經營戰略推進整體構圖

出處：同圖8-1。

為實行綜合性品牌，組織內應該創造一個多種組織品牌政策和活動，來達成目標工作。城市品牌經營活動的最終目標是取得對外的名聲。此時在城市政府內各部門中，應持續一貫性的依預定計畫實行品牌政策和活動。

要落實品牌相關政策和活動計畫，評價的維持和管理就非常重要。因此，有必要制定「品牌實行計畫迴圈途徑」（如圖8-14），並

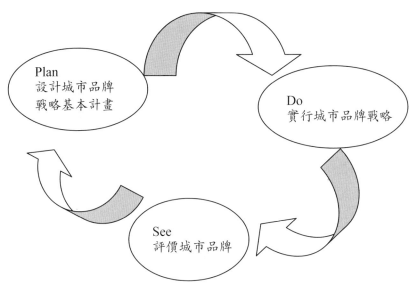

圖8-14　城市品牌實行計畫迴圈途徑

出處：同圖8-1。

客觀地按其實行的結果和效果評價。城市品牌經營活動，不僅組織
規模大，分權化程度也大，能敏感反應市場環境及顧客要求的變化組
織，迴圈型實行計畫是非常有幫助的，因此城市政府也有必要積極肯
定性地導入。

2.城市品牌具體的實行領域

　　品牌經營的實行領域，對組織內外的資訊傳遞及成員的行動有一
定影響。特別是對於組織內部顧客的品牌使命（mission），和對外
部顧客及利害關係者的品牌承諾（commitment）。但很遺憾地，許
多工作忘記品牌組織內部的使命（mission），出現與組織品牌使命
不同業務執行的結果，通常內部職員的意識和形態，會提供給顧客或
利害關係者的資訊或服務，而傳達品牌承諾。這會讓顧客及利害關係
者的滿意度與品牌使命聯繫在一起，因此，品牌使命與品牌承諾同等
重要。

3. 實現城市品牌經營的方針

為透過城市品牌遵守與顧客或利害關係者的約定，各組織部門應靈活運用城市品牌價值。為組織成員的產生具體行動，來更加有效地承接品牌價值，使組織內部的方針與品牌價值聯繫。

制定方針如下：(1)密切連接品牌經營全盤戰略層面：實現品牌構築的戰略明確嗎？(2)組織及力量層面：是否構成具體實行品牌經營的目標的組織？(3)這個組織是否具有實現品牌經營目標所需要的能力和技術？(4)制度、文化層面：是否具有實現品牌經營所需要的制度？有沒有阻礙實現組織內外制度上的障礙或文化特徵？(5)人力資源管理方面：為實現目的，人才或職員的教育合適嗎？是否具有組織、成員品牌經營目標的活動與獎勵？這些層面上，反映品牌經營的內部方針，應使其指南化，成為指導手冊。

第四節　城市品牌戰略實施

一、品牌觀點上與市場行銷混合掛勾

現在很多產業中，產品本身的性能優勢，若同一業種內各企業產品差異看上去並不大，在進入發展遲緩的成熟市場下，與其他公司及競爭公司的商品相比，能否構築明確的個性，即是強大的品牌，也才有機會占據一席之地，即所有的行銷政策，都符合品牌的焦點，最終品牌的目標，成為混合行銷的評價標準。由於在品牌價值的結構中，形上學要素比以前商品自身獨特特徵或職能性價值更被重視，現在心理性價值或個性（personality）等形上學要素，變得更加重要（如表8-10）。

特別是在媒體推銷戰略上，應重視至今的媒體戰略費用效率性，成功維持更多的對象，產生焦點交叉率點（cross rating point）

的優勢傾向。但是向品牌觀點轉變視角的話，認識產品、形成顧客，並最終形成品牌宣傳者或信奉者應更重要。

表8-10　品牌觀點上的行銷混合

評價標準		行銷混合
品牌經營目的	目標	品牌戰略上如何反映品牌的最終目標
	推動	品牌觀點上考慮媒體戰略時，對顧客的接近怎麼變化？
	途徑	作為體驗品牌的一個要素，是否可能考慮流通途徑？
	價格	品牌構想上考慮價格的話，到現在應該如何變化？

出處：同圖8-1。

在媒體活動方面，過去4大媒體（TV、廣播、報紙、雜誌）廣告傳達的最大化，和重視費用效率的廣告計畫中，展開與顧客們雙向的對話，目前更有必要利用盡可能新的媒體，確保顧客們的信賴。讓大眾透過媒體來傳達資訊，而在與品牌使用者構築緊密的關係觀點上，應該促進對現有媒體的靈活運用。目前應該關注數位媒體的急速擴散，計畫促銷戰略。

二、城市政府內部的品牌經營戰略

(一) 組織內品牌經營

有很多經營者將「品牌經營宣言」誤認為就是「品牌經營的實施」，品牌並不只是對外部評價產生影響。

組織內的品牌經營，係向組織成員徹底滲透品牌構想，使每個成員對品牌實行（商品提案、服務實踐等）取得品牌外部的人（利害關係者或顧客等）之稱讚或支持。所以組織內滲透的是成功品牌構築方法起點的最重要工作。所謂「品牌滲透方法」，係指透過連續結

合、實行活動、研修等多種滲透計畫，引發成為品牌構築的原動力內部意識改革，把品牌承諾作為組織的使命，成為職能作為目的。

(二) 組織內品牌滲透

　　為了品牌的存在，不光是在品牌行銷部門，在組織整體上也應存在品牌化不是一種狀態，而是一個過程，所以是在掌握、學習、複製、培養的過程中產生。持續的品牌教育計畫性專案，讓組織內所有職能可統一新的目標，透過交流會、研討會、批評會方式產生共同意見。

　　組織內滲透品牌的方向與價值，可用多種方法呈現，如表8-11所示：

表8-11　組織內部的品牌滲透方法

種類	政策、方法	內容
媒體開發	品牌書（brand book）	• 解釋品牌價值結構、組織內行動規範等品牌書，主要以公司為對象，但也適用於公司外廣告 • 品牌經營主要負責人應將品牌書當作日常業務判斷基準及行動基準 • 以全公司職員為對象成立的品牌構想共有部門中，登載品牌的重要性，公司的品牌定位及目的，以及品牌戰略的背景分析和思考方式等 • 登載為品牌經營實務者的「品牌戰略」運用部門之符號或標語等使用方法，展開消費者接受的商品、廣告規劃等 • 品牌需要嘗試利用色彩、情調等難以用語言表現的全球性刊物，及利用網際網路上的影像來表現
	品牌影像	為使全部組織人員理解容易，將品牌概念的內容影像作為工具
	運用品牌網（網際網路）	可以迅速向全世界發送資訊的媒體，積極靈活運用網際網路，將關於品牌戰略的最新資訊以web新聞形態發出
	公司內宣傳畫	運用公司內宣傳畫或機關刊物，提高對品牌經營的認識和興趣，謀求品牌滲透的落實
	卡片	可以經常攜帶的卡片明示品牌整體性或行動方針

續表8-11

種類	政策、方法	內容
系列活動開發	品牌滲透活動	開發品牌構想或樹立方針時，向組織成員們直接訴求有目的的場所
	品牌城市會議	第一次引入的城市會議中，要使職員從經常的壓力中解脫，對組織和業務上的課題進行對話、討論而聚集在一起。在城市會議前，參加者們先透過經營層和資深職員們對品牌的討論，使全公司職員共有其內容
	品牌交流會	爲在公司內落實品牌經營所舉行的教育和交流會
制度開發	品牌獎勵制度	以品牌方針爲基礎，針對在每一天業務中對品牌貢獻最大的職員或部門給予獎勵的制度
	論文提案募集	從組織成員那裡廣泛取得品牌改革的方向、注意招募提案

出處：同圖8-1。

　　在組織內共用品牌方案的設計程序，依次爲鼓勵（endorse）、教育（educate）、實行（execute）、評價（evaluate）等4個E階段，如表8-12。

表8-12　品牌的階段內部共用

4E	爲在組織內滲透品牌價值或方向性的4E步驟，獎勵和教育的階段中，實現整理提高品牌價值的基礎。在實行和評價階段中，以落實提高品牌價值的企業文化爲目標	
鼓勵（Endorse）	1.促進體系和計畫的構築	• 最高經營者讓全部成員明白組織使命，具體談論品牌發展的獨立的方向、未來的設想等
	2.品牌化意識的養成	
教育（Educate）	3.任務聲明設定	• 更加詳細的說明參與品牌作爲目標的形態和全公司的行動基準
	4.品牌戰略的教育	• 運用品牌書、品牌培訓等
實行（Executive）	5.部門、個人目標設定	• 從組織成員每個人的業務上，試行描寫及實行關於品牌的貢獻形象
	6活動支持	

續表8-12

評價 （Evaluate）	7.活動測定和評價	• 為提升品牌進行的活動，為使全 體成員都看得到對品牌貢獻的適 當評價和獎勵決定
	8.根據貢獻進行獎勵	

出處：同圖8-1。

1.品牌共用方案整體框架設定

除了已經有品牌經營部門存在的情況，組織內共有品牌價值是全公司的課題，所以需要用超越特定部門的交叉職能型的方案，來促進組織中的成員參與品牌共用方案，可以根據相關部門中徵集及部長的推薦，期待有專門知識或運營祕訣的顧問等外部專家的參與。

整理品牌價值體系之後，成員與最高經營層聚在一起，對品牌共有的任務進行討論。這包括方案的宗旨或它的期待效果、專案小組的使命和許可權、最高經營層的方針和決定的傳達，同時也是討論對於成員們的疑問或問題的場所，取得為後續品牌共用方案執行的方針。

最後在成員的討論中，也會對組織內品牌共用專案的實施費用、所需人員、推進的負責人、成果目標及範圍等進行規定。

2.告知品牌的重要性：品牌意識的養成

在將全體組織成員聚集，創造構築品牌共同意識的品牌鼓勵（endorse）階段，最高經營層應直接向組織成員通報品牌的重要性。

品牌鼓勵（endorse）的各活動，包括基本資訊的播放及傳遞，可以考慮使用公司內告示板或報紙等方法，此外，明確最高經營階層對品牌的主導也很重要。

透過最高經營層的品牌方針發展，再與外部專家或最高經營層討論等。最高經營層就能直接反覆地傳遞品牌構想及對此自身改革的重

要性。運用外部專家交流會、城市會議等技法傳達品牌的重要性，透過城市會議來聽取組織成員對品牌經營的意見。

3. 任務聲明（mission statement）的制定

品牌價值聲明是指為實現品牌過程制定的品牌承諾，包括各組織成員應執行的任務是什麼。

這個任務聲明（mission statement）並不是單純的標語，而是表現出組織的目標、態度、組織文化等行動等基準宣言，制定時，制定在組織內的各個部門中，募集的成員作為品牌經營者，人人應具有的行動態度、共同的價值觀等。如果有可能，就制定具體的行動宣言。

4. 品牌戰略對成員的傳播

組織在組織內的各角落傳播品牌價值觀，代表性的實行方法是「品牌滲透研究方案」。它研究的核心並不是單純的灌輸組織方針，而是將聽取每個人各自考慮，應該怎樣才能提高品牌價值，來作為主要目標。在實施品牌傳播方案上，首先是事先決定方案的目標期待成果等，然後根據此準備方案，賦予帶頭理解品牌的部門或組織階層的優先個別實施。另外也有以產業、部門、小組或科為單位傳達品牌方針，依據自身所屬的組織課題，來考慮品牌開發反應方案的情況，此時要成立全公司的集體方案研究組織，讓成員作為公司內的品牌指導者，賦予其評述各個會議的職能。

積極靈活運用這一方案討論的政策和品牌書、品牌影像，以及區域網路或問卷調查等來進行雙方向業務傳播，使組織內的品牌價值觀盎然發展。

5. 部門和個人的品牌奉獻目標設定及支援、宣傳

為使品牌在組織內的滲透，全部組織成員都要考慮各自應怎樣為品牌做出什麼貢獻，這不單是停留在主意想法上，而是應該透過設定

目標並轉移到執行上，且使其制度化。

因此，應樹立所希望的城市品牌形態和「部門和個人層面應怎樣對品牌做出貢獻」目標的結合，組織應意識到的利害關係者，才能正確決定定量與定性行動目標。通常部門在設定目標時，可能會有只以本部門的水準為基準行動的偏差。因此，應採取聽取那個部門以外的人之意見，或以客觀檢查方式來設定目標。為透過達成各部門和個人設定的品牌貢獻活動的目標，就有必要向組織成員支援與宣傳。

因此，品牌經營負責人為品牌的實踐，應在組織層面上設定統一的工作形象或整理設定進程、方法的計畫。

可利用公司內的區域網路開發可簡單閱覽部門或個人的目標軟體，隨時發送傳達進行情況或品牌相關活動為主題的時事新聞。同時提供自由的空間意見交換，並靈活運用多種媒體品牌的活躍。

此類活動的宣傳不限定在組織內，向公司外傳送，也很有效果，同時考慮在公司網頁上公布，或以大眾媒體、專家為對象，以小冊子的方式進行分發、印刷名片等多種方法。

6.品牌貢獻活動的評價及獎勵

對品牌貢獻活動應對量、質成果的測定及評價，並將評量結果回應給相關部門或個人。

若品牌經營短期很難出現效果，但短期間被認為在一定程度上有成果的話，就有機會達到長期目標。重要的是在向組織成員維持品牌貢獻活動目標的態度，所以一定要進行長期測定品牌貢獻活動目標和其實現程度。

首先在量的評價上提出全權負責品牌經營組織的、各個組織和個人工作定量的評價。另外，在質的成果上，則透過不同的部門、顧客、利害關係者等的外部合作，進行品牌經營負責定性的評價。

將測定的成果與初次設定的目標相較評價，將在量上及質上取得

成果的各部門和個人進行排位，並將結果公布相關部門或個人，探索成功達成目標或成果降低的主要原因，尋求改善的方向或需要強化的部分，指定下輪目標。

　　在品牌實踐中，取得很高成果的部門或個人，組織應開展各種活動對他們進行獎勵，擴大對組織成員的影響。當然利用公司的報紙或組織內部網路的話，在費用上、迅速性上都會很有成效，但透過大規模的褒獎活動，在可以培養與品牌的整體感上，實施的價值非常高。

　　具體說從經營層，特別是最高經營者，首先要在品牌推動期間進行總體的演說。同時利用各種媒體對當今的品牌活動進行說明。其次，在品牌活動上有貢獻的部門或個人，用全體職員都能看得到的方式進行表彰，給予成果獎勵，並發表他們的成果內容。除此之外，還要將全市的目標及各部門的部門目標，用期刊或影像檔的形式進行整理，向媒體或利害關係者進行宣傳，這也很有效果。

三、城市品牌交流戰略

(一) 核心用語設計

　　統合資訊戰略中設計出與「傳達的是什麼」相比，「給消費者留下的是什麼」之交流目標更重要。

　　在交流中價值單詞與簡縮的城市目標想法或品牌資產，從留給消費者的最優價值關鍵字中推出。

　　為選定與此一致的價值詞語和價值擴大語，透過多種分析推出正確的詞語是非常重要的。這些分析應在顧客或投資者、大眾媒體等接受資訊的立場上進行，在社會或市場上發現指向未來的關鍵字可從固有資產有效找出。這樣就可以形成以設計的城市品牌戰略核心詞語為軸的資訊戰略。

(二) 城市品牌交流計畫設計

設計城市品牌戰略核心單詞後，應找出目標群，其目的一般說來是透過城市資訊來增加投資者和訪客。

為讓目標群瞭解，城市戰略會以單詞為基礎，發布統一資訊，向著各自目標的政策，朝共同的目標形象持續前進。

為此，可以按照需要的資訊，可依圖8-15一樣的順序進行設計，來執行這樣的交流戰略。

1.共用目標形象
決定和公布──3至4年後，城市的具體形象

2.城市未來的構想
績效發表或服務發表等城市的主要活動，競爭城市的動向等未來計畫設想

3.片段（episode）的配置
將價值具體化的片段連接，展開故事

4.與媒體聯繫
為能夠進行活躍的資訊交流合作，設計多樣與媒體相聯繫的工作

圖8-15　統合交流戰略計畫

出處：同圖8-1。

(三) 城市品牌價值觀點呈現

要在媒體有效表現品牌價值時，有必要制定品牌表現開發的一定形態，因為過往有更好的表現，會因顧客的接受方法不同，品牌的整

體就會降低。目前進行全球化品牌管理的企業或想長期持續地具有品牌的保全組織，會運用這樣的一定形式，將廣告目的或目標需要的核心資訊，從文字表現轉爲視覺表現，因此，品牌經營部門就有必要將品牌價值決定以何種形式內容開發。

(四) 統合城市品牌交流

　　城市品牌經營負責部門統合管理，再讓利益關係者接觸所有城市品牌的相關資訊，能產生一貫的印象 ，就有必要進行統合城市品牌戰絡。

　　來城市的顧客們，接觸城市的機會和接受的資訊可能是片面的，城市應採一致方向來統一集中城市的資訊，包括市政府的行政服務品質，如城市商家、街道及住宅社區、公園等設計，行政貼心服務和廣告、PR、報導口傳等活動等。

　　顧客們在生活中會體驗很多品牌，會依據體驗產生特定品牌的連帶感，使其體驗與期待值一致的時候，就會產生對此品牌的感情重視。城市品牌交流也是透過顧客的接觸，如城市政府事務所的一線公務員的親切應對是否打動顧客，城市的各種旅遊詳細資訊、交通指南小冊子及體驗措施，都會傳達一貫的品牌價值，因此品牌經營負責部門應整理交流環境。

　　爲提高城市品牌價值，不僅透過廣告等大眾媒體進行直接宣傳，還要利用PR等多種管道促進維持資訊一貫性的統一資訊戰略。爲此，宣傳部門、品牌行銷部門、公部門等各部門應營造各自的資訊戰略，將城市政府領導層與各部門相聯繫，設計實施持續的交流戰略。

四、城市品牌合作管理戰略

Marty Neumeier（2006）曾提到品牌鴻溝，而冥思苦想應怎樣連接商業策略和設計之間建構（*the brand gap : how to bridge the distance between business strategy and design*），用復興時代的大教堂的建構過程，很容易理解爲達到品牌化的共同合作工作。

「在今天創造品牌就好像在復興時代建築大教堂一樣，爲完成這個巨大的建築物，需要很多的工匠跨越時代，很長時間的工作。工匠們經常一般想著整體效果，一邊進行雕刻、做門窗、畫壁畫、建造圓頂等，各自承擔的工作，透過這樣的方式來爲工程總體做貢獻。像以前的教堂工程一樣，現在如此之多的品牌，又如此範圍廣泛、如此複雜，一個人根本無法管理好一個部門。爲能有效管理，有必要組建共用主意點子、統一協調工作，由專家們組成的小組。」

同樣地，品牌經營的促進，依靠與組織內外的各參謀人員協同工作也不爲過。因此，要仔細觀察城市品牌負責組織的參謀人員，以何種方式進行管理品牌化的創作關係。

首先具體在組織內如圖8-15看到的一樣，應與大部分的部門相聯繫，而且在組織內各部門關係更要以經營負責部門爲主題，請求其他部門的合作。從一開始就要關注各部門關於品牌經營的角度，以及認識經常檢查品牌反映的影響等。

相反地，在政府外部下，象徵品牌的創造工作或品牌計畫的實行，不少的學界及實務專家，爲多種多樣的機關或參謀人員參與，因此其連結就非常重要，而在品牌滲透實際管理方面，與外交公館或企業的海外法人、韓國旅遊公社海外支社、海外旅遊廳等相聯繫，就能統一傳達品牌資訊。

表8-13　城市品牌經營的參與者們

組織內	組織外
— 市場及輔助層	行政自治部
— 經營計畫部門	外交通商部
— 代言人及宣傳計畫部門	文化觀光部
— 財務、會計部門	產業資源部
— 法務、知識財產管理部門	其他地方政府
— 公關、人事管理開發部門	宣傳處
— 城市政策的產業執行部門	特許處
— 海外行銷工商部門	韓國觀光公社
— 商品及服務開發部	對韓貿易振興公社
— 研究開發部門	海外外交公館
— 城市計畫部門	進出口法人及事務所
— 行政服務與分支機構等	海外旅遊廳
	主要具有品牌動力的企業
	主要航空公司
	顧客（國內的城市訪客、投資者）
	學界專家（經營戰略、財務戰略、品牌戰略、行銷、廣告、交流、心理學、城市規劃、產業投資專家等）
	務實者（從事城市市場化及品牌經營管理業務的務實者）
	廣告公司
	品牌諮詢公司
	律師事務所
	特許事務所
	會計事務所
	調查公司
	CI設計公司
	命名公司
	大眾傳媒

出處：同圖8-1。

(一) 品牌合作網路型態

Marty Neumeier提出在現在的企業中，管理品牌合作關係的方法有3種基本網路模型：(1)單一窗口可以處理所有事情的外駐

（outsourcing the brand to a one-stop shop）；(2)透過品牌代理的
外駐（outsourcing the brand to a brand agency）；(3)利用公司內
統一行銷小組的責任管理（stewarding the brand internally with an
integrated marketing team）。

　　這些模型可以說是經過很長時間，以很多人的合作關係為根據
的相互作用結果，符合現在品牌經營認識的模型。實際上，很多企
業集團品牌經營組織者實際上實現品牌不被個別的企業困住，而可
向顧客們提供更好的商品和服務，則透過合作價值的連結，產生像
「1+1=11」魔術一樣的綜合效果，最終提出選擇之模型的優點、長
處，組成符合本公司組織的組織經營者。Neumeier的品牌合作網路
工作模型，可以用圖8-16、圖8-17、圖8-18說明理解。

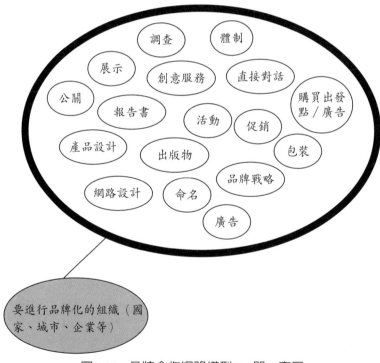

圖8-16　品牌合作網路模型 I：單一窗口

出處：同圖8-1，引用修訂Marty Neumeier，2006：54-55。

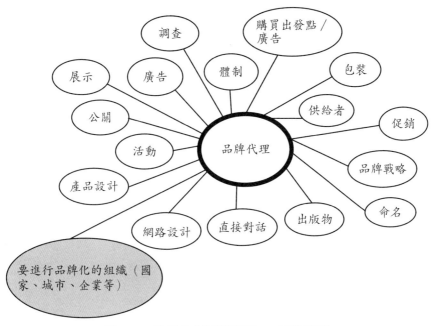

圖8-17　品牌合作網路模型II：品牌代理

出處：同圖8-1，引用修訂Marty Neumeier，2006：56-57。

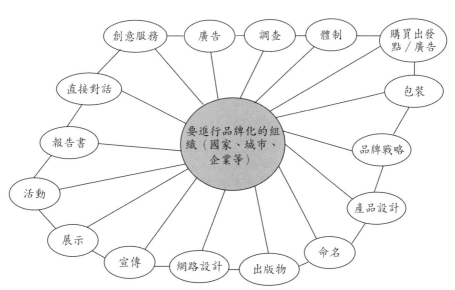

圖8-18　品牌合作網路模型III：內部統合行銷組織

出處：同圖8-1，引用修訂Marty Neumeier（2006：58-59）之組織圖。

表8-14　品牌合作基本網路三種模型比較

區分	內容	優點	缺點
I：單一窗口持續進行	• 20世紀初企業為品牌管理，大部分依賴交流活動進行，像找單一大廣告公司 • 能夠處理與品牌相關所有事情的地方給予外駐 • 實施調查、對戰略開發、活動開發、對結果的測定等 • 如今隨著品牌業務的複雜，一條龍shop也變得複雜 • 現在的單一窗口是做多種多樣事情的公司，或是管理很多專門公司的領導公司的形態	• 高效性 • 管理容易 • 將經過多種媒體的形象統合為一個	• 很多情況下，所有領域沒有各個領域的最高專業性 • 與實際品牌相關的重要責任和許可權，轉嫁給單一窗口
II：外駐品牌代理模型	• 單一窗口概念的變形 • 作為領導公司選定廣告公司、或影像設計、PR公司、經營諮詢或其他 • 領導公司幫助各領域的專門公司引導品牌項目計畫，有時有給予其他專門公司直接勞務的主要協約者的作用	• 一將經過多種媒體的形象統合為一個 • 可與各領域最專業的公司合作	• 品牌代理仍有很多品牌相關的責任和許可權
III：內部統合行銷組	• 被看作是與傳統外駐方式模型不同的，在企業內部統一、調節品牌化的持續的工作 • 與公司內市場行銷要員一起形成小組，選擇各部門最好的專家們。這	• 一將經過多種媒體的形象統合為一個 • 可與各領域最專業的公司合作	• 為運營品牌相關業務，需要強而有力的內部組織

續表8-14

區分	內容	優點	缺點
	個假想的小組，要接受公司的實際管理者的訓練	• 特別是透過共同工作得到的品牌相關知識，當作企業的知識被保存下來，所以公司擁有責任和許可權進行工作	

出處：同圖8-1。引自Marty Neumeier（2006：54-71）重新製表。

　　同時，Neumeier提出的這些模型，通常是以選定想要進行品牌經營的民間企業作為對象，可能是由於長期作為品牌畫報設計者工作的原因，也有將與商品設計及包裝、網路設計部門的合作作為重點。

　　由於沒有哪兩個品牌化網路是相似的（No two branding networks are alike）。不管是哪個組織，會根據要導入的品牌的情況，來找尋找其合作的網路，由於考慮更加多樣的參與者數量和層次、統制，調整的範圍也會變得寬裕，同時也有助打造首爾城市品牌。

　　換言之，品牌工作的具體化及實行工作，是要求各部門創意和合作。因為城市政府封閉任職一般公務員，通常會找出最低的品牌象徵及表現方式，城市政府要改變按照皮特・德萊克教授說法，丟掉熟悉的夥伴關係，即使促進了合作的業務，是在水平的合作網路結構進行。

　　締結品牌網路協定時，在決定相關業務時，要依賴有專門性的企業。這可以透過多個企業之間的競爭來決定。

考慮到有依賴關係的合作機關，會有預算工作進行方法相關條件制約，選定一個企業後，就可能在提供各種資訊的同時，來交換各自的意見，開發合作。

另外在競爭投標的情況下，比較能引起企業廣泛注意而選定好公司，非公司競爭投標的情況，在品牌保證層上可能會產生問題，在品牌經營的外包業務上，公開競爭投標的方式比較合適。

選定外部合作者的話，品牌經營負責組織提供品牌化的詳細說明，會提高合作的關係，因為外部專門公司在形成合作關係前後，會像品牌經營組織一樣，充分認識到品牌指向的顧客是誰，產生創作品牌價值的綜合效果。而且外部的品牌化相關專門公司，會依城市品牌的競爭結構、目標、顧客、市場細分方法來定位戰略，提出現在的品牌價值與以後要構築的品牌價值、品牌推銷計畫和期待成果。通常品牌的單一集約型提案，可根據資深行銷公關（SMP）來選擇制定合適媒體預算與內容。

品牌經營負責組織及進行品牌背景說明，應該注意以下幾點：

➢ 充分進行整體的背景說明。

➢ 提供對合作公司的背景說明書。

➢ 對品牌相關專案的目的、注意點、預算進行明確表示，向合作公司提示品牌經營負責組織的創意性想法或主意，可由合作公司的專家們擔當此工作。

➢ 合作公司可以提出質疑的視窗。

➢ 鼓勵合作公司提出批判性評價。

➢ 盡量向大型公司提供所有資訊，使工作能順利進行。

➢ 明確傳達關於提案的形態和提出完成的資訊。

➢ 明確指出經營組織的意願是什麼，是單純地為取得主意，還是為進行項目而進行提案。

(二)品牌網路合作內容

1.國家品牌與城市品牌經營管理結構

　　城市行銷提升到全世界層次上，在提高城市形象目標下，首爾的品牌化，應從大韓民國首爾和京畿道、光州、大邱、釜山等所有大韓民國優先品牌做整理，使世界消費者對韓國及首爾的品牌形象不產生混亂而進行調整，即應進行各城市及國家品牌間的品牌調整。

　　整體而言，大韓民國需要一個提高整體國家品牌資產的政府組織來提高國家品牌軟實力，而制定國家整體行銷方向。

　　理想的形式是此政府組織另行設立並賦予全權，這個政府國家品牌委員會組織從預算取得、法案透過、品牌制定廣告振興、內部投資、雇傭促進，文化藝術運動、對外政策及世界著名公司合作的說明資訊會正確的起作用。

　　文化觀光部的促進「dynamic Korea」和產業資源部的大韓貿易振興公社，負責國家品牌管理業務，各地區和城市具體採用哪種品牌行銷，可依實際需要相互連結。首爾作為大韓民國的門面，要展現出特別的形象，也要考慮現實的困難，要將首爾內部下層的許多地方商品品牌包裝在內，如南北韓非軍事區（DMZ）這種分裂國家特別產品。透過市場的品牌的連線性等，表現場所的品牌結構價值的連結。這樣的工作可反映地方城市政府及中央政府的品牌相關調節合作與Dynamic Korea品牌價值能讓相符的首爾、釜山、大邱、光州、濟州等代表城市作為韓國的下層品牌反映，實現韓國在世界人民的認識中占據起的位置。

　　一般消費者相信某個國家或城市可以生產提供好的商品或服務的話，就會認為那個地方生產的商品品質是優秀的，相反地，不能確定能夠生產商品品質產品的情況下，會對那個國家生產產品品質產生很低的偏見，一般而言，消費者在先進國家及發展中國家生產的產品

中，比較偏愛先進國家生產的產品。

消費者們會用國家及其有的資訊，來形成對產品產地的形象，購買具體企業的產品國家品牌就會產生影響，所以在這樣的原產地效果層面上，也應重視管理國家及城市品牌。

Simon Anholt（2003）管理「原產地」的國家品牌，具有持續值得信賴的價值（能領導正確的購買決定），輔助品牌本質是依原型的母品牌，發展出「企業品牌」或作為「成分品牌」的作用。

即國家品牌包含著從那個國家輸出的所有品牌的「家族」，在不損害任何國家獨特的品格或本質競爭力的情況下，分享個別品牌的效果。

除此之外，那個單位不論是國家，還是城市政府、地方品牌的作為，都會在各個品牌上增加「品格」，所以國家品牌使義大利商品上增加了「性感」、法國產品上增加了「風度」、德國產品上增加了「品味」，英國產品上增加了「獨創性」。

這種品格，用別的話說，就是那個地區所獨具的品牌本質原型。所以中央政府和首爾及其他城市政府間，應實現對品牌本質原型進行合作性管理。

但在政府的品牌委員會，會使很多衝突意見整合，但有時一個地方品牌標語，往往得到的是有氣無力的語言，會產生減少一個讓地方豐富多彩的魅力與號召力的風險。

民間企業的強大品牌，會依企業方針中要擺脫的困境或冒著可能會被拒絕等情況，以積極方式、認真努力來呈現品牌一貫性。

在這種經營栽培下，從業人員帶著自己的意志，根據經營層的決定，努力工作，同時取得報酬，所以企業中可以一定程度上相互容納，但是在國家或城市政府層面上，與其相反不同意見、興趣計畫的獨立組織部門，產生共鳴則是很困難的。

儘管如此，若政府不適應應用民間企業構築品牌的目的意識和管

理方式，國家或城市品牌專案就很難成功。

　　地方的品牌工作，像Simon Anholt所言，是從複雜多樣資訊中提取濃縮精華的「蒸餾」過程。從相關國家的所有詳細事項，應可以形成多個引導品牌，並集聚起來合作。目前產業資源部、文化觀光部、國家宣傳部與各城市政府都提出國家及個別城市品牌直接或間接政策系列措施，但是光一個部門的努力是不會成功的，就從設置國家品牌戰略委員會開始，並對海外市場的客觀評價和深度理解，如此執行下去，國家及城市政府間品牌管理和交流工作的共同品牌戰略就能產生而付諸實施。

2. 城市品牌商標與命名

(1) 城市品牌商標調查、註冊管理

　　在特許廳註冊品牌就有品牌的法定獨有排他權，即商場品牌，商標作為法律用語，適用品牌作為重要的無形資產。

　　城市政府在導入城市品牌時，在註冊和持續管理層面上，應與律師及組織內部指定財產管理部門相聯繫。

　　為註冊商標，想要註冊商標的品牌可以依商標法上註冊，這個商標應首先瞭解要註冊的商標是否已註冊，確認無註冊後，再提出商標註冊申請，在韓國為註冊商標是向特許廳申請，可以是利用網路的電子申請，也可以是書面形式。

　　商標註冊申請，與產業財產權特許、適用方案或設計註冊申請相比，相對比較容易，即使不透過代理人也可以輕鬆進行。訪問特許廳主頁可得到詳細資訊。任何人都可以容易地明白程序，但因為最終要考慮外觀、概念、進行嚴密的相似性調查。所以最好委託特許事務所進行總括性的調查。

　　地方自治團體所固有的品牌標語等知識財產開發，與作為產業資產權的傾向越受重視。由於不僅會出現品牌的侵害訴訟問題，也會有

虛假地使用其他公司商標的情況，所以各種各樣的商標管理業務，也會在日常生活中產生，所以不僅是與外部專家的註冊委託關係，還要創造持續的合作。

考慮在國外的適用，更要重視商標調查的必要性，因為這需要很多時間和費用，所以要選擇有註冊保護的國家。

(2) 調查計畫實施

在組織內的品牌負責機構，有必要熟知定量、定性調查的各種方法和個別調查方法，也可選定組織以外的專門調查機關，然後決定調查計畫。具有調查部門的組織，是可成為品牌經營負責部門的中心，來與調查機關合作。

由於調查機關各自擁有不同的長處，可以運用在品牌經營各階段課題中適合的專門領域。

(3) 城市品牌命名開發

品牌名稱是品牌logo、品牌符號、品牌特性、品牌標準、品牌包裝、品牌個性等品牌整體性要素中的一環，但是品牌命名通常是公共機關產品或服務呈現國家或城市等場所核心價值的一種基本交流手段，並代表品牌整體透過取得商標權，成為組織重要的知識財產權。品牌經營活動的核心物件，仍是以品牌為中心命名，因此可以認為品牌命名為：「品牌=品牌名稱」。

品牌命名有的為了引起經營中的興趣，也有透過公開募集開發的，好的命名能表現高水準的專業性的課題，因此要推出獨創的關鍵字或象徵詞，希望能讓具有開發流暢品牌詞語祕訣的專家來進行。

品牌經營負責部門研發品牌命名的時候，先依據品牌精髓或個性規定命名的基本方針，再依據專門機關進行外部機關收集意見工作之後，進行多方詳細的監控和評價工作。評價標準與下面提出的品牌名稱內容相同。比較重要的品牌名稱開發標準有：

A.與競爭品有相差別的獨創性。

B. 消費者易讀、寫、記。

C. 形象有意義並符合品牌概念。

D. 在外語中沒有否定的形象，在國外也可以適用。

E. 使用時能給人好的感覺。

F. 可以多角度去解釋或可以利用名稱進行創意性擴張製作。

G. 是否可以在網路上使用、法律上是否可以進行商標註冊等。

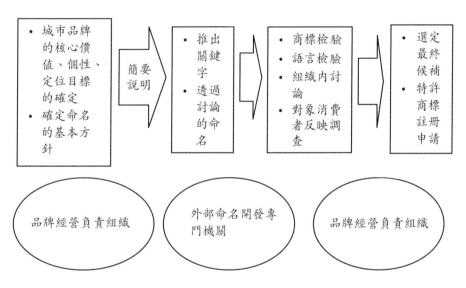

圖8-19　城市品牌命名開發過程中的合作活動

出處：同圖8-1。

五、城市品牌象徵（符號）開發

符號開發也是在命名上需要技術祕訣的品牌整體性要素中的一個，所以需要與有創意的、熟練的專門外部機關合作。

品牌經營部門為開發正確反映品牌精髓的基本符號或合適的應用開發方案，要明確簡單報告品牌概念，整體過程如圖8-20。

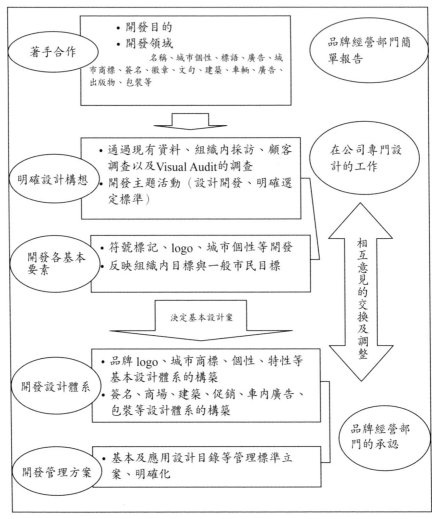

圖8-20 品牌象徵體系開發過程中的合作活動

出處：同圖8-1。

六、城市品牌廣告

　　品牌的廣告是為構築品牌的意義，並交流溝通而進行，並不是像往牆上貼泥巴，多貼幾遍總會有一些能貼到牆上，在廣告中，不是說

幾遍品牌名稱或品牌標語，就可以構築品牌經營層作為目標的品牌形象。

　　廣告不過是混合品牌行銷的一個構成因素，所以品牌廣告經常以交流品牌核心價值的戰略為基礎來進行。因此有可以詳細傳達複雜資訊或品牌特徵的優點，應採用其與其他品牌差別化，同時刺激消費者的購買動機要素來製作廣告，因此，品牌經營層與廣告人應透過資深行銷公關（SMP），找出可以表現品牌的核心價值。

　　民間企業的很多廣告的語氣、態度及格式的指導原則，也有名牌化的地方，有必要進行評比。因此，品牌合作者在決定廣告公司作為品牌合作者，要能一起發掘問題與擬定共用品牌經營計畫，才能增加長期品牌興趣表現的製作事例。

　　傳達品牌的基本方針、目的和目標的資訊，或是留在記憶中的聯想，與廣告製作者創意有關，創意性概括指示書由品牌經營負責組織與品牌管理者、廣告製作公司計畫者們共同參與制定。

　　具體的政策包裝成商品廣告，一般由各工商部門的廣告宣傳部門來執行，此時品牌經營負責機構應管理城市品牌的目的是不是合適的。

　　透過廣告想要構築品牌的核心價值時，品牌管理者們需要注意一些事項。

　　廣告應很好地表現那個時代的氛圍，但時代的氛圍會很快的變化，這裡廣告專門公司的創意小組與品牌管理者之間可能產生緊張關係，廣告創意要反映廣告界最新潮流和流行，因此要注意，製作廣告中適用的技法、用語、文化象徵等是否適合來表現原來品牌的核心。

　　在這樣的緊張中生產爭論和討論，可能會成為檢查品牌與目標顧客精神上或實體上是否相關聯的好機會，對品牌化是很有好處的。

　　長期不變的廣告可能會使消費者討厭，在廣告的洪流中，有耐性

的消費者絕對不會討厭出色的好產品和服務。廣告與其他促進技術雖然持續地進行重新創造。即銘記消費者是會透過產品和服務經驗來長久地維持真正的品牌價值。

七、城市品牌媒體戰略

製作執行廣告是專家的任務,亦為有效交流學習考慮的事項。一般會依計畫廣告預算透過評選,安排適合的媒體和傳達手段來執行品牌媒體計畫工作,以廣告公司對部門和各個產業部門為核心業務提案,進行廣告宣傳。

品牌經營部門效率性很難用數值表現,但一般媒體計畫中,以廣告達成認知、購買增加等指標進行檢核。

跨越TV、廣播、報紙、雜誌等現有4大媒體運用野外廣告、交通廣告、網路或網頁、以及數位廣播等新媒體,考慮廣告目標的特性,接觸時候的心情以及樣式、款式。此時,互補的媒體利用有助於提高品牌構築效果,如表8-15。

表8-15　互補的媒體利用提高品牌構築效果

戶外廣告	• 深刻表現品牌名、符號 • 廣告的場所自身所具有的品牌價值傳達效果
交通廣告	• 深刻表現品牌名、符號 • 話題性、影響大帶來的效果
網路廣告	• 網頁的吸引 • 深刻表現品牌名、符號
網路網頁	• 直接表達品牌價值 • 構築與主動訪問的fans之間強大的聯繫 • 品牌價值特別是世界觀的有效傳達 • 運用雙向性的品牌fans的確保、維持
預定型數字廣播	• 利用生活意識、興趣行動的目標詳細化 • 運用雙向性的品牌fans的確保、維持

出處:同圖8-1。

八、城市品牌商品開發戰略

　　前面已經提到過，商品或服務本身是壓倒資訊的另一種媒體，因為產品或服務對外具體形態反映品牌精華的商品或服務，如同廣告宣傳一樣，也是一種重要的交流溝通手段。

　　城市政府在構築具體的城市品牌體系過程中，已有各單位商品品牌的討論，最終品牌經營負責組織對組織會內相關部門宣傳品牌提供給顧客的價值，也會決定組織整體關於商品開發的共同基本方針，並規定產業標準的指導原則。所以，商品開發及製造商部門應相互認識到品牌經營和商品開發的關係。

　　城市政府提供的行政服務及商品類型很多種。以及市民為目標的「government to citizen」類型（一般環境、保健、消防、城市規劃政策等）、商業顧客及旅客活動為目標的「government to citizen」類型（產業政策、旅遊政策等）多種多樣，而且根據分類可以指出市民與顧客共同對象類型。

　　因此為進行城市品牌化工作，會根據符合各具體市場的目標規劃不同商品類型，品牌經營層在考慮城市品牌的意識上，也會有所不同。首爾透過城市品牌商品開發實行城市整體專案後，政策就反映在商品服務開發上。

第五節　城市品牌價值評估與管理戰略

一、城市品牌價值評估戰略

(一) 城市品牌價值評價重要性

　　作為企業克服產品差別化的手段，開始重視品牌的同時，根據品牌行銷效率的增大，引導肯定的品牌作為創造企業財富的核心手段，開始評價品牌價值。

特別是在1980年代後半期，盛行的企業M&A過程中，評價討論品牌價值更加深化。而且1990年英國的會計標準協會（Accounting Standards Board）引導品牌價值評價的結果，反映到差別對照表中。作為一種無形資產，應重視品牌價值，品牌價值評價的必要性如圖8-21。

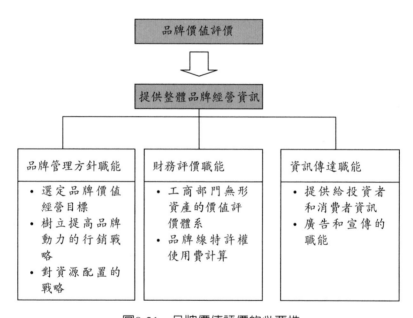

圖8-21　品牌價值評價的必要性

出處：同圖8-1。

品牌的價值評估，提供各種品牌管理的指導原則以及資訊，這也適用於城市品牌的情況。

1. 品牌形成管理的評價標準

　(1)品牌價值的定期預測，把握地域差異，原因分析及替選方案準備。

　(2)合理分配，投入確立有效的行銷資源的標準。

　(3)確立相關責任人的業績評價標準。

2. 品牌使用成本的產出（output）

　　(1) 收集城市政府與相關政策產業者的品牌使用成本之基礎資料。

　　(2) 品牌特許權使用成本產值產出（output）。

3. 品牌購買出售價格產出

　　(1) 企業M＆A時，企業產業評價的市場價格中，品牌或商標價值的產出很重要。

　　(2) 在政府服務供給的方式多樣化（民營化及責任營運機關化），也有必要明確品牌價格。

4. 資本市場的城市價值評價合理化

　　(1) 有必要按不僅是實物資產，還包括無形資產，特別是品牌價值，填入差別對照表的標準值來進行評價。

(二) 城市品牌價值評估方法

　　因為沒有明確證據證明到現在為止開發的模型妥當性和信賴性的方法，所以應開發使用企業或很多公司的獨自評價模型和指標。品牌價值評價的接近方法，如圖8-22所列兩種類型。

1. 消費者評價接近法

　　將最終消費者的評價和認識，作為基礎的一種方法。這種方法是以品牌的第一輪評價者的消費者流通或投資者為對象，而不對消費活動的結果或效果進行評價，因此品牌價值的源泉就在於消費者的評價。

　　有兩個測定方法：①品牌認知，喜歡的忠誠度等。品牌形象專案評價的形象價值評價（不能用金錢換算價值）和②購入商品時以價格佣金來測定數量化品牌動力的「購買價值評價」（可以金錢價值換算）。作為消費者評價接近法中的一個「購買價值評價」基本依據消費者評價，最終換算成金額。這種方法，因有進行對相關品牌問題原因分析與準備替選方案等品牌管理，使用起來相當容易。

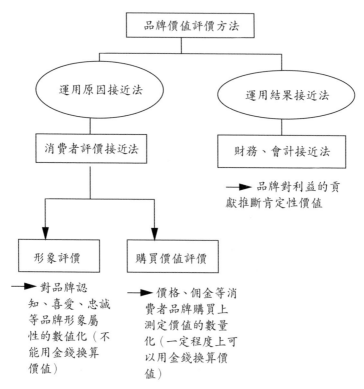

圖8-22　品牌價值的評價方法

出處：下庫浩島，《改變公司命運的品牌經營》，2004，p.197。

2.財務會計接近法

　　財務會計接近法指在財務上及會計上，把握品牌所具有的無形的資產價值的方法。這種方法以從企業的財務表或管理會計那裡得到的資料為基礎，係從企業的活動結果測定品牌貢獻度的一種模型。

　　這種模型將品牌換算成「金額」。購買品牌活動強的企業或取得品牌商標權的時候，以及集團內能算出品牌使用費的時候，便會經常使用。所以財務會計接近法是以企業資產評價方法中有形資產評價的全部或一部分為根據。

　　一般評價方法有以品牌構築費用爲基礎評價的成本接近法（cost approach）。關注資產的創出能力，將純經濟利益換算成現在價值的收益接近法（income approach）。以過去相似度買賣實際成績爲基礎進行評價的市場接近法（market approach）。以及每年在《商務經濟》上發表位次結算的Inter brand公司的「品牌利益乘數接近法」等。重點是品牌換算成現在價值時，有無妥當的方法。

　　爲進行品牌經營，首先要明確品牌價值評價的目的和理由，把握各個接近法的優點，確認本公司品牌價值評價合適的方法。

　　以上研究了品牌價值評價的兩種接近法，這種品牌價值接近法如表8-16所示，應適用於母品牌和商品服務品牌各方面。

表8-16　母品牌與下層資產評價方法適用的差異

區分	母（城市以至企業）品牌	
接近方法	財務會計接近法	消費者評價接近法
成爲換算對象的基幹	持久的持續的前提	以現有品牌動力爲基礎
評價的具體對象	顧客、股東、從業人員	顧客
評價指標	企業以至城市活動的利益	品牌的價值佣金

出處：同圖8-22。下庫浩島（2004：195）修訂使用。

　　這種接近法的價值稱爲財產所有者取得未來利益的現在價值時，價值評價是計量資產所有者取得的未來利益，並肯定地換算成現在的價值。

　　財務會計接近法用來評價母品牌（企業品牌及城市品牌）比較合適。因爲以企業（以及城市）持久連續的前提爲基礎，透過進行企業活動最終創出的利益上。但商品成爲服務品牌的情況是，品牌的第一輪評價者只能是顧客，考慮到產品或服務的生命週期，投資回收等都要經過幾年的時間才實現，消費者的評價比較優先，但消費者評價是

對相關角度之品牌動力的評價，所以有必要進行定期測定評價。

二、城市品牌管理戰略

城市品牌的長期管理，應從熟知的內容進行觀察，具體事項有：城市品牌管理制度的導入，城市品牌經營成果評價制度的導入。

(一) 城市品牌管理制度的導入

設置內部統合行銷小組與世界各處最優秀的有創意的公司形成網路，使他們像明星小組一樣進行協同工作。

品牌不統一，會造成模糊的品牌、品牌分裂，會使消費者變得混亂，而管理混亂可以引起革新。能管理這種混亂的便是品牌管理者。品牌相關網路逐漸擴大的同時，CBO（Chief Brand Officer）們的地位，在組織中也被提升，從管理品牌合作關係的經驗中，任命很多專家的必要性逐漸增強。

品牌管理者指主管包括品牌管理所有活動的人，運用行銷支援組織（調查、R&D、設計），提高相關品牌的品牌資產價值，成立延長品牌壽命的行銷戰略和活動（廣告、促銷、宣傳、價格、戰略、流通戰略），同時調節生產和銷售等。品牌經營戰略和履行相關全方位的作用。

組織努力使顧客認識品牌，但顧客在選擇品牌的時候卻不怎麼冥思苦想，所以品牌管理者應努力關注他們對現有品牌的意義和定位，隨時刺激想像力給予他們驚喜。目前民間的企業組織轉變爲以行銷相關組織爲品牌中心，賦予品牌管理者適當的許可權和責任。這樣的品牌經營組織，實踐有在公共部門逐漸擴散的趨勢。

但是這樣的變化並不是一朝一夕就能實現的，品牌經營並不像帶入固定的數學公式那樣簡單。培養品牌管理者也需要實踐。具有洞察

力（insight）、知識（knowledge）、經驗（experience），能讀懂市場，讀懂消費者的需求的品牌能力，經過反覆試驗，得到的長期投資思想是必須的。爲擴大品牌管理制度的效率，需要形成長期的品牌管理體系。

　　品牌管理人員先體驗品牌經營業務，然後再體驗其他部門不同業務（與品牌業務相關的部門），重新回到品牌經營部門的循環方式。這種方式可廣泛獲取對品牌的理解，也是一組織整體的希望，因此盡可能增多職員體驗，同時發覺可以發掘作爲品牌管理者能力的人才。

　　組織新引入品牌管理制度時，組織內具有品牌相關經驗的人是極少數的，會以與品牌有一定關係的其他部門中（廣告、產業銷售、宣傳、企劃室等），積極性高、適應性強的職員爲中心來組成。

　　具體來說，品牌管理者擔當如下業務：

①品牌管理者爲達成自身組織的品牌目標，應邁向品牌體系，引導符合經營戰略的品牌戰略。而且，品牌管理者在財務方面應維持短期的利益追求與長期品牌價值提升的均衡。品牌組合portfolio？首先決定開始的品牌部門，同時制定各品牌成果目標，核算分配組織和各戰略計畫的投資財源

②構築品牌戰略前，首先把握品牌現在的情況，弄清楚數值化的成果，以及顧客對品牌的態度和意識。

　　最終的評價是要進行的，亦即所謂的市場占有率的定量評價，但品牌是在消費者們的意識中存在的。所以不一定要用市場占有率來表現，通常會用消費者對品牌的認識和態度的指標來分析，品牌管理者先將認識度、喜愛度，實際購買（訪問）經驗再購買（再訪問）意向等與品牌相關的顧客的行動與競爭品牌比較分析，再仔細觀察研究獲得的顧客結構是否爲本公司意圖的顧客結構，檢討目標細分化開始的混合

行銷戰略，資本投資規模或物件是否妥當性，採用的戰術是否充分反映了戰略意圖的信賴性等。

③品牌管理者應傳達組織內相關部門進行品牌的戰略背景或品牌本來的精華及魅力。

品牌基本計畫具體實行的時候，一定需要組織內外的各部門合作，此時品牌管理者在本來的品牌核心價值體現方面提出品牌改善要素、改善方向，應很容易正確傳達確認。有時要橫向移動組織，更應展開說服工作，會為此透過品牌最終評價者的消費者或目標顧客的資料，對需求者進行有效調查。

④品牌管理者應就組織外部專門組織業務，以相互合作關係來有效利用外部資源的能力，並為促進有效的合作品牌化業務，應負責精通品牌管理計畫。

讓消費者對品牌的認識、滿意度和測定相聯繫，採用專門機關的幫助是很不錯的，由於一般組織內部沒有專門進行設計與說明的專家，所以需要公司外部專門組織來幫助。在品牌交流方面，因網路的發達能與世界市場的品牌交流，需要更詳細、更專業的新技術。因此合作關係的形成很重要。這種相互對等的合作關係應長期確立，明確規定各個作用。共有相互間知識、技術及資訊等，進而確立品牌的共同目標。品牌管理者為處理如此多樣的業務，應有效率，所有業務負責能事前討論，並決定主要業務日程（master schedule），隨時傳達並仔細進行工作和調整，發揮品牌專案的領導。

(二) 城市品牌管評價體系建立

若要對經營活動進行成果評價，先提出要以何種方式構築評價系統，系統說明部門由誰掌管，誰擁有對結果的責任和活動許可權。

成果評價的內容應由單純的、可以反覆測定的內容構成。構築定量的或定性的符合邏輯的模型，保存組織的品牌經營資源。

　　當下對品牌經營的興趣很高，但品牌經營知識若不能成為體系化，或是導入品牌經營的組織，就不容易構築品牌成果評價體系。及時勉強構築了評價體系，它若不能得到認證，就不容易有效地發揮作用。

　　同時，成果評價給品牌經營和直接相關的組織和職員的服務滿足，動機奉獻有很大影響。所以要謹慎推動。對於民間企業的品牌經營成果評價，品牌專家們主張對品牌經營成果與金錢獎勵相聯繫。特別是對新品牌更應如此。但是從品牌成果積累的角度上（大約兩年後）來說，有必要進行階段性的成果評價。一定要對做出巨大成果的部門或職員進行金錢的或非金錢的獎賞。因為，為了組織的發展，從相關部門或當事者的立場上，品牌的持續發展是必須的。非金錢的獎賞有升職、夫妻同伴海外旅行、優秀部門表揚及嘉獎職員等活動。

　　根據產業的內容或競爭環境，評價項目也會不同。在城市品牌經營成果評價中進行測定的專案。應以為實踐品牌經營的計畫及實行過程中的議題為中心進行。

　　目前首爾導入了多種成果評價制度，展開全面引入戰略的體系性成果檢查，正在有條不紊的進行。根據品牌經營成果檢查的水準和範圍，力圖與現有評價體系的聯繫，或者另外推進獨自的品牌經營成果評價。以這樣的方式導入品牌經營成果評價體系時，成果評價專家與參與到城市品牌構築之專門人員的協同作業也會受到重視，而成為構築品牌經營成果評價體系的一環。

　　如果不被編入現有的成果評價體系，而進行獨自的品牌經營成果評價，可推出關於民間企業的品牌經營活動和類似的或差異的城市品牌經營的指標，並給個別指標的上層指標賦予不同加數值，創造出的城市品牌經營更完整的計量式評價，同時也考慮消費者的滿意度調查，品牌經營認識的內部滿意度等多方面評價。

　　本章依據金贊同（2006），〈首爾市場行銷戰略開發研究〉第5章編寫（出自首爾市政開發研究院）。

參考文獻

一、英文書目

Aaker (2004). Leveraging the corporate brand.

Aaker, D. A., & Equity, M. B. (1991). Capitalizing on the Value of a Brand Name. *New York*, *28*, 35-37.

Aaker, D. A., & Joachimsthaler, E. (2012). *Brand leadership*. Simon and Schuster.

Aaker, D.A (1991). *Managing Brand Equity:Capitalizing on the Value of a Brand Name*, New York: Free Press 2000.

Aker (1991). Managing brand equity.

Albert, S., & Whetten, D. A. (1985). Organizational identity. Research in organizational behavior.

Anholt, S. (2002). *Nation brands: the value of provenance in branding, in Morgan, N, Pritchard, A. and Roger Pride* (eds.), 2002, Destination. Branding-Creating the unique destination proposition, Elsevier Science LTD.（李正勳、金斯拉、趙亞拉譯，2005，場地品牌：固有的目的地價值提案，經濟開發研究院）

Anholt, S. (2005). Anholt nation brands index: how does the world see America?. *Journal of Advertising Research*, *45*(3), 296-304.

Anholt, S. (2006). The Anholt-GMI city brands index: How the world sees the world's cities. *Place branding*, *2*(1), 18-31.

Anholt, S. (2005). *Brand New Justice-how branding places and products can help the developing world: revised edition*, Elsevier Lid.

Ashcroft, B., Griffiths, G., & Tiffin, H. (1998). *Key concepts in post-colonial studies*. Psychology Press.

Ashworth, G. J., & Voogd, H. (1990). *Selling the city: Marketing approaches in public sector urban planning*. Belhaven Press.

Bailey, R. S., & Almatar, S. M. (1989). Variation in the fecundity and egg weight of herring (Clupea harengus L.). Part II. Implications for hypotheses on the stability of marine fish populations. *ICES Journal of Marine Science, 45*(2), 125-130.

Balakrishnan (2008). Accountable internet protocol (aip).

Balmer John M. T. (2002). Managing Multiple Identities of the Corporation, *California Management Review 44*(3):72-86.

Balmer, J. M. (2001). Corporate identity, corporate branding and corporate marketing-Seeing through the fog. *European journal of marketing, 35*(3/4), 248-291.

Balmer, J. M., & Greyser, S. A. (2002). Managing the multiple identities of the corporation. *California management review, 44*(3), 72-86.

Balmer, J. M., & Greyser, S. A. (Eds.). (2003). *Revealing the corporation: perspectives on identity, image, reputation, corporate branding, and corporate-level marketing: an anthology.* Psychology Press.

Blackston, M, (1992). Building Brand Equity by Managing the Brand's Relationships, *Journal of Advertising Research, 32*(3), 79-83.

Bovee, CL& Arens, F.W, 1982 Contemporary Advertising, Irwin Homewood Cobb-Walgren, C.J, Ruble C.A &Donthu, N., (1995). Brand Equity, Brand Preference, and Purchase Intention, *Journal of Advertising, 24*(fall), 25-41

Burgess, R. (1982). Self-help housing advocacy: a curious form of radicalism. A critique of the work of John FC Turner. *Self-help housing: A critique,* 55-97.

Cai L A (2002). Cooperative Branding for Rural Destinations, *Annals of Tourism Research, 29*(3): 720-742.

Can brand leadership recover local trust and global responsibility? (Simon Anholt, 2003)

Chalip and Costa (2005). Sport event tourism and the destination brand: Towards a general theory.

Cobb-Walgren, C. J., Ruble, C. A., & Donthu, N. (1995). Brand equity, brand preference, and purchase intent. *Journal of advertising, 24*(3), 25-40.

Coltman (1981). Makers and Finders in Nineties Studies.

Cook, I., Crang, P., & Thorpe, M. (1998). Biographies and geographies: consumer understandings of the origins of foods. *British food journal, 100*(3), 162-167.

Driscoll, Lawson and Niven (1994). Measuring tourists' destination perceptions.

DTCM (2009). From hub to tourist destination-An explorative study of Singapore and Dubai's aviation-based transformation.

Evans, G. (2003). Hard branding the cultural city-from Prado to Prada. *International journal of urban and regional research, 27*(2), 417-440.

Farquhar, P. H. (1989). Managing brand equity. *Marketing research, 1*(3).

Firat, A. F., & Venkatesh, A. (1993). Postmodernity: the age of marketing. *International Journal of research in Marketing, 10*(3), 227-249.

Fournier, S. (1998). Consumers and their brands: Developing relationship theory in consumer research. *Journal of consumer research, 24*(4), 343-373.

Friedmann, J. (1993). Toward a non-Euclidian mode of planning. *Journal of the American Planning Association, 59*(4), 482-485.

Gartner (1993). Tourists' images of a destination-an alternative analysis.

Gnoth, J. (1998). Branding tourism destinations. *Annals of Tourism Research, 3*(25), 758-760.

Gold, J. R., & Ward, S. V. (1994). *Place promotion: the use of publicity and marketing to sell towns and regions.* John Wiley & Son Ltd.

Grunert, K. G., & Grunert, S. C. (1995). Measuring subjective meaning structures by the laddering method: Theoretical considerations and methodological problems. *International journal of research in marketing, 12*(3), 209-225.

Gunn, H. M. (1972). Histochemical observations on laryngeal skeletal muscle fibres in 'normal' horses. *Equine veterinary journal, 4*(3), 144-148.

Hall, P. A. (1993). Policy paradigms, social learning, and the state: the case of economic policymaking in Britain. *Comparative politics*, 275-296.

Hankinson, G. (2004). Relational network brands: Towards a conceptual model of place brands. *Journal of vacation marketing, 10*(2), 109-121.

Helmy (2008). Autologous infusion of expanded mobilized adult bone marrow-derived CD34+ cells into patients with alcoholic liver cirrhosis.

Henke, M., Guttenberger, R., Barke, A., Pajonk, F., Pötter, R., & Frommhold, H. (1999). Erythropoietin for patients undergoing radiotherapy: a pilot study. *Ra-*

diotherapy and oncology, 50(2), 185-190.

Herzberg, N. H., Wolterman, R. A., van den Berg, G. J., Barth, P. G., & Bolhuis, P. A. (1990). Metallothionein in Menkes' disease: Induction in cultured muscle cells. *Journal of the neurological sciences, 100*(1-2), 50-56.

Holden, S.J.S., (1992). Brand Equity Through Brand Abstracts: Measuring and Managing Brand Retrieval, *Dissertation Abstracts International, 54*, Doctoral Dissretation, University of Florida, 7-15.

Hollyway, L., & Hubbard, P. (2001). People and place.

Inskeep. Tourism planning: an integrated and sustainable development approach.

Interbrand. (2008). Best global brands. 2009 rankings.

Jansen-Verbeke. Leisure shopping: a magic concept for the tourism industry?

Johnston, J. A., Ward, C. L., & Kopito, R. R. (1998). Aggresomes: a cellular response to misfolded proteins. *J Cell Biol, 143*(7), 1883-1898.

Jon Lang (1994). Urban design: the American experience.

Kampschulte, A. (1999). " Image" as an instrument of urban management. *Geographica Helvetica, 54*(4), 229-241.

Kapferer, J. N. (1997). Managing luxury brands. *Journal of brand management, 4*(4), 251-259.

Kavaraizis M. (2004). From city marketing to city branding: Towards a theoretical framework fix developing city brands, *Pibce Branding, Vol 1*, 1, 58-73.

Kavaralzis, M, and Ashworth G.J (2005). City branding: An effective assertion of identity or a transitory marketing trick?. *Tijdschnift voor Ecoomische en Sociale Geografie, 96*(5): 506-514.

Kavaratzis M. (2004). From city marketing to city branding : Towards a theoretical framework for developing city brands. *Place Branding, 1*(1): 58-73.

Kavaratzis, M. (2005). Place branding: A review of trends and conceptual models. *The marketing review, 5*(4), 329-342.

Kavaratzis, M. (2007). City marketing: The past, the present and some unresolved issues. *Geography compass, 1*(3), 695-712.

Kavaratzis, M., & Ashworth, G. J. (2007). Partners in coffeeshops, canals and commerce: Marketing the city of Amsterdam. *Cities*, *24*(1), 16-25.

Kearns , G and Philo, C. (1993). *Selling Places: the city as Cultural Capital, Past and Present*, Pergamon Press.

Keller K. L.(2003). *Strategic Brand Managemnent: building, measuring and managing brand equity (2nd ed)*. Pearson Education Inc. New Jersey.

Keller (1993). Conceptualizing, measuring, and managing customer-based brand equity.

Keller (1998). The effects of brand name suggestiveness on advertising recall.

Keller (2003). Brand synthesis: The multidimensionality of brand knowledge.

Keller (2007). Unleashing the power of word of mouth: Creating brand advocacy to drive growth.

Keller, G. (1993). Strategic Planning and Management in a Competitive Environment. *New directions for institutional research*, *77*, 9-16.

Keller, K. L, 2007, *Strategic Brand Management: Building Measuring and Managing Brand Equity (2nd edition)*, Prentice Hall.

Keller, K. L. (1993). Conceptualizing, measuring, and managing customer-based brand equity. *Journal of marketing*, *57*(1), 1-22.

Kirmani A. and Zeithaml V A, (1993). Advertising, Perceived Quality and Brand Image, In Brand Equity and Advertising :Advertising's Role in Building Strong Brand, eds.D.A. Aaker and A.L.Biel, NJ:LEA, 143-162.

Knox, S. D., & Denison, T. J. (2000). Store loyalty: its impact on retail revenue. An empirical study of purchasing behaviour in the UK. *Journal of retailing and consumer services*, *7*(1), 33-45.

Kotler, P, (2004). Country as brand, product and beyond, in Morgan N, Prichard, A. and Roger Pride (eds.), 2oo-. Destination. Branding-Creating the unique destination proposition, Elsevier Science LTD.

Kotler, P. (1993). The major tasks of marketing management. *Marketing Management, 2*(3), 52.

Kotler, P. (2004). Armstrong.(2007). *Principles of marketing*, 12.

Kotler, P., Haider, D. H., & Rein, I. (1993). *Marketing Places*. The Free Press

Lauterborn, R., Schultz, D. E., & Tannenbaum, S. I. (1993). Integrated Marketing Communications. Pulling it together and making it work.

Law (1993). Urban tourism: attracting visitors to large cities.

Low, G. S., & Lamb Jr, C. W. (2000). The measurement and dimensionality of brand associations. *Journal of Product & Brand Management*, *9*(6), 350-370.

Lynch (1970). Social acceptance reconsidered.

Marty Neumeier (2006). the brand gap: how to bridge the distance between business strategy and design.

Mahajan, V.V. and Rajendrs S. (1990). Development, Testing, and Validation of Brand Equity Under Conditions Of Acquisition and Divestment, presented at the MSI workshop on Brand Equity, (Feb.1), Cambribge, MA.

Morgan, A, (1999). *Eating the Big Fish: How Challenger Brands can Compete Against Leader Brands*, Chichester: Wiley.

Morgan, N., Pritchard, A and Pride, R., (2002). Destination Branding-Creating the unique destination proposition, Elsevier Science LTD.

Morgan, N., Pritchard, A., & Piggott, R. (2002). New Zealand, 100% pure. The creation of a powerful niche destination brand. *Journal of brand management,* *9*(4), 335-354.

Movsowitz, C., Movsowitz, H. D., Jacobs, L. E., Meyerowitz, C. B., Podolsky, L. A., & Kotler, M. N. (1993). Significant mitral regurgitation is protective against left atrial spontaneous echo contrast and thrombus as assessed by transesophageal echocardiography. *Journal of the American Society of Echocardiography*, *6*(2), 107-114.

Na W.B., Marshall, R. and Keller, K.L., (1999). Measuring brand power: validating a model for optimizing brand equity, *Journal of Product and Brand Management, 8*(3)170-184

Naseem Javed (2008). City Branding-a comprehensive outlook of four cities.

Neill, W. J. (2003). Urban planning and cultural identity. Routledge.

Park CS and Srinivasan V., (1994). A Survey-Based Method for Measuring and Understanding Brand Equity and Its Extendibility, *Journal of Marketing Re-*

search, 31(2).

Pedersen, S. B. (2004). Place branding: Giving the region of Øresund a competitive edge. *Journal of Urban Technology, 11*(1), 77-95.

Philip Kotler (2007). "Being known or being one of many: the need for brand management for business-to-business (B2B) companies.

Rainisto, S. K. (2003). Success factors of place marketing. A study of place marketing practices in northern Europe and the United States. Helsinki: Helsinki University of Technology.

Ritchie&Zins (1978). Culture as determinant of the attractiveness of a tourism region.

Selby (2004). Consuming the city: conceptualizing and researching urban tourist knowledge.

Selby, M. (2004). Understanding Urban Tourism: Image. Culture & Experience, IB Tauris.

Shikoh (2006). Variation of output properties of perylene field-effect transistors by work function of source/drain electrodes.

Shiravani (1985). The urban design process.

Simon Anholt (2007). Destination branding.

Smythe (1999). Time-related individual differences.

Stockholm Business Region (2009). Stockholm's Official Business Guide.

STPB (1996). Regionalism and tourism: exploring integral links in Singapore

Strategies for leveraging master brands. (1992, Farquhar &Herr)

Trueman, M., Klemm, M., & Giroud, A. (2004). Can a city communicate? Bradford as a corporate brand. *Corporate communications: an international journal, 9*(4), 317-330.

Van Riel, C. B., & Balmer, J. M. (1997). Corporate identity: the concept, its measurement and management. *European journal of marketing, 31*(5/6), 340-355.

Vapor sensing instrument for ultra trace chemical detection (Aaker, 2003)

Ward, J. (1998). Space-time adaptive processing for airborne radar.

Well W., Burnett J.,&moriarty S., (1992). *Advertising 2nd ed.*, Prentice Englewood-

Cliffs New Jersey.

Wheeler, A., & Wheeler, A. R. (2003). *Designing brand identity: a complete guide to creating, building, and maintaining strong brands*. John Wiley & Sons.

Wilikie LM (1990). *Consumer Behavior, 2nd ed*, NY: john Willer & Sons, Inc.

Zeithaml, V. A., Berry, L. L., & Parasuraman, A. (1996). The behavioral consequences of service quality. *Journal of marketing, 60*(2), 31-46.

二、韓文書目

李正勳等，2006，建構京畿道品牌路線及地區品牌資產評價模式的研究，韓國京畿開發研究院（Gyeongii Research Institute）。

李正勳、韓賢淑，2007，城市品牌體制性開發方法論研究──京畿道──主要城市事例，韓國京畿開發研究院（Gyeongii Research Institute）。

李正勳，2007，城市品牌體制性開發方法論研究──京畿道主要城市事例，京畿開發研究院。

李正勳，2008，軟性地區開發的主要手段，關於場地品牌化的理論性考察與課題，大韓地理學會旨，（43），873-893。

李正勳、申浩昌，2004，京畿道品牌基本概念及開發方法論定立研究，京畿開發研究院。

李正勳等，2006，京畿道品牌化路線及品牌資產評價模式建構研究，京畿開發研究院。

李明植、具子龍，2003，關於根據消費者─品牌關係類型的品牌資產結構要素之間相互作用的研究，消費文化研究，6（3）。

李武勇，2003，場地行銷戰略相關的文化政治論研究：首爾宏大地區CLUB文化為例，首爾大學地理學博士學位論文。

李美英，2003，關於報紙品牌資產的組成要素和成果的研究，延世大學博士學位論文。

李素英，2008，地區品牌應用狀況與實行戰略研究，韓國地方行政研究院。

李素英、吳恩珠，2009，縣市政府品牌資產測定及管理方案，韓國地方行政研究院。

李素英，1998，關於樹立地區文化場地行銷戰略的研究：首爾市仁寺洞為例，

首爾大學環境學院碩士學位論文。

李訓英、樸基南，2000，WEB服務品牌對建構網路品牌資產影響的相關研究，行銷研究，第15卷第1號（3月），166。

李喜燕，2005，世界化時代地區研究中的場地行銷意義與活性化方案，韓國地理學會旨，8（2），35-53。

李鐵善，2009，城市品牌就是國家競爭力——韓國城市品牌價值評價，VIP REPORT，現代經濟研究院。

具子龍、李正勳，2008，關於城市品牌資產評價和指數化的研究，生產性論集，22（3），177-205。

林京秀、韓宗吉，2003，「조선후기川寧玄氏家의譯官活動」조선후기東萊邑治의공간」。

金成緹，2006，이식용수산물교역의정보비대칭과원산지표시제도영향에관한연구。

金亨國，2002，故里的文化促銷，學庫齋。

金柱浩，2001，難行銷，易品牌，時代之窗，118。

金贊同，2006，關於首爾市場行銷戰略開發的研究：城市品牌化爲中心，首爾市政開發研究院。

金泰宇，2000，關於品牌資產形成過程的研究，東亞大學博士學位論文，51。

品牌公司轉移，2000，品牌領導力，品牌公司，167-208。

姜勝圭，2006，關於建構城市（地區）品牌管理模式的研究——首爾市品牌行銷事例爲中心，西江大學影像學院博士學位論文。

凱文萊恩凱樂，2007，品牌建設八大要點。

趙衡五、金喜珍、羅雲峰，1998，消費者對TV廣告的反映對商標資產產生的影響，行銷研究，13（1），173-197。

樸東秀、黃明淑，2007，關於地區品牌資產巨鼎要素和地區競爭力的研究，經營研究，22（1），331-362。

國家圖書館出版品預行編目資料

城市行銷與品牌管理／鄭博文著. -- 初版.
-- 臺北市：五南圖書出版股份有限公司,
2021.03
　面；　公分
ISBN 978-986-522-506-3（平裝）

1.都市發展　2.都市計畫

545.1　　　　　　　　110002531

1FPG

城市行銷與品牌管理

作　　　者 ― 鄭博文

發 行 人 ― 楊榮川

總 經 理 ― 楊士清

總 編 輯 ― 楊秀麗

主　　　編 ― 侯家嵐

責任編輯 ― 鄭乃甄

文字校對 ― 石曉蓉、黃志誠

封面設計 ― 姚孝慈

出 版 者 ― 五南圖書出版股份有限公司

地　　　址：106台北市大安區和平東路二段339號4樓

電　　　話：(02)2705-5066　　傳　　　真：(02)2706-6100

網　　　址：https://www.wunan.com.tw

電子郵件：wunan@wunan.com.tw

劃撥帳號：01068953

戶　　　名：五南圖書出版股份有限公司

法律顧問　林勝安律師事務所　林勝安律師

出版日期　2021年3月初版一刷

定　　　價　新臺幣400元

經典永恆・名著常在

五十週年的獻禮——經典名著文庫

五南，五十年了，半個世紀，人生旅程的一大半，走過來了。

思索著，邁向百年的未來歷程，能為知識界、文化學術界作些什麼？

在速食文化的生態下，有什麼值得讓人雋永品味的？

歷代經典・當今名著，經過時間的洗禮，千錘百鍊，流傳至今，光芒耀人；

不僅使我們能領悟前人的智慧，同時也增深加廣我們思考的深度與視野。

我們決心投入巨資，有計畫的系統梳選，成立「經典名著文庫」，

希望收入古今中外思想性的、充滿睿智與獨見的經典、名著。

這是一項理想性的、永續性的巨大出版工程。

不在意讀者的眾寡，只考慮它的學術價值，力求完整展現先哲思想的軌跡；

為知識界開啟一片智慧之窗，營造一座百花綻放的世界文明公園，

任君遨遊、取菁吸蜜、嘉惠學子！